YINGKE® 盈科

盈科全国业务指导委员会系列丛书

“专精特新”企业与北京证券交易所上市实务

盈科律师事务所／编
李曙衢　钟燕杰／编著

法律出版社 LAW PRESS · CHINA
北京

图书在版编目(CIP)数据

"专精特新"企业与北京证券交易所上市实务 / 盈科律师事务所编 ; 李曙衢, 钟燕杰编著. -- 北京 : 法律出版社, 2023

ISBN 978-7-5197-7426-4

Ⅰ. ①专… Ⅱ. ①盈… ②李… ③钟… Ⅲ. ①上市公司-公司法-研究-北京 Ⅳ. ①D927.102.291.914

中国版本图书馆 CIP 数据核字(2022)第 243494 号

"专精特新"企业与北京证券交易所上市实务
"ZHUANJINGTEXIN" QIYE YU BEIJING
ZHENGQUAN JIAOYISUO SHANGSHI SHIWU

盈科律师事务所　编
李曙衢　钟燕杰　编著

策划编辑 朱海波　邢艳萍
责任编辑 邢艳萍
装帧设计 汪奇峰　臧晓飞

出版发行 法律出版社
编辑统筹 法律应用出版分社
责任校对 蒋　橙
责任印制 刘晓伟
经　　销 新华书店

开本 710 毫米×1000 毫米　1/16
印张 17.5　　**字数** 295 千
版本 2023 年 1 月第 1 版
印次 2023 年 1 月第 1 次印刷
印刷 固安华明印业有限公司

地址:北京市丰台区莲花池西里 7 号(100073)
网址:www.lawpress.com.cn
投稿邮箱:info@lawpress.com.cn
举报盗版邮箱:jbwq@lawpress.com.cn

销售电话:010-83938349
客服电话:010-83938350
咨询电话:010-63939796

书号:ISBN 978-7-5197-7426-4
定价:68.00 元

凡购买本社图书,如有印装错误,我社负责退换。电话:010-83938349

本书编著者

李曙衢 钟燕杰

参与编写

贾杜雅 李 岩 张清华

前　言

进入21世纪以来,世界各国围绕科技制高点的竞争空前激烈,科技创新在国际竞争中的重要性愈加突出。当前国际政治经济形势不确定性不断加大,逆全球化发展趋势日益加剧,新冠疫情仍未结束,我国经济发展面临的挑战也在不断增大,“专精特新”中小企业作为我国科技创新的生力军,受到了党和政府的高度重视,我国近年来重点扶持“专精特新”中小企业,出台了一系列的政策措施,在政策的加持下,5000余家企业被培育成为国家级专精特新“小巨人”企业及国家级专精特新重点“小巨人”企业,各省也培育了数万家省级“专精特新”中小企业,这些企业将成为我国科技创新的源泉,也是资本市场备受青睐的对象。

“专精特新”中小企业大多规模偏小,在很多企业家眼中,与进入我国资本市场的要求相距甚远,故其对资本市场的关注较少。北京证券交易所设立后,重点面向“专精特新”中小企业,“专精特新”企业进入资本市场将不再遥不可及,因此“专精特新”企业应关注我国资本市场的发展,利用资本市场,解决融资“瓶颈”问题,提高企业的市场竞争能力,实现快速做大做强。本书从“专精特新”企业认定、上市培育及北京证券交易所上市三个方面进行讲解,尝试让更多的“专精特新”中小企业能够了解如何开展上市培育工作,了解北京证券交易所的上市条件、上市流程及常见的疑难问题解决思路。当然,由于北京证券交易所的上市公司全部来源于全国中小企业股份转让系统挂牌公司,故“专精特新”中小企业进入全国中小企业股份转让系统的挂牌也就显得非常必要,本书对“专精特新”中小企业进入全国中小企业股份转让系统挂牌及规范运作进行了详细的讲解。

本书第一章至第四章由李曙衢撰写,第五章至第八章分别由王丽娇、钟燕杰、贾杜雅、李岩编写初稿,由李曙衢修改并统稿。江山基金的张清华女士也参与了本书部分内容的讨论和撰写。

本书严格依照现行有效的法律法规和规章编写，编写组成员具有多年的上市法律服务经验，参与了多家公司的上市法律服务，本书是团队多年来上市工作的经验总结。水平所限，书中难免存在诸多疏漏，不当之处欢迎大家批评指正。

二〇二二年九月二十三日

目　录

CONTENTS

第一章 “专精特新”企业

第一节 “专精特新”企业培育及特征

一、“专精特新”企业对我国经济发展的意义

进入21世纪以来,人类社会进入科技的密集发展期,前沿科技不断取得重大突破,科学技术在塑造世界政治经济格局、改变国家力量对比方面的决定性作用愈加凸显,科技已经成为国际战略博弈的必争之地,各国围绕科技制高点的竞争空前激烈。世界处于百年未有之大变局中,科技创新成为大变局中的一个关键变量,成为防范外部潜在风险、保障国家经济安全、国防安全和其他安全的基石。党的十九届五中全会提出,坚持创新在我国现代化建设全局中的核心地位,把科技自立自强作为国家发展的战略支撑。

当前国际政治经济形势的不确定性不断提高,逆全球化发展趋势日益加剧,新冠疫情仍未结束,在复杂的经济形势下,国内经济也面临一系列的矛盾和挑战,中国亟须挖掘经济发展新动能与新的经济增长点,而新动能和新的经济增长点的挖掘,依赖于更多企业的科技创新能力。尤其是作为技术创新、经营创新和管理创新活动活跃主体的中小企业,更是不可忽视的重要力量。

工业和信息化部的数据显示,截至2021年年末,全国中小微企业数量达4800万户,其中,中小微企业法人单位占全部规模企业法人单位的99.8%,吸纳就业占全部企业就业人数的79.4%。[①] 中小企业贡献了50%以上的税收,60%以上的GDP,80%以上的城镇劳动就业,90%以上的企业数量,是国民经济和社

---

① 中小企业局、工信微报:《一图读懂十年来我国促进中小企业发展工作情况》,载国家工业和信息化部官网2022年8月30日,https://www.miit.gov.cn/zwgk/zcjd/art/2022/art_57e834634b054d34ba202df1493f8188.html。

会发展的生力军,是建设现代化经济体系、推进经济实现高质量发展的重要基础,是扩大就业、改善民生的重要支撑。

科技型中小企业是实现创新驱动发展的不竭动力。我国65%左右的发明专利、75%以上的技术创新、80%以上的新产品开发都是由中小企业完成的。中小企业作为制造业产业链中的重要参与者,对市场需求反应灵敏,适应需求进行创新的愿望强烈,是创新的主力军和重要源泉。我国近年来大力推动中小企业聚焦于科技创新,走“专精特新”之路,培育“专精特新”企业,为“专精特新”中小企业出台了一系列鼓励政策,成为我国经济发展中的焦点之一。

“专精特新”的最早出现于2000年8月发布的《国务院办公厅转发国家经贸委关于鼓励和促进中小企业发展若干政策意见的通知》中,该文件提出“鼓励中小企业向‘专、精、特、新’方向发展,形成与大企业大集团分工协作、专业互补的关联产业群体”。“专精特新”作为中小企业的发展方向,首次由原国家经贸委提出,国务院给予了肯定。

2001年3月,“专精特新”第一次被写入《国民经济和社会发展第十个五年计划纲要》中,纲要明确“实行鼓励中小企业发展的政策,完善中小企业服务体系,促进中小企业向‘专、精、特、新’的方向发展,提高与大企业的配套能力”。

虽然“专精特新”提出的时间较早,但“专精特新”只是作为促进中小企业发展的一个方向和倡议提出来的,起初并未引起足够的重视,在很长时间内并没有对“专精特新”及“专精特新”企业下定义,也没有相应的鼓励措施。

2011年,在工业和信息化部发布的《“十二五”中小企业成长规划》(已废止)中“专精特新”再次被重点提及,该规划明确提出中小企业要坚持“专精特新”;进一步提高“专精特新”和产业集群的发展水平。规划指出:“将‘专精特新’发展方向作为中小企业转型升级、转变发展方式的重要途径,引导中小企业优化生产要素配置,促进中小企业集聚发展,形成一批‘小而优’、‘小而强’的企业,推动中小企业和大企业协调发展。”“坚持把走‘专精特新’之路作为促进中小企业成长的重要途径,把集聚发展作为促进中小企业成长的着力点,建立起企业间紧密的分工协作关系,努力形成中小企业‘专精特新’竞相发展的新格局。”

工业和信息化部在《“十二五”中小企业成长规划》中第一次明确了“专精特新”的支持方向,明确“支持中小企业专业化发展,提高生产工艺、产品和服务、市场专业化水平,成为产业链中某个环节的强者。培育为大企业和龙头企业配套的生产关键零部件、元器件的骨干型中小企业。鼓励为大企业配套,加强中小企业分工协作,培育一批‘配套专家’。支持中小企业精细化发展,建立精细高效的管理制度和流程,开展精细管理,生产精良的产品,提供精致服务。用高、精、尖产品和服务赢得市场。鼓励中小企业走差异化成长道路,赢得市场竞争优势。支持中小企业特色化发展,大力发展地方特色产业,从满足不同层次、不同消费群体的需求出发,在‘特’字上做文章,做到人无我有、人有我特,形成自己的特色产品、特色服务等。支持中小企业新颖化发展,通过技术创新、工艺创新、功能创新,实现产品和服务创新,以‘新’取胜,提高核心竞争力”。

同年,国务院印发《工业转型升级规划(2011—2015年)》,提出促进中小企业走“专精特新”的发展道路,明确“在规模经济行业促进形成一批具有国际竞争力的大集团,扶持发展大批具有‘专精特新’特征的中小企业,加快形成大企业与中小企业协调发展、资源配置更富效率的产业组织结构”。

2012年发布的《国务院关于进一步支持小型微型企业健康发展的意见》指出:“鼓励小型微型企业发展现代服务业、战略性新兴产业、现代农业和文化产业,走‘专精特新’和与大企业协作配套发展的道路,加快从要素驱动向创新驱动的转变。”

根据《国务院关于进一步支持小型微型企业健康发展的意见》与工业和信息化部《“十二五”中小企业成长规划》,2013年7月,工业和信息化部发布《关于促进中小企业“专精特新”发展的指导意见》,就促进中小企业“专精特新”发展工作的总体思路、重点任务、推进措施提出一系列意见,第一次明确提出了“专精特新”中小企业的概念。该文件中明确了促进中小企业“专精特新”发展的各项推进措施,包括加大财税金融扶持、建立和完善服务体系、组织市场开拓活动、加强培育和推进工作、建立协同工作机制等。

财税金融扶持方面,工业和信息化部明确要求发挥各级各类支持中小企业发展专项资金和基金的引导扶持作用,加大对中小企业技术进步和技术改造的支持力度,重点支持“专精特新”技术和产品,培育“专精特新”中小企业。落实企业研发费用税前加计扣除、符合条件的固定资产加速折旧等支持中小企业创新发展的激励政策。拓宽支持中小企业技术创新的融资渠道,搭建融资服务平台,促进银行与“专精特新”企业的项目对接。鼓励银行业金融机构创新金融产品和服务,支持“专精特新”中小企业采取信用贷款、知识产权质押、仓单质押等多种方式融资。鼓励符合条件的“专精特新”中小企业上市融资、发行债券。目前,各省都推出了针对“专精特新”中小企业的贷款,如各地的“专精特新贷”产品,以政府对金融机构贷款损失进行比例补偿的方式,鼓励金融机构对“专精特新”企业发放信用贷款,支持“专精特新”企业发展。

建立和完善服务体系方面,工业和信息化部明确要充分发挥市场配置资源的作用,促进服务资源与企业需求对接。鼓励中介机构、行业协会、大学和科研机构等各类社会服务资源,为中小企业“专精特新”发展提供信息咨询、研发设计、管理提升、检验检测、技术转移、节能减排、人才培训、开拓市场、投资融资、设备共享等服务,开展宣传和培训活动。推动服务于区域特色优势产业的技术创新服务平台和产业共性技术研发基地建设,促进“专精特新”技术和产品的产业化。建立和完善中小企业公共服务平台网络,发挥中小企业公共服务示范平台的作用,提高专业服务水平和服务质量,加强对“专精特新”中小企业的培育和支持。各地工信部门先后组织和认定了一批专门服务于“专精特新”中小企业的公共服务示范平台,有步骤地组织平台为“专精特新”中小企业提供各类咨询服务,提高企业的管理能力。

市场开拓活动方面,我国目前积极支持和组织“专精特新”中小企业参加中国国际中小企业博览会、APEC 中小企业技术交流暨展览会等国际性展会,重点展示中小企业“专精特新”产品和技术,帮助中小企业扩大影响力,开拓国内外市场。支持开展区域性“专精特新”中小企业展览展销活动,推进企业之间的交流与合作,以提高“专精特新”中小企业的协作。鼓励“专精特新”中小企业积极利用互联网,开展电子商务和网上展示交易活动。

工业和信息化部自 2018 年开始启动组织国家级专精特新“小巨人”的认定工作,2019 年公示了第一批企业名单。专精特新“小巨人”认定和培育的工作目标是围绕提升产业基础高级化、产业链现代化水平,坚持培优企业与做强产业相结合,坚持创新驱动、市场带动、上下联动和持续推动,聚焦政策惠企、服务助企、环境活企,分层培育“专精特新”中小企业群体,分类促进企业做精、做强、做大,加快完善优质企业梯度培育体系,为“十四五”期间培育百万家创新型中小企业、十万家省级“专精特新”中小企业、万家专精特新“小巨人”企业打下坚实基础,为推动经济高质量发展、构建新发展格局提供有力支撑。

专精特新“小巨人”企业认定的重点领域:企业的主导产品应优先聚焦制造

业短板弱项,符合《工业“四基”发展目录》所列重点领域,从事的细分产品属于制造业核心基础零部件、先进基础工艺和关键基础材料;或符合制造强国战略十大重点产业领域;或属于产业链供应链关键环节及关键领域“补短板”“锻长板”“填空白”产品;或围绕重点产业链开展关键基础技术和产品的产业化攻关;或属于新一代信息技术与实体经济深度融合的创新产品。

2019 年,工业和信息化部公布了第一批国家级专精特新“小巨人”企业,之后两年又连续认定了两批,截至 2021 年年底,我国已培育 4 万多家省级“专精特新”企业,先后评定和培育了三批共 4762 家国家级专精特新“小巨人”企业,848 家制造业单项冠军企业。

各地中小企业主管部门结合本地区经济发展、产业布局和中小企业发展的实际,积极开展促进中小企业“专精特新”发展工作,规范认定标准,完善推进措施,探索培育方式,细化工作目标,支持“专精特新”产品、技术的研发和产业化,培育和认定一批“专精特新”中小企业。各省都先后培育和认定了一大批省级、市级“专精特新”中小企业。各地中小企业主管部门会同有关部门,集聚各方资源,落实扶持政策,建立协同配合、共同推动中小企业“专精特新”发展的工作机制。各地制定了本地区中小企业“专精特新”发展的推进措施。例如,河南省充分发挥省中小企业发展基金的作用,改进创新基金投资管理和考核评价办法,重点用于支持“专精特新”中小企业发展。鼓励支持各地多渠道筹措资金参与设立中小企业发展子基金,为“专精特新”中小企业拓展股权融资渠道。在区域股权交易中心开设“专精特新”专板,建立“专精特新”中小企业上市“绿色”通道,加快企业股改、上市。对申请在沪深证券交易所、北京证券交易所上市的省内“专精特新”企业,按照辅导备案登记、中国证监会(证券交易所)受理申报材料两个节点,分别给予不超过 50 万元、150 万元补助。申请境外上市融资的省内企业,在中国证监会批复同意后,给予不超过 200 万元补助。对在中原股权交易中心挂牌并实现融资的省内企业,省财政给予不超过融资额 0.1% 的补助,每家企业最高补助不超过 50 万元。

2021 年 1 月印发的《财政部、工业和信息化部关于支持“专精特新”中小企业高质量发展的通知》,明确提出:“以习近平新时代中国特色社会主义思想为指导,着眼于推进中小企业高质量发展和助推构建双循环新发展格局,2021 ~ 2025 年,中央财政累计安排 100 亿元以上奖补资金,引导地方完善扶持政策和公共服务体系，分三批（每批不超过3年）重点支持1000余家国家级专精特新‘小巨人’企业高质量发展，促进这些企业发挥示范作用，并通过支持部分国家（或省级）中小企业公共服务示范平台（以下简称公共服务示范平台）强化服务水平，聚集资金、人才和技术等资源，带动1万家左右中小企业成长为国家级专精特新‘小巨人’企业。”

我国针对“专精特新”企业的一系列举措对促进我国“专精特新”企业发展发挥了重要作用。2021年年底，工业和信息化部认定的国家级专精特新“小巨人”企业4762家，2022年，我国启动的第四批专精特新“小巨人”企业认定共公示4300多家，最终认定4328家，数量接近前三批认定通过家数之和，同时启动第一批国家级专精特新“小巨人”的复核工作，有93家未能通过审核。至此，国家级专精特新“小巨人”企业认定数量累计已达8997家。前三批4762家国家级专精特新“小巨人”企业中，中型企业占比44%，小微型企业占比56%。从类型来看，民营企业占比84%，国有企业占比9%，合资和外资企业占7%。培育国家小微企业创业创新示范基地392家，带动各地培育省级示范基地2500多家。这批企业有以下特点：一是创新性强，研发投入高。企业平均研发经费占营业收入比重的10.4%，平均拥有Ⅰ类知识产权16项、发明专利14项；二是专业化程度高，配套能力强。企业从事细分领域时间均为3年以上，其中10年以上的3000余家，是强链补链固链的生力军；三是成长性好，发展潜力大。近两年，企业户均年平均营业收入增长都在20%以上，增长态势明显。①

二、“专精特新”的含义

《工业和信息化部关于促进中小企业“专精特新”发展的指导意见》中明确：“引导中小企业专注核心业务，提高专业化生产、服务和协作配套的能力，为大企业、大项目和产业链提供零部件、元器件、配套产品和配套服务；引导中小企业精细化生产、精细化管理、精细化服务，以美誉度高、性价比好、品质精良的产品和服务在细分市场中占据优势；引导中小企业利用特色资源，弘扬传统技艺和地域文化，采用独特工艺、技术、配方或原料，研制生产具有地方或企业特色的产

---

① 中小企业局、工信微报：《一图读懂十年来我国促进中小企业发展工作情况》，载国家工业和信息化部官网2022年8月30日，https://www.miit.gov.cn/zwgk/zcjd/art/2022/art_57e834634b054d34ba202df1493f8188.html。

品;引导中小企业开展技术创新、管理创新和商业模式创新,培育新的增长点,形成新的竞争优势。通过培育和扶持,不断提高‘专精特新’中小企业的数量和比重,提高中小企业的整体素质。”第一次提出了“专精特新”的含义,随后各地在“专精特新”认定过程中,进一步对上述含义进行了细化、补充。从这些文件及各地的实践中,可以将“专精特新”的含义归纳如下。

“专”指专业化,具体是指企业专注核心业务,具有专业化生产、服务和协作配套的能力,为大企业、大项目和产业链提供零部件、元器件、配套产品和配套服务。企业生产的产品采用专项技术或工艺,经过专业化生产制造,其专用性强、专业特点明显、市场专业性强。其主要特征是产品用途的专门性、生产工艺的专业性、技术的专有性和产品在细分市场中具有专业化发展优势。

“精”指精细化。企业具备精细化生产、精细化管理、精细化服务能力,以美誉度高、性价比好、技术领先、品质精良的产品和服务在细分市场中占据优势。企业采用先进适用技术或工艺,按照精益求精的理念,建立精细高效的管理制度和流程,通过精细化管理,精心设计生产的精良产品,其主要特征是产品的精致性、工艺技术的精深性和企业的精细化管理。

“特”指特色化。企业利用特色资源,弘扬传统技艺和地域文化,采用独特工艺、技术、配方或原料,研制生产具有地方或企业特色的产品,掌握自主知识产权。企业采用独特的工艺、技术、配方或特殊原料研制生产,生产的产品具有地域特点或具有特殊功能。

“新”指新颖化。企业积极开展技术创新、产品创新、管理创新和商业模式创新,培育新的增长点,形成新的竞争优势。企业产品依靠自主创新、转化科技成果、联合创新或引进消化吸收再创新方式研制生产,具有自主知识产权的高新技术产品。其主要特征是产品(技术)的创新性、先进性,具有较高的技术含量,较高的附加值和显著的经济、社会效益。

三、我国支持“专精特新”中小企业的具体举措

我国“专精特新”企业的培育由工业和信息化部及各地工信部门负责,近年来国务院与工业和信息化部推出了一系列的举措,促进各地大力培育“专精特新”企业,引导更多企业向“专精特新”方向发展。

2021 年 11 月,《国务院促进中小企业发展工作领导小组办公室关于印发为

“专精特新”中小企业办实事清单的通知》发布，该通知归纳和汇总了我国近年来支持“专精特新”企业发展的各项措施，内容具体，可操作性强，由该通知可以窥见我国支持“专精特新”企业发展的政策全貌。该通知明确了十大类31项具体措施，还明确了责任单位。清单的主要内容如下。

（一）加大财税支持力度

1. 由财政部、工业和信息化部负责，2021年年底前，中央财政安排不少于30亿元，支持1300家左右专精特新“小巨人”企业高质量发展，为其提供“点对点”服务，同时引导地方财政加大对“专精特新”中小企业支持力度。根据《工业和信息化部、财政部关于支持“专精特新”中小企业高质量发展的通知》，2021～2025年，中央财政累计安排100亿元以上奖补资金，引导地方完善扶持政策和公共服务体系，分三批（每批不超过3年）重点支持1000余家国家级专精特新“小巨人”企业高质量发展。

2. 由税务总局负责，开展税收服务“春雨润苗”专项行动，开通税费服务直通车，为“专精特新”中小企业提供“点对点”精细服务，建立“一户一档”，实施“一户一策”，进行滴灌式辅导培训，推送红利账单，确保税费政策直达快享、应享尽享。

（二）完善信贷支持政策

1. 由人民银行、银保监会、工业和信息化部按职责分工负责，建立“专精特新”中小企业名单推送共享机制，鼓励银行业金融机构围绕“专精特新”中小企业需求，量身定制金融服务方案，打造专属信贷产品、加大信贷支持力度、优化相关服务。

2. 由人民银行、银保监会负责，推动银行业金融机构应用金融科技手段，综合利用行内交易结算以及外部征信、税务、市场监管等信息，提升信用评价和风险管控能力，加大对“专精特新”中小企业信用贷款投放。支持“专精特新”中小企业开展应收账款、存货、仓单融资等业务，鼓励保险机构为“专精特新”中小企业提供信用保险服务。

3. 由国家开发银行负责，鼓励开发银行在业务范围内为符合条件的“专精特新”中小企业技术改造和转型升级提供金融支持。

（三）畅通市场化融资渠道

1. 由中国证监会负责，安排证券交易所、新三板为有上市或挂牌意向的“专精特新”中小企业提供全流程、全周期咨询服务，优化中小上市公司再融资机制，研究扩大分类审核适用范围。在区域性股权市场推广设立“专精特新”专板。

2. 由工业和信息化部、证监会会同各地方按职责分工负责，对拟上市“专精特新”中小企业开展分类指导、精准培育、投融资对接，提高企业在资本市场融资的能力。国家中小企业发展基金加快推进子基金遴选，引导社会资本加大对“专精特新”中小企业的股权投资规模。

3. 由人民银行、证监会、发展改革委、工业和信息化部按职责分工负责，支持“专精特新”中小企业开展债券融资，通过市场化机制开发更多适合中小企业的债券品种，完善中小企业债券融资增信机制，扩大债券融资规模。

4. 由证监会、工业和信息化部负责，支持更多符合条件的“专精特新”中小企业上市、挂牌融资，探索为“专精特新”中小企业申请在新三板挂牌开辟绿色通道。

(四)推动产业链协同创新

1. 由工业和信息化部、国资委负责，按产业链梳理专精特新“小巨人”企业，推荐参与重点产品和工艺“一条龙”示范应用，支持融入行业龙头企业供应链创新链，推动行业龙头企业对专精特新“小巨人”企业开放资源要素。

2. 由工业和信息化部负责，面向“专精特新”中小企业组织实施一批工程化应用验证项目，促进优质产品先试首用。

3. 由工业和信息化部、国资委、全国工商联按职责分工负责，结合企业意愿进行分类筛选，制定推荐目录，向大型骨干企业定向推荐不少于1000家专精特新“小巨人”企业，不少于1500项技术产品。

4. 由工业和信息化部、财政部负责，面向重点行业龙头企业征集技术产品问题，组织“专精特新”中小企业等创新创业主体揭榜，以比赛激发创新创业活力，促进产业链大中小企业融通创新。

(五)提升企业创新能力

1. 由工业和信息化部负责，支持有条件的“专精特新”中小企业优先参与玻璃新材料、智能语言、智能家电等新培育的制造业创新中心建设。在有关项目遴选中，对专精特新“小巨人”企业牵头申报的项目给予加分。

2. 由工业和信息化部、教育部、科技部按职责分工负责，面向高校、科研院所等征集一批技术成果转移目录，面向“专精特新”中小企业征集一批技术研发需求目录，推动供需双向“揭榜”，促进产学研协同创新。

3. 由知识产权局、工业和信息化部负责，支持知识产权服务机构为中小企业提供从创新到运用全过程服务，开展全国知识产权服务万里行活动，惠及 1 万家以上中小企业。组建中小企业知识产权服务专家团，提供公益性知识产权咨询和信息服务。到 2022 年年底，将 5000 家专精特新“小巨人”企业纳入各级知识产权优势企业培育对象。

4. 由工业和信息化部负责，组织节能诊断机构开展公益性节能诊断服务，到 2022 年年底，完成 2000 家以上中小企业节能诊断。

5. 由工业和信息化部、市场监管总局负责，工业和信息化部所属事业单位对专精特新“小巨人”企业减半收取非强制测试认证服务费。支持计量技术机构为专精特新“小巨人”企业提供计量技术服务。

（六）推动数字化转型

1. 由工业和信息化部会同各地方按职责分工负责，打造一批数字化标杆企业，到 2022 年年底，组织 100 家以上工业互联网平台和数字化转型服务商为不少于 10 万家中小企业提供数字化转型评价诊断服务和解决方案，推动 10 万家中小企业业务“上云”。

2. 由工业和信息化部负责，组织开展智能制造进园区活动，面向“专精特新”中小企业开展标准宣贯、现场诊断和供需对接，推广 1000 个以上应用场景，培育智能制造新模式。

（七）加强人才智力支持

1. 由工业和信息化部会同各地方按职责分工负责，组织“专精特新”中小企业人才培训，到 2022 年年底，培训经营管理人才不少于 2 万名，对专精特新“小巨人”企业实现培训服务全覆盖。中德中小企业经营管理人员培训向专精特新“小巨人”企业倾斜。

2. 由工业和信息化部会同各地方按职责分工负责，梳理“专精特新”中小企业人才需求，推动各地建设一批工程师协同创新中心，为企业搭建高层次人才供给通道，在国家人才计划中对专精特新“小巨人”企业予以倾斜。

3. 由工业和信息化部、民政部会同各地方按职责分工负责，推动各地建立专家志愿服务团或服务工作站，为“专精特新”中小企业提供专家辅导服务。

（八）助力企业开拓市场

1. 由工业和信息化部、市场监管总局、有关地方按职责分工负责，在中国国际中小企业博览会、APEC 中小企业技术交流暨展览会设立“专精特新”展区，为“专精特新”中小企业搭建产品、技术展示平台，助力拓展国内外市场。

2. 由工业和信息化部负责，开展中小企业跨境撮合活动，到 2022 年年底，服务不少于 2 万家中小企业，助力疫情下中小企业国际合作。

3. 由中国出口信用保险公司负责，充分发挥政策性出口信用保险作用，为专精特新“小巨人”企业提供出口信用保险支持，运用资信数据优势帮助企业开拓国际市场，提高风险管理能力。

（九）提供精准对接服务

1. 由工业和信息化部负责，建设全国中小企业服务一体化平台移动端，线上集聚政策、融资、创业空间等各类服务资源，实现政策的主动匹配、创新人才的供需对接、服务的“一站式”获取。

2. 由工业和信息化部会同各地方按职责分工负责，推动省级以上中小企业公共服务示范平台和小微企业创业创新示范基地，为“专精特新”中小企业定制专属服务包，提供个性化服务产品。

3. 由工业和信息化部、中央宣传部负责，举办全国“专精特新”中小企业高峰论坛，编印专精特新“小巨人”企业典型案例，加强经验交流和宣传报道，进一步形成全社会支持中小企业“专精特新”发展共识。

（十）开展万人助万企活动

1. 由各地方负责，为每家“专精特新”中小企业配备一名服务专员，一企一策，精准培育。开展“专精特新万企行”活动，2022 年年底前，推动地方对全部“专精特新”中小企业实地走访，为每家企业至少解决 1 项困难。

2. 由各地方负责，充分发挥地方政府贴近企业、了解企业的优势，结合本地实际，创造性地提出支持“专精特新”中小企业发展的务实举措，重点在设立资金推动提升创新能力和专业化水平、应对和防范风险以及人才落户、住房、子女教育等方面提供更多支持，为中小企业技术人员、高技能人才档案管理、职称评定、奖励申报等方面提供绿色通道;在制订土地供应计划中,优先考虑“专精特新”中小企业用地需求,切实提升企业获得感。

《财政部、工业和信息化部关于支持“专精特新”中小企业高质量发展的通知》启动中央财政支持“专精特新”中小企业高质量发展政策。各地政府也在不遗余力地支持“专精特新”企业发展,出台了“专精特新”企业的奖励政策。这些政策有力地推动了各地“专精特新”中小企业的培育工作,在很多地方形成了良好的发展氛围。

2022 年 9 月 19 日,工业和信息化部为深入贯彻落实《为“专精特新”中小企业办实事清单》,加强对“专精特新”中小企业的精准化服务,聚焦“专精特新”中小企业提升专业化能力、增强精细化管理、实现特色化发展、赋能创新型升级的需求,通过省级中小企业主管部门推荐和企业自荐两种渠道,在全国征集到 1200 余家服务商的 1700 多项服务产品,经过多轮筛选,最终在助力开拓市场、提升企业创新能力、加强人才智力支持、强化知识产权保护和运用等 9 个领域,遴选出第一批 39 项质量优、保障好、有特色的“专精特新”中小企业服务产品,形成《专精特新中小企业服务产品目录(第一批)》,引导中小企业结合实际,自主选择对接使用,助力实现“专精特新”发展。

2022 年 11 月 15 日,证监会、工业和信息化部办公厅联合印发了《关于高质量建设区域性股权市场“专精特新”专板的指导意见》,明确要求在区域股权市场开办“专精特新”专板,推动地方政府重视专板建设,加大组织协调、数据共享、政策资源整合和支持力度,推动区域性股权市场建立完善适合“专精特新”中小企业特点的服务和产品体系,促使更多“专精特新”企业进入资本市场,同时通过专板建设进一步明确区域性股权市场功能定位,补齐多层次资本市场的结构性短板。

第二节 “专精特新”企业的认定标准

在工业和信息化部前三批国家级专精特新“小巨人”企业认定时,工业和信息化部明确了认定的标准,各地在培育“专精特新”企业时,也规定了相应的认定标准。2019 ~ 2021 年,工业和信息化部先后培育了三批国家级专精特新“小巨人”企业,到 2021 年年底,我国已培育 4 万多家省级“专精特新”企业,先后评定和培育了三批共4762家国家级专精特新“小巨人”企业,848家制造业单项冠军企业。

前三批国家级专精特新“小巨人”企业的培育条件分为基本条件、专项条件和分类条件三种。基本条件包括企业的连续经营时间、专业化发展战略、持续创新能力和研发投入、公司的治理和管理能力等;专项条件包括经济效益、专业化程度、创新能力、经营管理等具体指标;分类条件主要按照上年度营业收入情况规定了近2年研发经费支出占营业收入的比重,按照这两项指标对企业进行分类。

2022年6月1日,工业和信息化部印发《优质中小企业梯度培育管理暂行办法》(工信部企业〔2022〕63号),提出了优质中小企业的概念,明确优质中小企业是指在产品、技术、管理、模式等方面创新能力强、专注细分市场、成长性好的中小企业,由创新型中小企业、“专精特新”中小企业和专精特新“小巨人”企业三个层次组成。创新型中小企业是指具有较高专业化水平、较强创新能力和发展潜力,是优质中小企业的基础力量;“专精特新”中小企业是指实现专业化、精细化、特色化发展,创新能力强、质量效益好,是优质中小企业的中坚力量;专精特新“小巨人”企业是指位于产业基础核心领域、产业链关键环节,创新能力突出、掌握核心技术、细分市场占有率高、质量效益好,是优质中小企业的核心力量。

《优质中小企业梯度培育管理暂行办法》明确了创新型中小企业、“专精特新”中小企业和专精特新“小巨人”企业的认定标准。工业和信息化部负责专精特新“小巨人”企业认定工作。各省、自治区、直辖市及计划单列市、新疆生产建设兵团中小企业主管部门负责“专精特新”中小企业认定和创新型中小企业评价工作,由此确定了优质中小企业“专精特新”三个层级的认定标准和培育职责。2022年6月15日,《工业和信息化部办公厅关于开展第四批专精特新“小巨人”企业培育和第一批专精特新“小巨人”企业复核工作的通知》发布,启动第四批专精特新“小巨人”企业认定工作。自第四批开始,相关指标按照《优质中小企业梯度培育管理暂行办法》的规定执行。

一、创新型中小企业

按照《优质中小企业梯度培育管理暂行办法》,创新型中小企业评价标准如下。

(一)公告条件

评价得分达到60分以上(其中创新能力指标得分不低于20分、成长性指标及专业化指标得分均不低于15分),或满足下列条件之一:

(1)近三年内获得过国家级、省级科技奖励。

(2)获得高新技术企业、国家级技术创新示范企业、知识产权优势企业和知识产权示范企业等荣誉(均为有效期内)。

(3)拥有经认定的省部级以上研发机构。

(4)近三年新增股权融资总额(合格机构投资者的实缴额)在500万元以上。

此条及后文中所称的“省级科技奖励”包括各省、自治区、直辖市科学技术奖的一、二、三等奖;“国家级科技奖励”包括国家科学技术进步奖、国家自然科学奖、国家技术发明奖,以及国防科技奖。所称的“股权融资”是指公司股东稀释部分公司股权给投资人,以增资扩股(出让股权不超过30%)的方式引进新的股东,从而取得公司融资的方式。“合格机构投资者”是指符合《创业投资企业管理暂行办法》或者《私募投资基金监督管理暂行办法》相关规定,按照上述规定完成备案且规范运作的创业投资基金及私募股权投资基金。

(二)评价指标

包括创新能力、成长性、专业化三类六个指标,评价结果依分值计算,满分为100分。

1.创新能力指标(满分40分)

(1)与企业主导产品相关的有效知识产权数量(满分20分)

A.Ⅰ类高价值知识产权1项以上(20分)

B.自主研发的Ⅰ类知识产权1项以上(15分)

C.Ⅰ类知识产权1项以上(10分)

D.Ⅱ类知识产权1项以上(5分)

E.无(0分)

此条及后文中所称“主导产品”是指企业核心技术在产品中发挥重要作用,且产品收入之和占企业同期营业收入比重超过50%。“Ⅰ类知识产权”包括发明专利(含国防专利)、植物新品种、国家级农作物品种、国家新药、国家一级中药保护品种、集成电路布图设计专有权(均不包含转让未满1年的知识产权)。

所称“Ⅰ类高价值知识产权”须符合以下条件之一:(1)在海外有同族专利权的发明专利或在海外取得收入的其他Ⅰ类知识产权,其中专利限G20成员、新加坡以及欧洲专利局经实质审查后获得授权的发明专利;(2)维持年限超过10年的Ⅰ类知识产权;(3)实现较高质押融资金额的Ⅰ类知识产权;(4)获得国家科学技术奖或中国专利奖的Ⅰ类知识产权。“Ⅱ类知识产权”包括与主导产品相关的软件著作权(不含商标)、授权后维持超过2年的实用新型专利或外观设计专利(均不包含转让未满1年的知识产权)。

(2)上年度研发费用总额占营业收入总额比重(满分20分)

A. 5%以上(20分)

B. 3%~5%(15分)

C. 2%~3%(10分)

D. 1%~2%(5分)

E. 1%以下(0分)

2. 成长性指标(满分30分)

(3)上年度主营业务收入增长率(满分20分)

A. 15%以上(20分)

B. 10%~15%(15分)

C. 5%~10%(10分)

D. 0%~5%(5分)

E. 0%以下(0分)

(4)上年度资产负债率(满分10分)

A. 55%以下(10分)

B. 55%~75%(5分)

C. 75%以上(0分)

3. 专业化指标(满分30分)

(5)主导产品所属领域情况(满分10分)

A. 属于《战略性新兴产业分类》(10分)

B. 属于其他领域(5分)

(6)上年度主营业务收入总额占营业收入总额比重(满分20分)

A. 70%以上(20分)

B. 60% ~70%(15分)

C. 55% ~60%(10分)

D. 50% ~55%(5分)

E. 50%以下(0分)

二、“专精特新”中小企业

“专精特新”中小企业认定标准如下。

(一)认定条件

同时满足以下4项条件即视为满足认定条件。

1. 从事特定细分市场时间达到2年以上。

2. 上年度研发费用总额不低于100万元,且占营业收入总额比重不低于3%。

3. 上年度营业收入总额在1000万元以上,或上年度营业收入总额在1000万元以下,但近两年新增股权融资总额(合格机构投资者的实缴额)达到2000万元以上。

4. 评价得分达到60分以上或满足下列条件之一:

(1)近三年获得过省级科技奖励,并在获奖单位中排名前三;或获得国家级科技奖励,并在获奖单位中排名前五。

(2)近两年研发费用总额均值在1000万元以上。

(3)近两年新增股权融资总额(合格机构投资者的实缴额)在6000万元以上。

(4)近三年进入“创客中国”中小企业创新创业大赛全国500强企业组名单。

(二)评价指标

包括专业化、精细化、特色化和创新能力四类13个指标,评价结果依分值计算,满分为100分。

1. 专业化指标(满分25分)

(1)上年度主营业务收入总额占营业收入总额比重(满分5分)

A. 80%以上(5分)

B. 70% ~80%(3分)

C. 60% ~70%(1 分)

D. 60%以下(0 分)

(2)近 2 年主营业务收入平均增长率(满分 10 分)

A. 10%以上(10 分)

B. 8% ~10%(8 分)

C. 6% ~8%(6 分)

D. 4% ~6%(4 分)

E. 0% ~4%(2 分)

F. 0%以下(0 分)

(3)从事特定细分市场年限(满分 5 分)

每满 2 年得 1 分,最高不超过 5 分。

(4)主导产品所属领域情况(满分 5 分)

A. 在产业链供应链关键环节及关键领域“补短板”“锻长板”“填空白”取得实际成效(5 分)

B. 属于工业“六基”领域、中华老字号名录或企业主导产品服务关键产业链重点龙头企业(3 分)

C. 不属于以上情况(0 分)

2. 精细化指标(满分 25 分)

(5)数字化水平(满分 5 分)

A. 三级以上(5 分)

B. 二级(3 分)

C. 一级(0 分)

(6)质量管理水平(每满足一项加 3 分,最高不超过 5 分)

A. 获得省级以上质量奖荣誉

B. 建立质量管理体系,获得 ISO 9001 等质量管理体系认证证书

C. 拥有自主品牌

D. 参与制修订标准

此条中所称拥有自主品牌是指主营业务产品或服务具有自主知识产权,且符合产品或服务品牌已经国家知识产权局商标局正式注册,或者产品或服务已经实现收入。

(7)上年度净利润率(满分10分)

A. 10%以上(10分)

B. 8% ~10%(8分)

C. 6% ~8%(6分)

D. 4% ~6%(4分)

E. 2% ~4%(2分)

F. 2%以下(0分)

(8)上年度资产负债率(满分5分)

A. 50%以下(5分)

B. 50% ~60%(3分)

C. 60% ~70%(1分)

D. 70%以上(0分)

3. 特色化指标(满分15分)

(9)地方特色指标。由省级中小企业主管部门结合本地产业状况和中小企业发展实际自主设定1~3个指标进行评价(满分15分)

4. 创新能力指标(满分35分)

(10)与企业主导产品相关的有效知识产权数量(满分10分)

A. Ⅰ类高价值知识产权1项以上(10分)

B. 自主研发Ⅰ类知识产权1项以上(8分)

C. Ⅰ类知识产权1项以上(6分)

D. Ⅱ类知识产权1项以上(2分)

E. 无(0分)

(11)上年度研发费用投入(满分10分)

A. 研发费用总额500万元以上或研发费用总额占营业收入总额比重在10%以上(10分)

B. 研发费用总额400万~500万元或研发费用总额占营业收入总额比重在8% ~10%(8分)

C. 研发费用总额300万~400万元或研发费用总额占营业收入总额比重在6% ~8%(6分)

D. 研发费用总额200万~300万元或研发费用总额占营业收入总额比重在

4% ~6%(4 分)

E. 研发费用总额 100 万 ~200 万元或研发费用总额占营业收入总额比重在 3% ~4%(2 分)

F. 不属于以上情况(0 分)

(12)上年度研发人员占比(满分 5 分)

A. 20% 以上(5 分)

B. 10% ~20%(3 分)

C. 5% ~10%(1 分)

D. 5% 以下(0 分)

(13)建立研发机构级别(满分 10 分)

A. 国家级(10 分)

B. 省级(8 分)

C. 市级(4 分)

D. 市级以下(2 分)

E. 未建立研发机构(0 分)

三、专精特新“小巨人”企业

专精特新“小巨人”企业认定标准要求,专精特新“小巨人”企业认定需同时满足专、精、特、新、链、品六个方面指标。

(一)专业化指标

坚持专业化发展道路,长期专注并深耕于产业链某一环节或某一产品。截至上年年末,企业从事特定细分市场时间达到 3 年以上,主营业务收入总额占营业收入总额比重不低于 70%,近 2 年主营业务收入平均增长率不低于 5%。

(二)精细化指标

重视并实施长期发展战略,公司治理规范、信誉良好、社会责任感强,生产技术、工艺及产品质量性能国内领先,注重数字化、绿色化发展,在研发设计、生产制造、供应链管理等环节,至少 1 项核心业务采用信息系统支撑。取得相关管理体系认证,或产品通过发达国家和地区产品认证(国际标准协会行业认证)。截至上年年末,企业资产负债率不高于 70%。

（三）特色化指标

技术和产品有自身独特优势，主导产品在全国细分市场占有率达到10%以上，且享有较高知名度和影响力。拥有直接面向市场并具有竞争优势的自主品牌。

（四）创新能力指标

满足一般性条件或创新直通条件。

1. 一般性条件，需同时满足以下三项：

（1）上年度营业收入总额在1亿元以上的企业，近2年研发费用总额占营业收入总额比重均不低于3%；上年度营业收入总额在5000万~1亿元的企业，近2年研发费用总额占营业收入总额比重均不低于6%；上年度营业收入总额在5000万元以下的企业，同时满足近2年新增股权融资总额（合格机构投资者的实缴额）在8000万元以上，且研发费用总额在3000万元以上、研发人员占企业职工总数的50%以上。

（2）自建或与高等院校、科研机构联合建立研发机构，设立技术研究院、企业技术中心、企业工程中心、院士专家工作站、博士后工作站等。

（3）拥有2项以上与主导产品相关的Ⅰ类知识产权，且实际应用并已产生经济效益。

2. 创新直通条件，满足以下一项即可：

（1）近三年获得国家级科技奖励，并在获奖单位中排名前三。

（2）近三年进入“创客中国”中小企业创新创业大赛全国50强企业组名单。

（五）产业链配套指标

位于产业链关键环节，围绕重点产业链实现关键基础技术和产品的产业化应用，发挥“补短板”“锻长板”“填空白”等重要作用。

（六）主导产品所属领域指标

主导产品原则上属于以下重点领域：从事细分产品所属领域属于制造业核心基础零部件、元器件、关键软件、先进基础工艺、关键基础材料和具有产业技术基础；或符合制造强国战略十大重点产业领域；或属于网络强国建设的信息基础设施、关键核心技术、网络安全、数据安全领域等产品。

第三节 “专精特新”企业的申请和认定

一、“专精特新”企业认定机构

“专精特新”企业的认定分为创新型中小企业认定、“专精特新”中小企业认定和专精特新“小巨人”企业的认定。

根据《优质中小企业梯度培育管理暂行办法》,工业和信息化部负责优质中小企业梯度培育工作的宏观指导、统筹协调和监督检查,推动出台相关支持政策,发布相关评价和认定标准,负责专精特新“小巨人”企业认定工作。

各省、自治区、直辖市及计划单列市、新疆生产建设兵团中小企业主管部门制定细则,报工业和信息化部备案,并依据细则负责本地区优质中小企业梯度培育工作,负责“专精特新”中小企业认定和创新型中小企业评价工作。其他机构不得开展与创新型中小企业、“专精特新”中小企业、专精特新“小巨人”企业有关的评价、认定、授牌等活动。

参评优质中小企业应在中华人民共和国境内工商注册登记、具有独立法人资格,符合《中小企业划型标准规定》,企业未被列入经营异常名录或严重失信主体名单,提供的产品(服务)不属于国家禁止、限制或淘汰类,同时近三年未发生重大安全(含网络安全、数据安全)、质量、环境污染等事故以及偷漏税等违法违规行为。

二、评价和认定程序

创新型中小企业评价,由企业按属地原则自愿登录培育平台参与自评,省级中小企业主管部门根据评价标准,组织对企业自评信息和相关佐证材料进行审核、实地抽查和公示。公示无异议的,由省级中小企业主管部门公告为创新型中小企业。

“专精特新”中小企业认定,由创新型中小企业按属地原则自愿提出申请,省级中小企业主管部门根据认定标准,组织对企业申请材料和相关佐证材料进行审核、实地抽查和公示。公示无异议的,由省级中小企业主管部门认定为“专精特新”中小企业。

专精特新“小巨人”企业认定,由“专精特新”中小企业按属地原则自愿提出申请,省级中小企业主管部门根据认定标准,对企业申请材料和相关佐证材料进行初审和实地抽查,初审通过的企业向工业和信息化部推荐。工业和信息化部组织对被推荐企业进行审核、抽查和公示。公示无异议的,由工业和信息化部认定为专精特新“小巨人”企业。

工业和信息化部原则上在每年第二季度组织开展专精特新“小巨人”企业认定工作,省级中小企业主管部门则根据工作要求,统筹做好创新型中小企业评价、“专精特新”中小企业认定和专精特新“小巨人”企业推荐工作。

三、动态管理

工业和信息化部和各级中小企业主管部门对优质中小企业实行动态管理,建立健全“有进有出”的动态管理机制。“十四五”期间,工业和信息化部计划在全国推动培育一百万家创新型中小企业、十万家“专精特新”中小企业、一万家专精特新“小巨人”企业。所谓动态管理,就是对认定的优质中小企业进行定期复核,对不符合优质中小企业标准的,取消相关认定。因此,优质中小企业的创新型中小企业、“专精特新”企业和专精特新“小巨人”企业称号不是终身的,不符合条件则会被取消相应的称号。

经公告的创新型中小企业有效期为 3 年,每次到期后由企业重新登录培育平台进行自评,经省级中小企业主管部门审核(含实地抽查)通过后,有效期延长 3 年。经认定的“专精特新”中小企业、专精特新“小巨人”企业有效期为 3 年,每次到期后由认定部门组织复核(含实地抽查),复核通过的,有效期延长 3 年。

有效期内的创新型中小企业、“专精特新”中小企业和专精特新“小巨人”企业,应在每年 4 月 30 日前通过培育平台更新企业信息。未及时更新企业信息的,取消复核资格。

有效期内的创新型中小企业、“专精特新”中小企业和专精特新“小巨人”企业,如发生更名、合并、重组、跨省迁移、设立境外分支机构等与评价认定条件有关的重大变化,应在发生变化后的 3 个月内登录优质中小企业梯度培育平台(https://zjtx. miit. gov. cn/),填写重大变化情况报告表。不再符合评价或认定标准的创新型中小企业和“专精特新”中小企业,由省级中小企业主管部门核实后取消公告或认定;不再符合认定标准的专精特新"小巨人"企业,由省级中小企业主管部门核实后报工业和信息化部,由工业和信息化部取消认定。对于未在3个月内报告重大变化情况的,取消复核资格,或直接取消公告或认定。

有效期内的创新型中小企业、"专精特新"中小企业和专精特新"小巨人"企业,如发生重大安全(含网络安全、数据安全)、质量、环境污染等事故,或严重失信、偷漏税等违法违规行为,或被发现存在数据造假等情形,直接取消公告或认定,且至少3年内不得再次申报。

第二章　中国资本市场

第一节　我国的多层次资本市场

资本市场是指期限在一年以上的各种资金借贷和证券交易场所，也称中长期资金市场。其中，证券市场是资本市场最核心的部分，尤其是证券市场中的股票市场，是各个国家经济的风向标。我们经常听说的世界闻名的道·琼斯指数，就是一种代表性强、应用范围广、作用突出的美国证券交易所股票的股价指数，它是目前世界上影响最大、最具权威性的一种股票价格指数，其一涨一跌都受到全球的关注，影响国际经济发展的走向。作为国民经济的“晴雨表”，资本市场与一国GDP的增长趋势密切相关，资本市场的发展对一国的经济增长具有重要意义。

严格地讲，资本市场概念的外延远大于证券市场，但由于证券市场是资本市场的核心，因此，在很多情况下，我们提到资本市场时往往指证券市场。本书主要讲述我国的股票市场，因此为了讲述方便，除本章对资本市场和证券市场、股票市场进行定义和讲述外，在其他章节大多数地方，资本市场和证券市场（股票市场）是混同的，未作严格的区分。

一、多层次资本市场

资本市场的主要功能是提供资金融通。一般意义上的资本市场包括股票市场、债券市场、期货市场、基金市场、中长期信贷市场和衍生品市场。资本市场按融通资金方式的不同，可分为银行中长期信贷市场和证券市场。若以金融工具的基本性质分类，资本市场可分为股权市场和债券市场。证券市场是资本市场的核心，是股票、债券、投资基金等有价证券发行和交易的场所，是资本市场的主要部分和典型形态。

所谓多层次资本市场体系，是指一国为了满足不同质量、规模、风险程度的多样化市场主体的融资需求而建立起来的不同层次的资本市场体系。本书所指的多层次资本市场体系，是围绕证券市场的多层次建设而言的。

我国资本市场起步于20世纪90年代初，以1990年上海证券交易所和深圳证券交易所设立为标志。经过30余年的发展，作为我国资本市场最核心部分的证券市场已经发展成为包括场内市场和场外市场两大部分的多层次资本市场体系。场内市场由主板、创业板、科创板构成。场外市场由全国中小企业股份转让系统（以下简称全国股转系统）和各地设立的区域股权交易市场组成。

从国外的资本市场建设来看，与股权交易有关的多层次资本市场体系中的股权交易市场一般包括主板市场、创业板市场及场外交易市场等。主板市场一般被视为一板市场，即证券交易所市场，是指在有组织交易所进行集中竞价交易的市场，主要是为大型、成熟企业的融资和转让提供服务；创业板市场一般被视为二板市场，指与主板市场相对应，专为处于幼稚阶段中后期和产业化阶段初期的中小企业及高新技术企业提供资本融通的股票市场；场外市场，包括柜台市场和场外交易市场，处于资本市场的第三个层次，被视为三板市场，主要解决企业发展过程中处于初创阶段中后期和幼稚阶段初期的中小企业在筹集资本性资金方面的问题，以及这些企业的资产价值（包括知识产权）评价、风险分散和风险投资的股权交易问题。

国外证券市场的历史十分悠久，最早的证券市场起源于欧洲，初期以自发性股票交易开始，逐步生成柜台交易市场等场外交易市场，再由场外交易市场升级为全国性场内交易市场，在证券市场发展过程中，市场力量发挥着主要作用。国外成熟的多层次资本市场，其证券交易市场一般能够同时为大、中、小型企业提供融资平台和股份交易服务，在市场规模上，则体现为金字塔结构（见图2－1）。场外交易市场为三板及三板以下的市场为数量众多的中小企业提供融资平台，创业板即二板市场从三板市场中寻找上市资源，较三板市场的企业数量要少，主板市场则为那些成熟度高、治理结构完善的大企业提供融资平台，上市企业的数量最少。

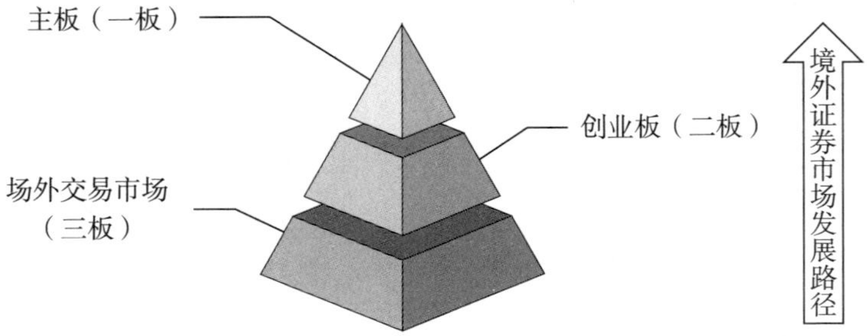

图 2-1 国外证券市场发展路径

以美国为例，美国证券交易场所由全国性证券市场和区域性证券市场组成，全国性证券市场主要包括纽约证券交易所（NYSE）、全美证券交易所（AMEX）、纳斯达克股市（NASDAQ）和电子公告板市场（OTCBB）；区域性证券市场包括费城证券交易所（PHSE）、太平洋证券交易所（PASE）、辛辛那提证券交易所（CISE）、西部证券交易所（MWSE）以及芝加哥期权交易所（CBOE）等。美国的资本市场包括三个层次：（1）主板市场。美国证券市场的主板市场是以纽约证券交易所和全美证券交易所为核心的全国性证券交易市场，纽约证券交易所对上市公司的要求较高，在该交易所上市的企业一般是一些全球知名度高且规模最大的企业；全美证券交易所运行成熟与规范，股票和衍生证券交易突出，上市条件比纽约交易所低，但也有上百年的历史。许多传统行业及国外公司在该股市上市。（2）以纳斯达克（NASDAQ）为核心的二板市场。纳斯达克证券交易所是全球第二大证券市场，证券交易活跃，采用证券公司代理交易制，按上市公司大小分为全国板和小板。纳斯达克市场重点关注公司的成长性和长期营利性，在纳斯达克上市的公司普遍具有高科技含量、高风险、高回报、规模小的特征。（3）遍布各地区的全国性和区域性市场及场外交易市场。该市场为三板市场，突出的有全国性的电子公告板市场（OTCBB），该市场受纳斯达克市场直接监管，它对企业的挂牌要求比较宽松，并且挂牌的时间和费用相对较低，主要满足成长型的中小企业的融资需要。① 我国目前有近 1000 家企业以首次公开发行（IPO）、存托凭证或反向并购等方式进入美国的股票市场，但近年来因中美贸易

① 李曙衢编著：《透视新三板——全国中小企业股份转让系统挂牌操作实务》，九州出版社 2013 年版，第 9～10 页。

摩擦，美国对中国企业赴美上市进行了诸多限制，2022 年 8 月，中国人寿、中国石油、中国石化、中国铝业、上海石化五大央企集体自美退市，成为国内资本市场关注的重大事件。

我国自 1990 年两大证券交易所设立后，走了一条与西方国家不同的发展道路，国家在证券市场发展中发挥着关键作用。证券市场源于我国社会主义市场经济的改革，设立初期只有单一的主板市场，2003 年，《中共中央关于完善社会主义市场经济体制若干问题的决定》明确提出了多层次资本市场体系的建设，2003 年 6 月，根据市场需要由主板市场分离出中小板市场。2009 年，我国为了支持创业企业发展，设立了创业板市场。2019 年，基于注册制改革的需要，在上海证券交易所新设科创板市场，2021 年，配合新三板改革针对中小企业推出了北京证券交易所。我国证券市场不是从场外交易市场一步一步发展起来的，而是先从主板市场开始建设，政府在证券市场的建设和发展中起着重要作用，而且证券市场的每一次新设和调整，都是基于我国经济改革的需要。目前的场外交易市有两种形式，一个是全国统一的中小企业股份转让系统，另一个是各省市自治区的区域股权交易中心（各地名称有差异）。具体见图 2－2。

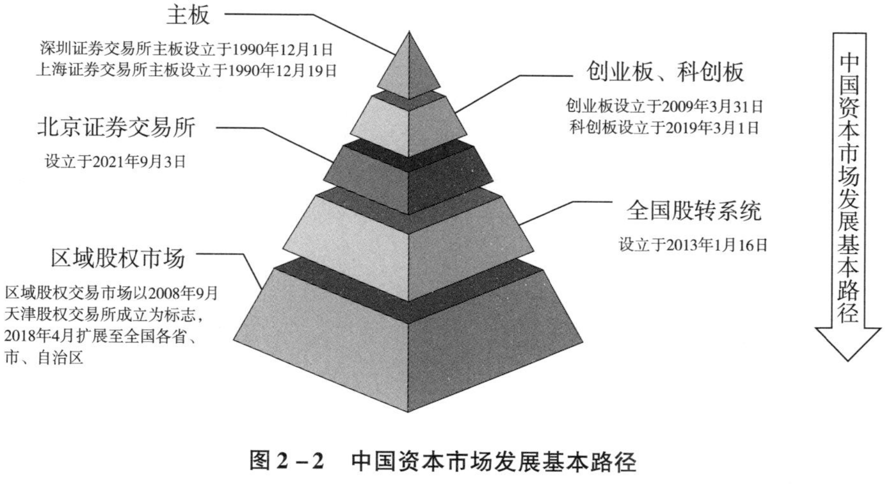

图 2－2　中国资本市场发展基本路径

建立多层次资本市场是资本市场上资金供求双方的多层次化的要求，也是不同规模融资主体多层次的需要。随着社会主义市场经济的发展，处于不同发展阶段的不同规模的、不同风险状况的企业对股权融资的需求不尽相同。大规模、稳健型、成熟性强的公司业绩稳定、经营稳健，可以吸引大批投资者购买它的股票;中小企业,特别是处于创业阶段的中小型科技企业,规模小、产品不够成熟、风险性大,通过主板市场进行融资是不现实的,但中小企业作为一国经济结构中最具活力的部分,如果不能通过股权交易市场融资,企业完全依赖借贷或原始资本的积累,其发展将受到极大的限制。国际性的跨国公司,大都是通过资本市场获得了跳跃式发展的机会,但受诸多因素影响,中国资本市场的发展出现了高度集中化的倾向,交易过程中不可避免地会排斥一部分融资者而向具有优势的融资者倾斜,造成了中小企业尤其是高新技术企业的融资困难。

我国资本市场因三板市场没有得到良好发展,很长一段时间中国仅有单一层次的主板市场,后来发展了中小板和创业板市场,但这些市场对公司上市和交易的风险标准是统一的,在制度上无法为不同风险偏好者提供足够多种类的投资品种和交易场所,也限制了风险爱好者的资金进入中小企业从而促进我国中小企业的发展。新三板的建立和扩容及新一轮改革,将为不同风险爱好者提供更多的投资平台,为这些投资者的资金进入中小企业建立了一个良好通道。

二、我国多层次资本市场的现状

从 1990 年上海证券交易所和深圳证券交易所开办以来,我国的资本市场已经形成了主板、创业板、科创板、北京证券交易所、全国股转系统、区域性股权交易市场等多种股权交易市场和平台,多层次资本市场已经建立起来。其中,主板一般被视为一板市场,创业板、科创板被视为二板市场,新设立的北京证券交易所也可被视为二板市场,全国股转系统被视为三板市场,区域股权交易市场则被视为四板市场。

主板市场是我国开办最早、规模最大、上市标准最高的市场,目前上海证券交易所和深圳证券交易所均有主板。主板市场开办于 1990 年,当时主要为成熟的国有大中型企业提供上市服务,后来发展成为全国各种经济所有制形式的大中型企业提供上市服务。

创业板市场开办于 2009 年 3 月 31 日,由深圳证券交易所承办。创业板成立的目的是为创新型和成长型企业提供上市融资服务,为自主创新型企业提供上市平台。创业板市场在上市门槛、监控制度、信息披露、投资者条件、投资风险等方面与主板市场存在差别。但由于创业板上市的实际审核标准高于规定标准,加上符合创业板上市条件的企业较多,企业上市排队现象突出,导致注册制实施前几年在部分审核标准上反而严于主板,致使一大批符合创业板上市条件的企业无法进入该市场。2020 年 8 月,创业板进行注册制改革,定位于成长型创新创业企业。创业板深入贯彻创新驱动发展战略,适应发展更多依靠创新、创造、创意的大趋势,主要服务成长型创新创业企业,支持传统产业与新技术、新产业、新业态、新模式的深度融合。

科创板市场设立于 2019 年,隶属上海证券交易所,其成立主要是为了推动我国证券市场注册制改革的试点需要。设立科创板,是我国股市发展进程中的一件大事,它也是我国资本市场中股票发行制度改革的又一个里程碑。设立科创板并试点注册制,是我国进一步落实创新驱动发展战略,增强资本市场对提高我国关键核心技术创新能力的服务水平,促进高新技术产业和战略性新兴产业发展,支持上海国际金融中心和科技创新中心建设,完善资本市场基础制度,推动高质量发展的需要。科创板市场定位于科技创新企业,在科创板上市的企业,应是面向世界科技前沿、面向经济主战场、面向国家重大需求,主要服务于符合国家战略、突破关键核心技术、市场认可度高的科技创新企业。重点支持新一代信息技术、高端装备、新材料、新能源、节能环保以及生物医药等高新技术产业和战略性新兴产业,推动互联网、大数据、云计算、人工智能和制造业的深度融合,引领中高端消费,推动质量变革、效率变革、动力变革。

北京证券交易所成立于 2021 年 11 月 15 日,其成立是配合新三板改革。设立北京证券交易所,是资本市场更好支持中小企业发展壮大的内在需要,是落实国家创新驱动发展战略的必然要求。北京证券交易所定位于打造服务创新型中小企业主阵地,主要服务创新型中小企业,重点支持先进制造业和现代服务业等领域的企业,推动传统产业转型升级,培育经济发展新动能,促进经济高质量发展。

全国股转系统,是在上海、深圳、北京三家证券交易所之外的交易场所,即我国的场外交易市场,俗称新三板市场,它源于早期的全国证券交易自动报价系统(STAQ)和原中国证券交易系统有限公司法人股流通市场(NET),后发展为中关村科技园区证券公司代办股份转让系统。2012 年下半年,随着证券公司代办股份转让系统扩容到上海、天津和武汉三大高科技园区,经中国证监会批准,于 2013 年年初成立了为新三板扩容服务的全国中小企业股份转让系统有限公司(以下简称全国股转公司),并在原来证券公司代办股份转让系统的基础上组建了全国股转系统。全国股转系统中挂牌的企业有三类,第一类是原“两网”(STAQ 法人股流通市场和 NET 法人股流通市场)企业,第二类是上海、深圳证券交易所退市企业,第三类是符合全国股转系统要求(原为代办股份转让系统)的中小企业。

场外交易市场除全国股转系统外,还有地方性的产权交易所和股权交易所,如天津股权交易所、上海股权托管交易中心、河南的中原股权交易中心等,这类交易市场具有较强的区域性,面向所在省开展公司挂牌服务,一般被称为“四板市场”。四板市场多采用线下磋商、线上成交的模式,不允许采用竞价模式。四板市场适合于小微企业的股权交易,但由于目前四板市场与三板以上的资本市场没有打通转板的通道,在会计准则使用、法律规范要求等方面与三板以上的市场有较大的差距,在四板市场挂牌的企业可能会影响到其他市场挂牌上市。

第二节　场内交易市场(证券交易所)

我国的场内交易市场有上海、深圳、北京三大证券交易所。上海证券交易所有主板板块和科创板板块,深圳证券交易所有主板板块和创业板板块。北京证券交易所承接全国中小企业股份转让系统精选层挂牌公司,没有区分不同的市场板块。

一、主板市场

1990 年 12 月 1 日,深圳证券交易所试营业,1990 年 12 月 19 日,上海证券交易所开业,两大证券交易所在无规则可循的情况下开始了公司发行上市的探索。

在证券交易所设立初期,两大证券交易所的工作重心为国有企业的改制,因此在证券交易所成立后的 10 多年时间内,上市的公司以国有企业为主,形成了以大型企业为主的主板市场。主板市场主要接纳的是国内支柱企业、占据行业龙头地位的企业以及具有较大资产规模和经营规模的企业上市。

随着资本市场的发展,有更多的民营企业和国有企业期望进入资本市场,这些企业规模小于主板要求标准,但有很强的上市意愿。为了满足更多企业的上市需要,2004 年 5 月,经国务院批准,我国在深圳证券交易所主板市场内设立了中小企业板块,中国证监会核准通过中小企业板块实施方案。在国内设立中小板的目的主要是为我国大量的中小企业提供上市融资的机会,从而推动中小企业的发展和我国经济的转型。中小企业板专门服务于中小企业,是我国多层次资本市场体系的重要组成部分。从制度层面上看,中小企业板设在主板市场内,和主板市场实行相同的规则,是主板的有机组成部分。中小企业板设立作为我国创业板的"过渡板",其开辟了一个扶持中小企业快速发展的新平台,为中小企业进入资本市场打开了一个通道。随后设立的创业板和科创板,与中小企业板的定位虽然不同,但面向的对象基本相同,2021 年 2 月 5 日,中国证监会批准深圳证券交易所主板与中小企业板合并,中小企业板完成了其历史使命,两个板块的合并意味着中国资本市场正式形成并确立了上海证券交易所"主板 + 科创板"、深圳证券交易所"主板 + 创业板"以及后来成立北京证券交易所后"新三板 + 北京证券交易所"新局面。

经过 30 多年的发展,两大证券交易所主板上市的公司数量快速增长,现在已经发展成为具有国际影响力的资本市场,在推动建立现代企业制度、优化资源配置、调整经济结构、促进金融深化和经济发展方面发挥了积极作用。

在发行条件方面,主板的主要法规依据为《首次公开发行股票并上市管理办法》,该办法第 26 条规定了在主板首次公开发行的条件,其中财务指标方面的要求如下。

(1)最近 3 个会计年度净利润均为正数且累计超过人民币 3000 万元,净利润以扣除非经常性损益前后较低者为计算依据;

(2)最近 3 个会计年度经营活动产生的现金流量净额累计超过人民币 5000 万元;或者最近 3 个会计年度营业收入累计超过人民币 3 亿元;

(3)发行前股本总额不少于人民币 3000 万元;

(4)最近一期末无形资产(扣除土地使用权、水面养殖权和采矿权等后)占净资产的比例不高于 20%;

(5)最近一期末不存在未弥补亏损。

随着申报上市企业的不断增加,以及审核理念的变动,办法规定的发行条件中的财务指标也被不断拔高,2018 年以后根据中国证监会的窗口指导意见,在主板发行的财务条件提高到上市前一年的净利润要达到 8000 万元以上。由于设置了过高的发行条件，很多中小企业被拒之门外，无缘进入主板市场。目前主板市场还未进行注册制改革，其首次公开发行并上市（IPO）的审核由中国证监会负责。

截至2022年8月31日，上海证券交易所主板上市公司共1703家，总市值415,797.32亿元；深圳证券交易所主板上市公司共1531家，总市值220,320.80亿元，两大证券交易所主板上市公司合计3234家，合计总市值636,118.12亿元。

二、创业板市场

主板对企业规模及盈利水平均有较高的要求，很多中小企业尤其是科技型中小企业因为达不到主板的发行条件，不能进入该市场。原来在深圳证券交易所主板中分出的中小板虽然面向中小型企业，但其审核标准与主板完全一致，很多企业仍难以符合中小板规定的上市条件，且中小板没有聚焦企业的科技创新能力，对科技型企业上市并不友好。为了促进科技型中小企业的发展，我国不得不另辟蹊径，为科技型企业设立新的上市平台。2009年10月，我国历经近10年的酝酿，正式在深圳证券交易所推出创业板。创业板设立时的定位是主要服务于从事高科技、新能源、新服务且具有较好成长性的企业。创业板改革后，定位于深入贯彻创新驱动发展战略，适应发展更多依靠创新、创造、创意的大趋势，主要服务成长型创新创业企业，支持传统产业与新技术、新产业、新业态、新模式的深度融合。创业板的设立是我国多层次资本市场体系建设的重要一步，适应了我国加快转变经济发展方式，培育和发展战略性新兴产业，促进我国经济社会健康发展的需要。

创业板推出后，为一批具有自主创新能力的企业提供了发展所需资金，促进中小企业尤其是科技型中小企业政策支持体系建设，引导社会资金流向自主创新型企业和战略性新兴产业。从行业分布来看，创业板上市公司主要集中于电子信息、生物医药、连锁经营、智力密集型服务、新能源、新材料、环保节能等领域，创业板对于推动我国高科技的发展发挥了巨大的作用。

创业板实施与主板差异化的发行条件，2020年8月创业板实施注册制改革后，其上市标准由深圳证券交易所规定，主要以市值作为上市的核心内容。《深圳证券交易所创业板股票上市规则》第2.1.2～2.1.4条规定了在创业板发行上市的市值和财务指标。发行人(为方便讲述,本书中发行人与“拟上市公司”为同一含义,均指正在准备或已经向证券交易所提交申报材料并申请上市的公司)为境内企业且不存在表决权差异安排的,市值及财务指标应当至少符合下列标准中的一项:

(1)最近两年净利润均为正,且累计净利润不低于5000万元;

(2)预计市值不低于10亿元,最近一年净利润为正且营业收入不低于1亿元;

(3)预计市值不低于50亿元,且最近一年营业收入不低于3亿元。

营业收入快速增长,拥有自主研发、国际领先技术,在同行业竞争中处于相对优势地位的尚未在境外上市的红筹企业,申请在创业板上市的,市值及财务指标应当至少符合下列标准中的一项:

(1)预计市值不低于100亿元,且最近一年净利润为正;

(2)预计市值不低于50亿元,最近一年净利润为正且营业收入不低于5亿元。

营业收入快速增长,要符合下列标准之一:

(1)最近一年营业收入不低于5亿元的,最近三年营业收入复合增长率10%以上;

(2)最近一年营业收入低于5亿元的,最近三年营业收入复合增长率20%以上;

(3)受行业周期性波动等因素影响,行业整体处于下行周期的,发行人最近三年营业收入复合增长率高于同行业可比公司同期平均增长水平。

发行人具有表决权差异安排的,市值及财务指标应当至少符合下列标准中的一项:

(1)预计市值不低于100亿元,且最近一年净利润为正;

(2)预计市值不低于50亿元,最近一年净利润为正且营业收入不低于5亿元。

截至2022年8月31日,在深圳证券交易所创业板上市的企业有1180家,总市值达117,692.24亿元。

三、科创板市场

2018年11月,上海证券交易所设立科创板并试点注册制,开启了我国证券市场注册制改革的序幕。科创板的设立,是中国资本市场的一次增量改革,与之前的主板、中小板、创业板等在制度设计方面具有很大差异,成为我国注册制改革的一个试验。科创板注册改革后,带动了创业板注册制的顺利落地,北京证券交易所成立后,也直接实施注册制,目前中国证监会正在准备对主板实施注册制改革,预计不会太久即可完成。

根据现有规则,在上海证券交易所新设科创板,其企业定位于坚持面向世界科技前沿、面向经济主战场、面向国家重大需求,主要服务于符合国家战略、突破关键核心技术、市场认可度高的科技创新企业。重点支持新一代信息技术、高端装备、新材料、新能源、节能环保以及生物医药等高新技术产业和战略性新兴产业,推动互联网、大数据、云计算、人工智能和制造业的深度融合,引领中高端消费,推动质量变革、效率变革、动力变革。

科创板实行注册制,发行上市审核的核心也由核准制下对盈利能力等实质性审核转向信息披露的形式审核,科创板设置了预计市值的上市条件,淡化甚至不再强调盈利指标,预示着上市条件的重大变化。所谓预计市值,是指股票公开发行后按照总股本乘以发行价格计算出来的发行人股票名义总价值,它是基于投资者对公司价值的判断确定的估值,由此可以看出科创板财务条件是以投资者的判断为核心,不再以审核者的判断为核心,是审核理念的重大变化。

根据《上海证券交易所科创板股票发行上市审核规则》,发行人申请股票首次发行上市的,市值及财务指标应当至少符合下列标准中的一项:

(1)预计市值不低于人民币10亿元,最近两年净利润均为正且累计净利润不低于人民币5000万元,或者预计市值不低于人民币10亿元,最近一年净利润为正且营业收入不低于人民币1亿元;

(2)预计市值不低于人民币15亿元,最近一年营业收入不低于人民币2亿元,且最近三年累计研发投入占最近三年累计营业收入的比例不低于15%;

(3)预计市值不低于人民币20亿元,最近一年营业收入不低于人民币3亿元,且最近三年经营活动产生的现金流量净额累计不低于人民币1亿元;

(4)预计市值不低于人民币30亿元,且最近一年营业收入不低于人民币3亿元;

(5)预计市值不低于人民币40亿元,主要业务或产品需经国家有关部门批准,市场空间大,目前已取得阶段性成果。医药行业企业需至少有一项核心产品获准开展二期临床试验，其他符合科创板定位的企业需具备明显的技术优势并满足相应条件。

符合《国务院办公厅转发证监会关于开展创新企业境内发行股票或存托凭证试点若干意见的通知》相关规定的红筹企业，可以申请发行股票或存托凭证并在科创板上市。

营业收入快速增长，拥有自主研发、国际领先技术，同行业竞争中处于相对优势地位的尚未在境外上市的红筹企业，申请在科创板上市的，市值及财务指标应当至少符合下列标准之一：

(1)预计市值不低于人民币 100 亿元；

(2)预计市值不低于人民币 50 亿元，且最近一年营业收入不低于人民币 5 亿元。

营业收入快速增长，是指符合下列标准之一：

(1)最近一年营业收入不低于人民币 5 亿元的，最近 3 年营业收入复合增长率在 10% 以上；

(2)最近一年营业收入低于人民币 5 亿元的，最近 3 年营业收入复合增长率在 20% 以上；

(3)受行业周期性波动等因素影响，行业整体处于下行周期的，发行人最近 3 年营业收入复合增长率高于同行业可比公司同期平均增长水平。

发行人具有表决权差异安排的，市值及财务指标应当至少符合下列标准中的一项：

(1)预计市值不低于人民币 100 亿元；

(2)预计市值不低于人民币 50 亿元，且最近一年营业收入不低于人民币 5 亿元。

科创板的推出，为具备核心技术竞争力的科技创新企业带来新的发展机遇，这也是我国落实创新驱动和科技强国战略、推动高质量发展、支持上海国际金融中心和科技创新中心建设的重大改革举措，是完善资本市场基础制度、激发市场活力和保护投资者合法权益的重要安排。它是我国资本市场发展的一个关键时点，如果试点成功，也许在不久的将来，我国资本市场的发行制度将全面向注册制靠拢，股票发行中的行政色彩将会越来越少，中国资本市场的发展也会越来越好。

截至 2022 年 8 月 31 日，在科创板上市的公司已达 459 家，总市值达 57,815.66 亿元。

四、北京证券交易所

创业板、科创板设立并实施注册制改革后，我国资本市场发生了重大变化，一大批科技型企业有了进入资本市场的机会，对推动我国企业的科技创新具有重大意义。但是国内众多中小型企业，由于难以达到这些市场的上市条件，只能望洋兴叹。

进入 21 世纪以来，随着科技竞争及国家竞争的日益激烈，中小企业及其科技创新能力的提升成为我国的重大关切，尤其是中美贸易摩擦发生后，我国对开展企业科技创新的关注达到了一个新的高度。2021 年 9 月 2 日，习近平总书记在 2021 年中国国际服务贸易交易会全球服务贸易峰会的致辞中宣布，将继续支持中小企业创新发展，深化新三板改革，设立北京证券交易所，打造服务创新型中小企业主阵地。2021 年 11 月 15 日，北京证券交易所成立，这是资本市场更好支持中小企业发展壮大的内在需要，是落实国家创新驱动发展战略的必然要求，是新形势下全面深化资本市场改革的重要举措。

北京证券交易所以现有的新三板精选层为基础，总体平移精选层各项基础制度，北京证券交易所的上市公司由新三板创新层公司产生，新三板形成了以“基础层—创新层—北京证券交易所”为主体的市场结构，在北京证券交易所上市的公司直接试点证券发行注册制。北京证券交易所要求进入该交易所上市的公司必须是在全国股转系统连续挂牌满 12 个月的创新层挂牌公司，这个规定有几层含义：一是进入北京证券交易所上市的公司必须是来自全国股转系统的挂牌公司；二是上市公司必须在全国股转系统连续挂牌满 12 个月；三是上市公司必须是全国股转系统的创新层公司。按照规定，在北京证券交易所上市的公司不要求进入创新层 12 个月，只要在全国股转系统连续挂牌满 12 个月，并进入创新层即可向北京证券交易所申请发行上市，对进入创新层的时间没有明确的限制。

北京证券交易所成立后股票发行实施注册制，其上市条件规定于《北京证券交易所股票上市规则(试行)》第 2.1.3 条，发行人申请在北京证券交易所公开发行并上市，市值及财务指标应当至少符合下列标准中的一项：

(1)预计市值不低于2亿元,最近两年净利润均不低于1500万元且加权平均净资产收益率平均不低于8%,或者最近一年净利润不低于2500万元且加权平均净资产收益率不低于8%;

(2)预计市值不低于4亿元,最近两年营业收入平均不低于1亿元,且最近一年营业收入增长率不低于30%,最近一年经营活动产生的现金流量净额为正;

(3)预计市值不低于8亿元,最近一年营业收入不低于2亿元,最近两年研发投入合计占最近两年营业收入合计的比例不低于8%;

(4)预计市值不低于15亿元,最近两年研发投入合计不低于5000万元。

从上述市值标准来看,北京证券交易所适合中小型企业进入,尤其是我国推出“专精特新”企业后,北京证券交易所与该类企业的契合度高度一致,未来会成为我国“专精特新”中小企业主要的上市地。

按照中国证监会的解读,建设北京证券交易所的主要思路是,严格遵循《证券法》,按照分步实施、循序渐进的原则,总体平移精选层各项基础制度,坚持北京证券交易所上市公司由创新层公司产生,维持新三板基础层、创新层与北京证券交易所“层层递进”的市场结构,同步试点证券发行注册制。在实施过程中,北京证券交易所重点把握好以下原则:

坚守“一个定位”。北京证券交易所牢牢坚持服务创新型中小企业的市场定位,尊重创新型中小企业发展规律和成长阶段,提升制度的包容性和精准性。

处理好“两个关系”。一是北京证券交易所与沪深证券交易所、区域性股权市场坚持错位发展与互联互通,发挥好转板上市功能。二是北京证券交易所与新三板现有创新层、基础层坚持统筹协调与制度联动,维护市场结构平衡。

实现“三个目标”。一是构建一套契合创新型中小企业特点的涵盖发行上市、交易、退市、持续监管、投资者适当性管理等基础制度安排,补足多层次资本市场发展普惠金融的短板。二是畅通北京证券交易所在多层次资本市场的纽带作用,形成相互补充、相互促进的中小企业直接融资成长路径。三是培育一批“专精特新”中小企业,形成创新创业热情高涨、合格投资者踊跃参与、中介机构归位尽责的良性市场生态。

截至2022年8月31日,北京证券交易所共有上市公司106家,总市值1857.18亿元。

第三节 场外交易市场

我国目前的场外交易市场类型主要有两个,一个是全国性市场,即全国股转系统;另一个是基本遍布我国各省设立的区域性股权交易市场。

一、全国股转系统(新三板)

全国股转系统是我国最主要的场外交易市场,俗称“新三板”,其源于1990年开始的全国证券交易自动报价系统(STAQ系统)。20世纪90年代,我国为改善国有企业状况,开始了国有企业的股份制改造,国家体制改革委员会采取了在股份制改组中设立法人股,专向企业法人和内部职工定向募集的折中方法,这部分股份在二级市场上限制流通,由此法人股在资本市场发展过程中产生了一系列问题。

为解决国有企业改制过程中产生的法人股问题,1990年12月5日,国家体制改革委员会批准设立的STAQ系统正式运行。STAQ系统是一个基于计算机网络进行有价证券交易的综合性场外交易市场。1993年4月28日,中国人民银行批准由中国证券交易系统有限公司开发设计的NET法人股交易系统投入试运行。

由此,我国形成了上海、深圳两家证券交易所和STAQ、NET两个计算机网络形成的“两所两网”的证券交易市场格局,各地也成立了地方性的股票市场。由于我国证券市场分别由不同的机构设立,陷入多头管理局面。1997年11月,中央金融工作会议决定关闭非法股票交易市场。1998年,亚洲金融危机爆发,为了整顿金融秩序、防范金融风险,《国务院办公厅转发证监会关于清理整顿场外非法股票交易方案的通知》将非上市公司股票、股权证交易视为“场外非法股票交易”,予以明令禁止,随后STAQ、NET系统于1999年也相继关闭。

“两网”系统停止运行后,为了解决主板退市问题以及原STAQ、NET系统内的有法人股历史遗留问题,中国证券业协会在2001年6月发布了《证券公司代办股份转让服务业务试点办法》,指定由申银万国等6家证券公司代办原“两网”系统挂牌公司的股份转让业务,证券公司代办股份转让业务于当年7月16

日正式开通，从而确立了我国由证券公司代办股份转让业务的场外交易制度。这个由证券公司代办“两网”挂牌的国有企业法人股股份转让和退市公司股份转让的系统被称为“三板”。

2006年年初，《国务院关于实施〈国家中长期科学和技术发展规划纲要（2006—2020年）〉若干配套政策的通知》发布，开始三板市场的扩容探索。2006年1月，中国证券业协会发布《证券公司代办股份转让系统中关村科技园区非上市股份有限公司股份转让试点办法》及相关文件，明确将北京市中关村科技园区内具备规定资质的公司纳入代办股份转让系统，实现了三板市场的扩容。

2006年1月23日，世纪瑞尔和北京中科软两家公司进入代办股份转让系统挂牌交易，自此，中关村科技园区非上市股份有限公司代办股份报价转让成为三板市场的一部分，为了与原来的三板市场相区分，该代办转让系统被大家称为“新三板”。新三板的开办，是我国落实大力推进产业结构调整、利用资本市场支持高新技术企业的一次实践。在开办初期，中关村科技园区和投资者对新三板的认同度较低，在中国证券业协会和中关村管委会的推动下，整体运行平稳有序，基本实现了预期目标。

2011年以后沪深股市走势低迷，市场上停发新股的呼声渐高。我国酝酿启动新三板改革，初期改革的方向是在中关村园区的基础上，将试点范围扩大到其他具备条件的国家级高新技术园区。2012年5月，在中关村科技园区非上市股份有限公司股份转让试点的基础上，证监会按照“总体规划、稳步推进、稳妥实施”的原则，正式开始筹备全国性场外交易市场。

2012年7月，国务院批准设立全国中小企业股份转让系统，9月在国家工商总局①正式完成登记注册。原代办股份转让系统和报价转让系统挂牌公司转入全国中小企业股份转让系统。2012年8月3日宣布，经国务院批准，决定扩大非上市股份公司股份转让试点，首批扩大试点除北京中关村科技园区外，新增上海张江高新技术产业开发区、武汉东湖新技术产业开发区、天津滨海高新区三个园区，为试点园区的非上市股份公司提供股份报价转让等服务。

2012年9月28日，中国证监会发布《非上市公众公司监督管理办法》，规定：“非上市公众公司是指有下列情形之一且其股票未在证券交易所上市交易

---

① 2018年国务院机构改革已撤并为国家市场监督管理总局，下同。

的股份有限公司:(一)股票向特定对象发行或者转让导致股东累计超过200人;(二)股票以公开方式向社会公众公开转让。”明确了非上市公众公司的定义,并规定非上市公众公司的股东可以超过200人和股票可以以公开方式向社会公众公开转让,为新三板扩容奠定了法律基础。

2012年下半年,随着证券公司代办股份转让系统扩容到上海、天津和武汉三大高科技园区,代办股份转让系统扩展到更多高新技术开发区的呼声很高,很多高新技术开发区都在做扩容准备。

2013年1月,全国中小企业股份转让系统正式揭牌运营。2013年1月31日,中国证监会发布了《全国中小企业股份转让系统有限公司管理暂行办法》,对全国股转公司的职能、组织结构作出规定,标志着新三板进入一个新的发展阶段。2013年2月8日,全国股转公司公布了《全国中小企业股份转让业务规则(试行)》,明确了企业挂牌的标准,把挂牌企业的标准由高新技术企业扩展至全部企业,随后全国股转系统的一系列规则不断推出。2013年6月,国务院常务会议决定,加快发展多层次资本市场,将全国股份转让系统试点扩大至全国,鼓励创新、创业型中小企业融资发展。

2013年7月1日,《国务院办公厅关于金融支持经济结构调整和转型升级的指导意见》发布,支持加快发展多层次资本市场,明确“将中小企业股份转让系统试点扩大至全国。规范非上市公众公司管理”。2013年8月8日发布的《国务院办公厅关于金融支持小微企业发展的实施意见》再次强调:“在清理整顿各类交易场所基础上,将区域性股权市场纳入多层次资本市场体系,促进小微企业改制、挂牌、定向转让股份和融资,支持证券公司通过区域性股权市场为小微企业提供挂牌公司推荐、股权代理买卖等服务。”这两个文件的出台,预示着新三板将扩容至全国并全面推开,通过新三板的建设全面支持中小企业发展。①

全国股转系统设立后的一段时间内,吸引了大量投资者进入并疯狂炒作,但由于进入新三板的企业大多体量小,业务稳定性不足,加之企业蜂拥而至,很多原本不应该进入的企业在一些机构的推动下,混入新三板市场,成为投资者炒作的对象,一部分企业因出现问题引发投资者恐慌,致使一批投资者损失惨重,引

---

① 李曙衢编著:《透视新三板——全国中小企业股份转让系统挂牌操作实务》,九州出版社2013年版,第22~28页。

起大批投资者退场，使全国股转系统的交易活跃度大幅度降低，新三板市场的融资功能受到很大影响。

在科创板推出前，我国已经开始酝酿新三板改革，以增加新三板交易的活性，提高新三板服务中小型企业的能力。科创板的设立使新三板改革推迟了一段时间，科创板注册制实施后，新三板的改革进入关键期，初期是将新三板的转板作为新三板改革的重点，以新三板的分层制度为基础，在原来基础层及创新层的基础上新推出精选层，由精选层企业转板进入科创新板或创业板，科创板和创业板也相继发布新三板转板的规则，2021 年 9 月，我国基于资本市场的整体战略安排，直接推出了北京证券交易所，与新三板衔接，由此完成新三板的配套改革。

截至 2022 年 8 月 31 日，全国股转系统共有挂牌公司 6728 家，其中，创新层挂牌公司 1679 家，基础层挂牌公司 5049 家。

二、区域股权市场

场外交易市场除全国股转系统外，还有各省、市、自治区设立的区域股权交易中心。

区域性股权交易市场是为特定区域内的企业提供股权、债券的转让和融资服务的私募市场，是我国多层次资本市场的重要组成部分，亦是中国多层次资本市场建设中必不可少的部分。

1990 年 12 月，深圳、上海两大证券交易所相继成立，随后我国形成两家证券交易所和 STAQ、NET 两个计算机网络形成的“两所两网”的证券交易市场格局，各地也成立了地方性的股票市场。1997 年 11 月，中央金融工作会议决定关闭非法股票交易市场。1998 年，亚洲金融危机爆发，为了整顿金融秩序、防范金融风险，《国务院办公厅转发证监会关于清理整顿场外非法股票交易方案的通知》将非上市公司股票、股权证交易视为“场外非法股票交易”，予以明令禁止，各地设立的地方性股票市场相继关闭。

2008 年 3 月 13 日，国务院为了支持天津滨海新区发展，批复《天津滨海新区综合配套改革试验总体方案》，重点推进 6 项金融改革创新，其中之一就是“积极支持在天津滨海新区设立全国统一、依法治理、有效监管和规范运作的非上市公众公司股权交易市场。作为多层次资本市场和场外交易市场的重要组成部分,逐步探索产业基金、创业投资基金等产品上柜交易”。2008 年 9 月,经天津市人民政府批准天津股权交易所在天津滨海新区正式挂牌成立,标志着我国区域性股权交易市场的诞生。天津股权交易所成立后,曾把挂牌业务拓展到全国多个省份。

以天津股权交易所为起点,一些地区为推进权益(如股权、产权)和商品市场的发展,陆续批准设立了一些从事产权交易、文化艺术品交易和大宗商品中远期交易的交易场所。由于缺乏规范管理,交易场所设立和交易活动中违法违规问题日益突出,风险不断暴露,引起了社会广泛关注。一些交易场所未经批准违法开展证券期货交易活动;有的交易场所管理不规范,存在严重投机和价格操纵行为;个别交易场所的股东直接参与买卖,甚至发生管理人员侵吞客户资金、经营者卷款逃跑等问题。为防范金融风险,规范市场秩序,维护社会稳定,2011 年 11 月,《国务院关于清理整顿各类交易场所切实防范金融风险的决定》发布,要求各省级人民政府对本地区各类交易场所,进行一次集中清理整顿。2012 年 7 月,《国务院办公厅关于清理整顿各类交易场所的实施意见》(国办发〔2012〕37 号,已废止)发布,再次强调对从事权益类交易、大宗商品中远期交易以及其他标准化合约交易的各类交易场所以及各类交易场所已设立的分支机构,包括名称中未使用“交易所”字样的交易场所进行清理整顿。

2012 年 8 月,中国证监会发布《关于证券公司参与区域性股权交易市场的指导意见》(已废止),在交易场所清理整顿的前提下,对各地依法设立的由证券公司参与的区域股权交易市场进行规范,要求区域性市场经所在地省级人民政府批准设立,作为市场所在地省级行政区域内的企业特别是中小微企业提供股权、债券的转让和融资服务的私募市场,接受省级人民政府监管。区域性市场原则上不得跨区域设立营业性分支机构,不得接受跨区域公司挂牌。确有必要跨区域开展业务的,应当按照《国务院办公厅关于清理整顿各类交易场所的实施意见》(已废止)的要求分别经区域性市场所在地省级人民政府及拟跨区域的省级人民政府批准,并由市场所在地省级人民政府负责监管,并对区域性市场管理规范、会员制度、投资者适当性管理制度等提出了明确要求。区域性市场为投资者提供网上或柜台报价、转让等服务。

《关于证券公司参与区域性股权交易市场的指导意见》出台后,区域性股权交易市场在各省份陆续建立,市场规模和影响力逐步扩大,全国各地区域性股权交易市场保持着良好的发展势头。

2014 年 5 月,《国务院关于进一步促进资本市场健康发展的若干意见》发布,区域性股权交易市场正式被纳入多层次资本市场体系。2017 年 1 月,《国务院办公厅关于规范发展区域性股权市场的通知》发布,对区域性股权交易市场的定位和发展提出明确要求;2017 年 7 月,《区域性股权市场监督管理试行办法》正式施行,从制度层面对区域性股权交易市场的发展作出安排,统一了业务发展及监管规则,明确区域性股权市场是为其所在省级行政区域内中小微企业证券非公开发行、转让及相关活动提供设施与服务的场所;2018 年 7 月,中国证券业协会发布《区域性股权市场自律管理与服务规范(试行)》,对证券公司参与区域性股权交易市场等业务提出明确的指导意见。2019 年,证监会发布了《关于规范发展区域性股权市场的指导意见》,对规范发展区域性股权交易市场、防范化解金融风险、保护投资者合法权益等作出了详细的规定。

根据《国务院办公厅关于规范发展区域性股权市场的通知》和《区域性股权市场监督管理试行办法》,中国证监会分别于 2018 年 4 月 27 日、2018 年 7 月 27 日和 2019 年 7 月 26 日分三批公示了 34 家全国区域性股权交易市场运营机构的备案名单。中国证券业协会公布的数据显示,截至 2020 年 2 月,全国所有区域性股权交易中心共有挂牌企业 3 万余家,展示企业 10 万余家,纯托管企业 7600 余家,累计为企业实现各类融资 1 万多亿元。

2022 年 11 月 15 日,证监会、工业和信息化部办公厅联合印发《关于高质量建设区域性股权市场"专精特新"专板的指导意见》,鼓励符合条件的区域股权市场开办"专精特新"专板,并明确了区域股权市场建设目标。专板建设应聚焦于服务中小企业"专精特新"发展,提升多层次资本市场服务"专精特新"中小企业的能力,规范区域性股权市场运营,整合政府和市场各方资源,完善综合金融服务和上市规范培育功能,提升优质中小企业规范发展质效,为构建新发展格局、实现经济高质量发展提供有力支撑。

区域股权市场"专精特新"专板主要聚焦于"专精特新"企业,优先引导省级以上工业和信息化主管部门评价或认定的创新型中小企业、"专精特新"中小企业、专精特新"小巨人"企业,政府投资基金所投资的企业,私募股权和创业投资基金投资的中小企业以及其他符合"专精特新"发展要求或具有相应潜力的企业进入专板进行孵化、规范、培育。

《关于高质量建设区域性股权市场“专精特新”专板的指导意见》要求区域性股权市场对专板企业建立孵化层、规范层和培育层等分层管理体系，并为各层企业提供与其特点和需求相适应的基础服务和综合金融服务，并根据企业发展情况每年调整其所在层次，及时清退不符合准入条件或存在违法违规行为的企业；要求区域性股权市场进一步加强与当地工业和信息化主管部门的协同配合和交流互通，向中小企业提供优质专业服务，从产、融两方面共同做好专板企业上市培育工作等。区域股权市场应积极联合证券交易所、全国股转系统以及优质证券服务机构，持续为企业提供规范运作、上市（挂牌）辅导、并购重组等方面的培训、咨询和服务，协助解决上市过程中遇到的问题，总结推广上市成功案例、企业利用资本市场实现高质量发展的经验做法证券交易所、全国股转系统可与区域性股权市场共同建立企业上市培育系统，强化上市培育机制。

第三章　北京证券交易所

第一节　北京证券交易所的定位

一、北京证券交易所的设立

北京证券交易所的设立源于我国新三板制度的新一轮改革。新三板自2013年正式运营以来，通过不断的改革探索，已发展成为资本市场服务中小企业的重要平台。新三板设立后，先后有10,000多家企业进入全国股转系统挂牌，最高时挂牌企业的数量接近12,000家，一大批在新三板挂牌的中小企业得到了融资的机会，竞争力不断提高，新三板对促进中小企业发展发挥了不可磨灭的作用。但在新三板发展过程中，由于企业质量、发展状况以及投资者自身风险防控等多方面原因，新三板市场出现了投资不活跃、交易流动性不足等诸多问题，陆续有挂牌公司因为新三板市场融资功能的弱化退出该市场，严重影响了我国设立全国股转系统为中小企业融资功能的发挥，倒逼新三板开始新一轮的改革。

中小企业是国民经济和社会发展的生力军，是建设现代化经济体系、推动经济实现高质量发展的重要基础，是扩大就业、改善民生的重要支撑。根据我国《"十四五"促进中小企业发展规划》中披露的数据，截至2020年年底，我国市场主体总数超1.4亿户，其中，企业数达4331万户，分别较2015年年底的7746.9万户和2185万户有大幅增长。以2020年规模以上企业（包括规模以上工业、服务业，有资质的建筑业，限额以上批发和零售业、住宿和餐饮业企业）为例，其中，中小企业户数90.9万户，占全部规模以上企业的95.68%，营业收入137.3万亿元，占全部规模以上企业的60.83%，资产总额168.3万亿元，占全部规模以上企业的55.01%，地位作用凸显；与2015年相比，中小企业户数增长了12.8%，营业收入增长了16.5%，资产总额增长了40.2%，各方面稳步增长。[①]

中小企业成为技术创新和模式创新的生力军，2020年，规模以上工业企业中，有研发活动的小微企业占全部有研发活动企业的比重为81.1%，中小企业创新活力迸发。我国自开展“专精特新”培育以后，截至2020年年底我国共培育专精特新“小巨人”企业1832家、省级“专精特新”中小企业3万多家，纳入培育库11.3万家；培育入库科技型中小企业22.3万家。[②]

证券市场对我国的企业发展功不可没，但由于原有的几大市场板块包括新设立的科创板面向的都是规模较大的企业，中小微企业由于规模小、盈利能力差，均无缘于上述几大市场板块，新三板市场虽适合于此类企业，但其融资功能由于各方面原因受到限制，亟须新一轮改革。2019年以来，中国证监会推出了设立精选层、建立公开发行制度、引入连续竞价和转板机制等一系列改革举措，激发了市场活力，取得了积极成效。

党中央、国务院高度重视中小企业创新发展和新三板改革，中央经济工作会议、“十四五”规划纲要以及2021年召开的中央政治局会议都对发展“专精特新”中小企业、深化新三板改革作出重要部署。2021年9月2日，习近平总书记在2021年中国国际服务贸易交易会全球服务贸易峰会上的致辞中宣布，将继续支持中小企业创新发展，深化新三板改革，设立北京证券交易所，打造服务创新型中小企业主阵地。由此，我国在资本市场发展史上又迈出了新的一步，面向创新型中小企业设立了一个包容性更强的证券交易所。设立北京证券交易所，是资本市场更好支持中小企业发展壮大的内在需要，是落实国家创新驱动发展战略的必然要求，也是我国在新形势下全面深化资本市场改革的重要举措。

二、北京证券交易所的定位

北京证券交易所与沪深证券交易所、区域性股权市场坚持错位发展与互联互通，重在实现“三个目标”：一是构建一套契合创新型中小企业特点的基础制度安排；二是畅通北京证券交易所在多层次资本市场的纽带作用；三是培育一批

---

① 工业和信息化部、国家发展和改革委员会等十九个部委：《“十四五”促进中小企业发展规划》第一部分“发展背景”。

② 工业和信息化部、国家发展和改革委员会等十九个部委：《“十四五”促进中小企业发展规划》第一部分“发展背景”。

“专精特新”中小企业,形成良性市场生态。北京证券交易所的定位与沪深证券交易所的定位有所不同。北京证券交易所定位于打造服务创新型中小企业主阵地,从一开始就与中小企业和“专精特新”企业形成唇齿相依的关系。根据北京证券交易所设立时中国证监会的意见,新设的交易所将按照习近平总书记的重要指示,深入贯彻新发展理念,坚持稳中求进,坚持市场化、法治化方向,统筹协调多层次资本市场发展布局,推动健全资本市场服务中小企业创新发展的全链条制度体系,着力打造符合中国国情、有效服务“专精特新”中小企业的资本市场专业化发展平台,努力建设一个规范、透明、开放、有活力、有韧性的资本市场,更好地服务实体经济高质量发展。深化新三板改革,设立北京证券交易所,是实施国家创新驱动发展战略、持续培育发展新动能的重要举措,也是深化金融供给侧结构性改革、完善多层次资本市场体系的重要内容,对于更好发挥资本市场功能作用、促进科技与资本融合、支持中小企业创新发展具有重要意义。

按照中国证监会对证券市场的规划,北京证券交易所同步试点证券发行注册制。在实施过程中,重点把握“坚持一个定位、处理好两个关系和实现三个目标”的原则。北京证券交易所定位于牢牢坚持服务创新型中小企业,我国目前支持发展的“专精特新”企业,是北京证券交易所重点服务的对象。北京证券交易所处理好与沪深证券交易所、区域性股权市场错位发展与互联互通的关系,发挥好转板上市功能,与新三板现有创新层、基础层坚持统筹协调与制度联动,维护市场结构平衡,是其健康发展的基础。

设立北京证券交易所,形成北京证券交易所与沪深证券交易所、区域性股权市场错位发展和互联互通的格局,中国资本市场的多层次市场结构将进一步完善。北京证券交易所深入贯彻新发展理念,坚持稳中求进,坚持市场化、法治化方向,统筹协调多层次资本市场发展布局,推动健全资本市场服务中小企业创新发展的全链条制度体系,着力打造符合中国国情、有效服务“专精特新”中小企业的资本市场专业化发展平台,努力建设一个规范、透明、开放、有活力、有韧性的资本市场,更好地服务实体经济高质量发展。

三、北京证券交易所的组织形式

从全球证券市场的情况来看,证券交易场所的组织形式可分为“公司制”和“会员制”两种,公司制的证券交易所是一种以营利为目的、经国家批准的特殊公司,它是依据各国的公司法成立和运作的;而会员制的证券交易所是由有关会员组成的自我服务的非营利机构。

公司制证券交易所和一般股份公司一样是由股东出资组建,以营利为目的的法人团体,它本身不参与股票交易,只为客户提供交易所需的服务,并收取服务费用、佣金,也有国家的证券交易所进入证券市场的,但总体来看,公司制证券交易所采取公司形式,只是为客户服务的需要。公司制证券交易所的组织架构包括股东(大)会、董事会、监事会等,其最高权力机构是股东(大)会。

会员制证券交易所是由会员自行出资合办的、不以营利为目的、旨在自我服务的法人团体。它包括可在股市上接受投资者委托买卖股票和在正式会员间买卖的经纪会员。会员是出资的证券经纪人或自营商,参加证券交易的机构都是会员。会员制交易所的最高权力机构是会员大会,最高决策管理者是理事会。它由会员选出,负责决定业务及其营运方针。两种类型证券交易所的组织结构如图 3－1 所示。

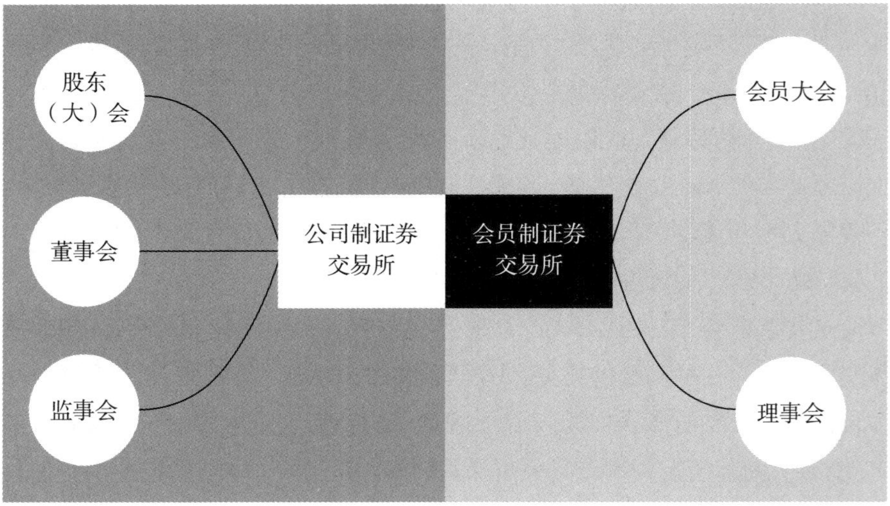

图 3－1 不同组织形式证券交易所的组织结构

我国的证券交易所有上海证券交易所、深圳证券交易所和新设立的北京证券交易所,上海证券交易所和深圳证券交易所采取会员制组织形式,在性质上属于会员出资合办、不以营利为目的,会员主要是证券公司,最高权力机构为会员大会,理事会是管理机构。

北京证券交易所采取了与沪深证券交易所不同的组织形式和组织架构。北京证券交易所采用公司制，其全称为北京证券交易所有限责任公司，股东为全国中小企业股份转让系统有限责任公司，持股比例为100%，注册资本10亿元。北京证券交易所采取不同的组织形式，代表着我国证券交易所未来的发展意图，作为公司制的交易所，自负盈亏，实际上不排斥营利目的，且按照《公司法》规定设立和运作的有限责任公司，是我国证券交易所组织形式的一种新的尝试。按照《公司法》的规定，公司制证券交易所的最高权力机构为股东会，董事会在公司发展中担任着重要角色。北京证券交易所是由全国股转公司全资设立，是国有的有限责任公司，要按照国有企业的规定规范运作。北京证券交易所采取公司形式，在治理结构及权力分配上与会员制证券交易所会有较大的不同。

北京证券交易所由全国股转公司出资设立，从市场结构上看，全国中小企业股份转让有限责任公司统筹创新层、基础层。同时作为北京证券交易所的股东，参与北京证券交易所的建设，北京证券交易所与全国股转系统实行"一体管理、独立运营"。北京证券交易所与新三板的关系由此紧紧连在一起。

第二节 北京证券交易所与全国股转系统的关系

北京证券交易所的设立与新三板改革是密不可分的，北京证券交易所与全国股转系统存在多方面联系，北京证券交易所的上市公司将全部来源于全国股转系统的挂牌公司，北京证券交易所成立后，承接全国股转系统精选层挂牌公司，精选层的各项规则平移至北京证券交易所。北京证券交易所与全国股转系统的关系体现在以下几个方面。

一、股权关系

北京证券交易所有限责任公司目前只有唯一一个股东即全国股转公司，持有股权比例为100%。由此可以看出两个市场是紧密联系的。

二、上市公司来源

根据《北京证券交易所股票上市规则（试行）》第2.1.2条的规定，申请在北京证券交易所公开发行并上市，发行人必须是在全国股转系统连续挂牌满12个月的创新层挂牌公司。北京证券交易所不接受未在全国股转系统挂牌的公司的上市申请。

三、组织形式相同

北京证券交易所有限责任公司与全国股转公司一样,采取公司制形式,最高权力机构是股东会,全国股转公司作为北京证券交易所的唯一股东,有权决定北京证券交易所的重大事项。北京证券交易所是三大证券交易所中唯一采取公司制形式设立的,其在治理结构、管理模式、与会员的关系等方面与上海证券交易所和深圳证券交易所具有较大的不同,也是我国首次探索以公司制形式开展交易活动的证券交易所。

四、股票发行方面的联系

北京证券交易所的上市公司来源于全国股转系统的挂牌公司,这些公司在挂牌期间,只要符合全国股转系统的要求,就可公开发行股票,所以在北京证券交易所申报材料后一般不叫首次公开发行,因此两个市场的公开发行制度存在较多的联系。在全国股转系统挂牌的公司发行股票后,只要符合北京证券交易所的上市要求,就可以申请到北京证券交易所上市交易。

五、精选层规则的平移

全国股转系统在北京证券交易所设立前,挂牌公司根据营业收入及盈利水平等划分为三层:基础层、创新层和精选层。进入精选层的挂牌公司都是新三板的佼佼者,根据深化新三板改革、将精选层变更设立为北京证券交易所并试点注册制的总体要求,北京证券交易所的规则总体平移精选层制度安排,突出北京证券交易所服务创新型中小企业的市场定位。北京证券交易所,紧紧围绕创新型中小企业需求,充分尊重企业发展规律和成长阶段,在发行条件、定价机制、信息披露等方面总体平移精选层现行安排,构建适合创新型中小企业特点、有别于沪深证券交易所的发行上市制度安排。

六、交易方式相同

北京证券交易所实行竞价连续交易制度,未来将尝试实行做市商制度。全国股转系统的交易方式有协议转让、做市商制度、竞价交易,做市商制度是国外成熟资本市场常用的交易方式,对于活跃交易、提高股市的稳定性具有重要意义,北京证券交易所在合适的时机拟推出做市商交易制度,全国股转系统的做市商制度的经验将直接为北京证券交易所提供借鉴。

由于北京证券交易所是场内交易市场,全国股转系统是场外交易市场,因此在北京证券交易所交易的公司被称为上市公司,其股票发行后在北京证券交易所进行交易时称为上市。全国股转系统的公司则称为挂牌公司,其股票在全国中小股份转让系统转让时称为挂牌。实质上,上市和挂牌的性质是一样的,只是为了区分不同的交易场所的交易,才把二者进行了区分。

七、服务对象相同

北京证券交易所的设立是新三板配套改革的一部分,新三板基础层、创新层和北京证券交易所聚焦服务创新型中小企业,形成"层层递进"的市场结构:北京证券交易所在新三板精选层的基础上变更设立,新三板仍保留基础层和创新层挂牌公司,基础层挂牌公司符合创新层进层条件的,进入创新层;北京证券交易所上市公司从新三板创新层挂牌公司产生,同步试点股票发行注册制。全国股转系统和北京证券交易所的服务对象均聚焦于创新型中小企业,尤其是"专精特新"企业。

第四章 “专精特新”企业的上市培育

第一节 “专精特新”企业为什么要上市

随着资本市场的发展，很多企业家对上市有了一定的认识，也有一定的期盼。但目前大部分“专精特新”企业规模小、盈利能力有限，对资本市场的关注并不多。也有一些企业家对上市的认识是可以让股东一夜暴富，成为亿万富翁或千万富翁。在与“专精特新”企业进行接触时，很多企业家会提出两个问题：一是企业为什么要上市？二是我们这样的企业能上市吗？

企业为什么要上市？有的企业家存在疑问，总是有上市公司破产或被处罚，上市真的好吗？

上市为企业打造了一个融资平台，优化了企业的资产负债结构，提高了企业抵御风险的能力，同时上市后成为公众公司，要接受证券市场的监管，按要求进行信息披露和规范运作，倒逼企业完善公司治理结构，遵守各项法律法规，严格按照会计准则进行会计核算，加强内部控制管理，提高企业竞争力，保证企业能够健康长期发展。至于一些企业家所谓通过上市可以让股东一夜暴富的认识，只是目前资本市场的直观反映，也是进入资本市场的一个客观结果，并不是资本市场建设的目的。

企业融资难问题一直是困扰企业尤其是民营企业发展的一大障碍，在证券交易所出现之前，多数企业基本上只能通过银行等金融机构的贷款进行融资。很多“专精特新”企业往往轻资产运营，没有土地，没有大型生产设备，营业收入和盈利能力有限，企业因无抵押物而无法通过银行贷款进行融资，尤其是一些轻资产的高科技企业，虽有较丰厚的利润回报，但受资产规模限制，融资难一直是影响这些企业快速发展的阻碍。目前在工业和信息化部的推动下，各省都在开展“专精特新贷”等针对“专精特新”企业的融资产品，这对于缓解“专精特新”企业融资难问题具有积极作用，但从实际运作情况来看，对“专精特新”企业的贷款仍需要受限于企业的资产规模、盈利能力等关键指标，如果企业的资产负债率超过银行规定的指标，即使开发再好的融资产品银行也没有动力向“专精特新”企业发放贷款。这就需要“专精特新”企业优化资产负债结构，而优化企业资产负债结构最直接的方式是提高企业资本金和净资产规模，即向股东或第三方发行股票，而要实现股票发行或增加出资，在进入资本市场前还是存在较多困难的。

证券交易所设立后，进入证券市场的上市公司就可以通过向公众投资者发行股票融资，一方面，提高公司的资本金和净资产规模，优化企业的资产负债结构；另一方面，上市公司也可以在证券市场进行债券融资，即使申请贷款也可以得到银行等金融机构的青睐，在贷款利率等贷款条件方面获得更好的待遇，企业融资问题一般不再是约束企业发展的“瓶颈”。尤其是股权融资方式不再受制于企业的抵押物资产的价值，而是与企业的盈利能力和发展前景相关联，企业只要有良好的持续经营能力且得到投资者认可，就可以通过释放一部分股份，换来投资者对企业的大额股权投资。股权投资不需要限期偿还，企业没有到期还款的巨大压力；股权投资可以增加企业资产，降低资产负债率；企业也可以根据发展需要，更好地规划资金的用途，把股权融资获得的资金用于企业的发展；投资者也会通过投资伴随企业共同成长，并帮助和监督企业规范运营。证券交易所为企业打造了一个融资平台，为企业提供更多用于发展的资金，资金实力的增加也有利于提高企业抵御风险的能力，大大提高企业的竞争力。

当然，公司通过证券交易所实现股权融资是上市的效果之一。除了融资，在证券交易所上市还有以下好处。

1. 扩大知名度。公司在证券交易所上市后，在股票交易过程中，上市公司的信息通过证券市场不断传递给社会公众，受到社会的关注，从而扩大了公司的知名度。上市公司本身就是一张很好的名片，代表着企业的市场地位和经营能力，在与供应商、客户打交道时更能受到对方的重视，企业的议价能力也会得到加强，盈利能力也会因此得到进一步提高。

2. 吸引人才，实现长远发展。上市公司本身就是一张名片，代表企业的影响力和竞争力，所以对于人才的吸引力还是很大的。上市公司在社会公众的心目中具有更长远的发展前景，在对关键人才的奖励方面，上市公司有更灵活的手段，如进行股权激励等手段，而非上市公司的激励手段相对有限，因此，上市公司较非上市公司更容易吸引到人才,也能为人才发展提供更好的环境,这对于企业的长远发展具有重要意义。

3. 可以获得更多的发展机会。上市公司代表了企业的资金实力和经营能力,有人才集聚的优势,因此在市场中会获得更多的发展机会。同时,上市公司也会有更灵活的手段如股权支付等对非上市公司进行兼并,获得更好的市场地位和竞争能力,也有能力整合行业,推动行业的健康发展。

4. 抵抗风险的能力增强。按照上市公司的规范要求,上市公司要有规范的治理结构,要有完善的内部控制制度,加上融资、人才的优势,其抵抗风险的能力会远超普通企业。

当然,企业选择上市与否,是基于企业的战略选择。现在也有一些企业不上市,专注于主营业务,通过贷款等方式获取资金支持,也同样可以实现企业的长远发展。华为公司就是一个典型案例,上市对企业来说,并非有益无害,也有其不利的方面。企业在决定是否上市时,需综合考虑上市带来的利好因素与不利因素,权衡利弊,进而作出上市决策。“专精特新”企业在进行上市决策时,需要了解上市的一些弊端。

1. 上市会降低公司的决策效率,增加决策难度

上市公司要按照《公司法》的规定建立公司的治理机构,即公司的股东大会、董事会、监事会等,上市公司的各类事项首先要经过董事会的审议,重大事项还要由股东大会表决,会议议程有严格的规定,这就拉长了公司的决策时间,降低了公司的决策效率。同时,上市公司在进行经营决策时,要考虑经营决策对股票价格的影响,增加了决策的复杂程度。股市的政策也会影响企业的决策,包括企业要考虑给投资者的回报,现有的上市规则要求企业盈利时要按一定的比例进行分红;企业要熟悉资本运作,通过资本运作提高企业的股票价格;企业的股票价格偏低时引发恶意并购,威胁企业控股股东和实际控制人的控制权;等等。

2. 上市会产生额外的成本

上市公司作为公众公司,要让投资者判断企业的投资价值,就要按照要求披露企业的经营及财务等信息,证券市场对上市公司的信息披露有严格的要求,这会额外增加企业的管理成本;公司上市后要聘请保荐人持续督导、聘请会计师事务所审计、聘请律师事务所提供见证等法律服务,增加维护成本;企业要严格按照各项议事规则召开股东大会、董事会、监事会等,这会增加企业决策的复杂性

和沟通成本。

3. 上市公司的信息披露会使社会公众包括竞争对手了解企业更多的信息

上市公司要严格遵守交易所的各项上市规则，及时进行信息披露，公开公司的经营情况和财务信息，上市公司发生的重大事项也要及时公开，这些信息不仅投资者可以获取，公司的竞争对手也可以通过公开途径取得，企业的商业秘密会被他人了解，这对企业的经营会产生不利影响。而非上市公司则无须公开企业的经营和财务信息，也不必担心商业秘密被他人知晓。

上市给企业提供了一个融资平台和规范发展的契机，并不是给企业打上了保护伞，企业从此就可以高枕无忧。如果企业不专注于主营业务，或者上市后安于现状，不思进取，同样会陷于困境，甚至走向破产或倒闭。证券市场不断有企业因经营不善被退市或破产，这也说明上市并不能给企业造就免死的铜墙铁壁。上市可以让企业借助资本市场快速完成原始积累，开展业务扩张，而非上市公司只能通过自身的利润或股东的增资逐步完成原始积累，在竞争越来越激烈的今天，企业不进则退，发展慢也会被淘汰。放眼全球，能够像华为这样不上市一样取得成功的企业毕竟是凤毛麟角，也不是每一个企业都能达到华为的高度。企业进行发展规划时，也不妨关注一下上市给企业带来的利好，企业若有志于成为百年老店，上市不失为一个很好的发展选择。

第二节 “专精特新”企业的上市培育

一、为什么要进行上市培育

我国资本市场经过 30 余年的发展，已经成为国民经济发展的“晴雨表”，在我国市场经济发展方面发挥着重要作用。资本市场给上市公司带来了股权融资机会，对企业优化资产负债结构、规范发展意义重大，为企业长期健康发展奠定了基础。企业上市对地方经济发展的作用日益凸显，近年来，在经济下行的压力下，各地政府都开始高度重视企业的上市工作，为了推动地方企业上市，全国多地密集出台上市奖励政策，最高奖励达到 3000 万元，企业上市的迫切心情可见一斑。

从目前我国上市公司的数量来看，上市公司多集中于沿海经济发展较快的省市，其中，广东省最多，浙江省、江苏省次之，北京市和上海市也聚集了一大批上市公司，中西部地区省份上市公司的数量与沿海省份相比还有较大的距离。地方经济发展实力是影响上市公司数量的主要因素，但也不完全取决于地方发展情况，上市公司的数量与地方政府的重视及企业上市培育工作的开展情况也有很大的关系。以河南省为例，2004 年以来，河南省 GDP 一直位居全国第 5 名，但河南省的上市公司数量长期居于 12 名左右，河南省政府高度重视上市工作，近年来更是出台了一系列上市促进政策，其省会郑州市相关部门更是不遗余力地支持公司上市，对科创板上市的奖励达 1000 万元，对创业板、北京证券交易所上市的奖励达 800 万元，但河南省的上市工作一直未实现名次上的重大突破，这与企业上市培育工作的方式有很大的关系。中西部其他省份也面临同样的情况。

企业上市要取得重大突破，需要地方政府开展系统性且行之有效的上市培育工作，且要充分认识到培育的长期性，很难找到立竿见影的方法。“专精特新”企业作为我国科技创新的生力军，近年来受到国家的高度重视和支持，科技创新能力强，发展速度快，很多企业都符合科创板、创业板或者北京证券交易所的定位，北京证券交易所的重要对象也面向“专精特新”中小企业，中西部省份不妨着力从这些企业入手寻找突破口，有计划地开展上市培育工作，集合当地的专业力量，补齐上市存在的短板，积极搭建基金融资平台，采取行之有效的培育方案，以便在上市公司数量和质量上有所突破。

“专精特新”企业大多符合科创板、创业板和北京证券交易所的市场定位，在上市申请方面受到各大证券交易所的青睐，但不意味着企业一定能够顺利进入资本市场。企业进入证券交易所上市，要符合中国证监会和证券交易所规定的各项发行上市条件，这些条件包括公司的治理结构健全、财务规范、经营依法合规等。“专精特新”企业规模小，由于前期更重视技术的研发和市场的开拓，规范意识往往不太强，加之财力所限，无力提前聘请律师、会计师，而上市要求是很多“专精特新”中小企业最薄弱的地方。现在大家提到上市，关心的大都是企业是否符合上市的财务指标，很少重视财务指标之外的法律规定，其实很多企业上市失败，不仅因为其财务不规范，还有很多企业是因为法律合规方面的问题，很难想象我国证券市场会让这样的企业带着合法性问题进入。“专精特新”企业要想顺利上市，在符合上市财务指标前就要做好企业法律和财务问题的整改和规范工作，只要不存在法律和财务障碍，上市对很多“专精特新”企业而言并非遥不可及。

从近年来企业发行上市存在的问题来看，拟上市公司公开发行股票并上市的主要障碍可归纳为财务和法律两个方面，财务问题主要体现在企业会计核算和内部控制规范性方面，法律问题则主要体现在主体资格缺陷、资产权属瑕疵、涉税风险、运营不规范、近三年是否存在重大违法违规行为等方面。无论是财务问题还是法律问题，一旦成为上市的实质性障碍，企业就很难上市，为此花费的各项成本都会付诸东流，这些问题如果在发生时能够按照上市的要求及时整改，规范运作，除重大违法违规行为外，大多都是可以解决的。

还有一种情况是企业上市不存在实质性障碍，但是企业上市启动时点选择不当，在企业经营最佳的时机启动，因各类问题整改错过企业发展最佳的时机，业绩出现下滑或经营环境发生重大不利变化，如果再出现新的法律问题，上市就变得遥不可及，严重时可能还会影响企业的正常经营。

因此，从这个意义上讲，提前聘请律师、会计师对企业法律、财务规范的上市培育工作对于企业上市具有必要性。“专精特新”中小企业大多具备良好的发展前景，建议重视企业规范性问题，提前启动上市培育工作，在符合上市各项财务要求前清除影响企业上市的法律障碍和财务障碍，这样上市会变成水到渠成的一项工作，不仅可以节省大量时间和成本，而且可以大幅度提高上市的成功率。

二、如何开展上市培育工作

“专精特新”企业上市培育工作的开展有赖于企业和证券服务机构的共同努力，也与地方证券服务机构的发展状况具有直接的联系。上市培育主要是解决企业存在的法律、财务规范问题，以及在培育期间新产生的法律、财务规范问题。以律师事务所为例，如果企业所在地没有能够承办上市业务的律师事务所，企业要启动上市培育，就只能到外省市聘请熟悉上市规则和上市法律实务的且具备上市经验的律师（本书中简称上市律师），但外省市的律师由于路途及时间原因，只能保证解决公司上市时的法律问题和出具法律意见书，很难保证平时有大量的时间和精力持续跟踪企业的各项法律事务，也难以保证对培育期间新的法律事务进行及时规范，企业在培育期间不排除会产生新的法律障碍。如果企业所在地有承办上市业务的律师,就可以随时沟通,及时跟踪和处理企业的各项法律事务,上市培育期间既要解决已有的法律规范问题,又不产生新的上市法律障碍,企业上市成功的希望就会更高。从各省的情况来看,可以说没有上市律师或上市律师偏弱的省份,上市公司的数量和质量一定不会高。会计师也是如此,因此对于“专精特新”企业的上市培育,地方政府要着力培育证券服务机构,避免上市证券服务机构存在明显的短板,企业上市培育就会开展得比较顺利,如果上市证券服务机构存在明显的短板,则地方企业上市工作的开展往往事倍功半。

从“专精特新”中小企业方面考虑上市培育工作,提供建议如下。

1. 企业要熟悉上市的基本规则,提前做好各项准备工作

企业上市更多地依赖于企业自身的条件,如果企业自身对上市不了解,仅靠地方政府和证券服务机构的推动,是很难成功的。“专精特新”企业开展上市培育工作,要熟悉上市的基本规则,同时要了解不同阶段证券服务机构在上市中的作用,聘请合适的券商、律师事务所和会计师事务所,尤其是合适的证券服务团队。律师事务所和会计师事务所指派的上市律师和会计师,要有丰富的经验,能够指导企业进行规范。

2. 在达到上市财务指标前三年聘请证券服务机构提前进入上市整改及法律、财务规范

大多数企业都是在自身已经符合上市的财务条件后才决定聘请证券服务机构,开启上市准备工作。这时由于企业法律、财务问题积累时间长,企业经营规模较大,很多问题会衍生成难以解决的大问题,一是因为企业法律、财务问题积累时间长导致很多问题纠缠到一起,整改的时间更长,难度增加或成为上市的实质性障碍;二是因为企业已具备上市条件,各利益主体对问题解决的期望值会按照企业未来上市后可能获得的巨大增值来考虑,更可能漫天要价,增加企业解决法律、财务问题的成本,这些新的矛盾或很高的期望值会使企业对历史上法律、财务问题的整改困难重重。企业在具备上市财务条件后再聘请证券服务机构可能会错过上市的最佳时机。

关于上市培育企业聘请证券服务机构的时间,最理想的当然是在企业成立之初就能得到上市律师和会计师的帮助。但由于上市律师或上市会计师的稀缺,大多企业尤其是“专精特新”中小企业很难从成立之初就聘请上市律师或会计师。因此比较理想的时间是企业在符合各项发行上市前的 3 年左右聘请证券

服务机构，这样企业可以在上市律师和会计师的帮助下提前进行整改和规范，且不易产生新的法律、财务问题，企业符合发行上市财务条件时，公司已整改完成，不存在报告期内财务不规范和其他重大违法违规行为，发行上市的实质性障碍已经排除，上市的成功率会大幅提高。

总之，企业上市问题是一个系统工程，做到有备无患，提前启动上市培育工作，做好各项上市准备，企业的上市就会变得更加可期，不会成为影响公司正常经营的负担。

第三节 “专精特新”企业上市常见的问题

“专精特新”中小企业大多营业收入规模小，盈利能力有待提高，很多“专精特新”企业的股东都会认为到证券交易所上市似乎是遥不可及的事情，因此很多企业家不关注资本市场，对资本市场了解较少，对是否符合上市条件、如何上市、上市前要做什么都存在很多疑问。本节就“专精特新”企业上市常见的疑问作逐一解答，期望能够对“专精特新”企业的上市提供帮助。

一、我的企业规模较小，是否符合上市条件

我国自证券交易所设立以来，面向的主要是较大规模的企业，尤其是在主板和原来的中小板上市的企业规模普遍较大，盈利要达到较高的水平，才能进入资本市场，即使是创业板市场的企业，其资产、营收、盈利规模也让一般的中小企业望尘莫及。在发行注册制改革前，上市一般要求企业具有较强的盈利能力，盈利能力作为上市的一项重要指标，亏损的企业无法进入资本市场上市，很多“专精特新”企业会形成一个印象，认为上市要具有很大的资产规模和营收规模。随着注册制的落地，尤其是北京证券交易所的设立，为中小企业进入资本市场提供了更多的机会，连亏损也不再是上市的障碍，中小企业上市就不再是奢望。“专精特新”企业作为中小企业中的佼佼者，全部是科技创新的生力军，符合科创板、创业板和北京证券交易所的市场定位，北京证券交易所更是为“专精特新”企业上市开辟了新的通道。也许很多“专精特新”企业了解了北京证券交易所的上市条件，就会觉得上市并不是遥不可及的事情。

《北京证券交易所股票上市规则(试行)》第2.1.3条规定,发行人申请在北京证券交易所公开发行并上市,市值及财务指标应当至少符合下列标准中的一项:

(1)预计市值不低于2亿元,最近两年净利润均不低于1500万元且加权平均净资产收益率平均不低于8%,或者最近一年净利润不低于2500万元且加权平均净资产收益率不低于8%;

(2)预计市值不低于4亿元,最近两年营业收入平均不低于1亿元,且最近一年营业收入增长率不低于30%,最近一年经营活动产生的现金流量净额为正;

(3)预计市值不低于8亿元,最近一年营业收入不低于2亿元,最近两年研发投入合计占最近两年营业收入合计比例不低于8%;

(4)预计市值不低于15亿元,最近两年研发投入合计不低于5000万元。

从上面的规定来看,共分了4个条件,即市值+净利润+加权平均净资产收益率、市值+营业收入+营业收入增长率+经营活动现金流、市值+营业收入+研发投入、市值+研发投入,预计市值是指以发行人公开发行价格计算的股票市值,很多“专精特新”企业在引入外部投资者时的估值可以大致视为预计市值。现在上市条件中的预计市值是核心财务指标。北京证券交易所上市的市值与财务指标中,除第一个条件外,其他几个条件都没有对企业的盈利水平作出要求,也就是说即使是亏损企业,只要市值和其他要求符合规定,也可以进入北京证券交易所上市。结合上面的讲述,一些“专精特新”企业是否会注意到企业在近几轮融资时,投资机构给企业的估值已经达到了北京证券交易所规定的市值?

上海证券交易所科创板和深圳证券交易所创业板的上市条件也以市值为中心,均不再对盈利水平作硬性要求。科创板和创业板的市值要求高于北京证券交易所,但仍会有一些“专精特新”企业符合其上市条件。

北京证券交易所的设立有“三个目标”。一是构建一套契合创新型中小企业特点的涵盖发行上市、交易、退市、持续监管、投资者适当性管理等基础制度安排,补足多层次资本市场发展普惠金融的短板;二是畅通北京证券交易所在多层次资本市场的纽带作用,形成相互补充、相互促进的中小企业直接融资成长路径;三是培育一批“专精特新”中小企业,形成创新创业热情高涨、合格投资者踊跃参与、中介机构归位尽责的良性市场生态。培育“专精特新”中小企业是北京证券交易所的一大目标,已有的“专精特新”中小企业就更应该是北京证券交易所的青睐对象。企业要适当关注资本市场的发展,对各证券交易所的上市条件有所了解,熟悉上市的基本规则,把上市纳入企业战略规划,提前启动上市培育,做好各项准备工作,借助资本市场规范企业运营活动,促使企业长期健康发展。

二、我的企业应该选择到哪个证券交易所发行股票并上市

从现有国家对证券交易所的安排来看,北京证券交易所主要是为中小企业提供直接融资的机会。北京证券交易所设立后,形成与沪深证券交易所、区域性股权市场错位发展和互联互通的格局,中国资本市场的多层次市场结构将进一步完善。“专精特新”企业是北京证券交易所上市的重点对象。当然,有部分“专精特新”企业发展迅速,科技含量高,属于国家战略性行业,处于世界科技前沿,突破关键核心技术,符合上海证券交易所科创板和深圳证券交易所创业板的发行上市条件。下面将三个交易所规定的市值和财务指标进行对比,让“专精特新”企业对各上市板块有一个清晰的认识,见表4-1。由于目前主板主要面向规模较大的企业,对盈利能力有较高的要求,与其他板块有较大的差异,此处不再涉及主板上市的财务指标。

表4-1 北京证券交易所与科创板、创业板上市财务指标对比

上市板块	北京证券交易所	深圳证券交易所创业板	上海证券交易所科创板
市值+净利润	预计市值不低于2亿元,最近两年净利润均不低于1500万元且加权平均净资产收益率平均不低于8%,或者最近一年净利润不低于2500万元且加权平均净资产收益率不低于8%	最近两年净利润均为正,且累计净利润不低于5000万元	预计市值不低于人民币10亿元,最近两年净利润均为正且累计净利润不低于人民币5000万元,或者预计市值不低于人民币10亿元,最近一年净利润为正且营业收入不低于人民币1亿元
市值+营业收入+经济活动净现金流量	预计市值不低于4亿元,最近两年营业收入平均不低于1亿元,且最近一年营业收入增长率不低于30%,最近一年经营活动产生的现金流量净额为正	—	预计市值不低于人民币20亿元,最近一年营业收入不低于人民币3亿元,且最近三年经营活动产生的现金流量净额累计不低于人民币1亿元

续表

上市板块	北京证券交易所	深圳证券交易所创业板	上海证券交易所科创板
市值+营业收入+研发投入占营业收入比例	预计市值不低于8亿元，最近一年营业收入不低于2亿元，最近两年研发投入合计占最近两年营业收入合计比例不低于8%	—	预计市值不低于人民币15亿元，最近一年营业收入不低于人民币2亿元，且最近三年累计研发投入占最近三年累计营业收入的比例不低于15%
市值+研发投入	预计市值不低于15亿元，最近两年研发投入合计不低于5000万元	—	—
市值+净利润+营业收入	—	预计市值不低于10亿元，最近一年净利润为正且营业收入不低于1亿元	—
市值+营业收入	—	预计市值不低于50亿元，且最近一年营业收入不低于3亿元	预计市值不低于人民币30亿元，且最近一年营业收入不低于人民币3亿元
市值	—	—	预计市值不低于人民币40亿元，主要业务或产品需经国家有关部门批准，市场空间大，目前已取得阶段性成果。医药行业企业需至少有一项核心产品获准开展二期临床试验，其他符合科创板定位的企业需具备明显的技术优势并满足相应条件
发行人具有表决权差异安排的	—	预计市值不低于100亿元，且最近一年净利润为正	预计市值不低于人民币100亿元
	—	预计市值不低于50亿元，最近一年净利润为正且营业收入不低于5亿元	预计市值不低于人民币50亿元，且最近一年营业收入不低于人民币5亿元

从表4－1中不难看出，在北京证券交易所上市企业的市值要求最低只要2亿元，最高也不过15亿元以上，对具有表决权差异安排的企业也没有特殊市值要求。深圳证券交易所创业板上市，如果未设表决权差异安排，第一个条件只对最近两年净利润有要求，市值未设限，最高的市值须达到50亿元以上；设置表决权差异安排的，市值最低要达到50亿元以上。上海证券交易所科创板上市，如果未设表决权差异安排，市值最低10亿元以上，最高达到40亿元以上；设置表决权差异安排的，市值最低要达到50亿元以上。三个上市板块在设置上市财务指标时各有差异，对“专精特新”企业来讲，可能最容易达到北京证券交易所的上市要求。但对一些增长较快、科技含量较高、在关键技术领域实现突破的企业，如果能够达到上海证券交易所科创板的市值要求或者深圳证券交易所创业板的市值要求，也可以直接到科创板或创业板申请发行上市。另外，科创板和创业板已经开通了北京证券交易所上市公司的转板通道，那些在北京证券交易所的上市公司，符合科创板和创业板的发行上市条件后，可以直接向上海证券交易所或深圳证券交易所申请转板，由于这些转板企业在北京证券交易所发行上市时已经完成了中国证监会的注册程序，转板时不需要再进行注册，只需要上海证券交易所或深圳证券交易所审核通过即可。目前我国已有三家公司从北京证券交易所转板到科创板或创业板上市，这三家公司为观典防务技术股份有限公司（证券简称观典防备）、翰博高新材料（合肥）股份有限公司（证券简称翰博高新）、十堰市泰祥实业股份有限公司（证券简称泰祥股份），其中，观典防备转板至上海证券交易所科创板，翰博高新和泰祥股份转板至深圳证券交易所创业板。

三、企业上市一定要进入新三板挂牌吗

一些“专精特新”企业经常会问道，企业想上市是不是一定要进入新三板挂牌。这要看企业想到哪个板块申请上市，如果企业属于特别优秀的“专精特新”企业，具有较高的科技含量，在关键技术领域有所突破，市场认可度高，若不愿意到新三板挂牌，可以考虑直接申请到科创板或创业板上市。

如果企业暂不具备科创板和创业板的各项发行上市条件，预计市值也不是很高，就只能选择在北京证券交易所上市，这样的话到新三板挂牌是必需的程序。因为按照目前北京证券交易所的要求，申请在北京证券交易所公开发行并

上市,发行人必须是在全国股转系统连续挂牌满12个月的创新层挂牌公司,北京证券交易所不接受未在全国股转系统挂牌的公司的上市申请。申请在北京证券交易所上市须先申请在新三板挂牌,在挂牌时具备进入创新层条件的,可以在挂牌的同时申请进入创新层,挂牌满12个月即可申请到北京证券交易所上市;挂牌时不满足进入创新层条件的,在新三板挂牌满12个月,只要在符合创新层条件时进入创新层,即可满足北京证券交易所的上述要求。全国股转公司每年设置6次创新层进层实施安排。进层启动日分别为每年1月、2月、3月、4月、5月和8月的最后一个交易日。

按照最新修订的《全国中小企业股份转让系统分层管理办法》,挂牌公司进入创新层,应当符合下列条件之一:

(1)最近两年净利润均不低于1000万元,最近两年加权平均净资产收益率平均不低于6%,截至进层启动日的股本总额不少于2000万元;

(2)最近两年平均营业收入不低于8000万元,且持续增长,年均复合增长率不低于30%,截至进层启动日的股本总额不少于2000万元;

(3)最近两年研发投入累计不低于2500万元,截至进层启动日的24个月内,定向发行普通股融资金额累计不低于4000万元(不含以非现金资产认购的部分),且每次发行完成后以该次发行价格计算的股票市值均不低于3亿元;

(4)截至进层启动日的120个交易日内,最近有成交的60个交易日的平均股票市值不低于3亿元;采取做市交易方式的,截至进层启动日做市商家数不少于4家;采取集合竞价交易方式的,前述60个交易日通过集合竞价交易方式实现的股票累计成交量不低于100万股;截至进层启动日的股本总额不少于5000万元。

申请在新三板挂牌的同时进入创新层的公司,应当符合下列条件之一:

(1)最近两年净利润均不低于1000万元,最近两年加权平均净资产收益率不低于6%,股本总额不少于2000万元;

(2)最近两年平均营业收入不低于8000万元,且持续增长,年均复合增长率不低于30%,股本总额不少于2000万元;

(3)最近两年研发投入不低于2500万元,完成挂牌同时定向发行普通股后,融资金额不低于4000万元(不含以非现金资产认购的部分),且公司股票市值不低于3亿元;

(4)在挂牌时即采取做市交易方式,完成挂牌同时定向发行普通股后,公司股票市值不低于3亿元,股本总额不少于5000万元,做市商家数不少于4家,且做市商做市库存股均通过本次定向发行取得。

四、“专精特新”企业上市经常遇到的法律问题有哪些

“专精特新”企业上市时会遇到的专业法律问题在本书后面的章节有讲解,这里对多数“专精特新”企业在还没有上市时经常遇到的共性问题进行讲解,主要是为了让“专精特新”企业在没有充足的时间阅读本书时,能对自身可能出现的问题有一个大概的了解,如果企业有兴趣通读本书后面的章节,对出现的各类问题的处理方法的了解会更详细。

从笔者多年的执业经验来看,“专精特新”企业常遇到的共性法律问题主要有以下几个方面。

(一)专利出资问题

“专精特新”企业作为科技创新的生力军,一般都会重视专利的申请,根据工业和信息化部提供的数据,我国65%左右的发明专利、75%以上的技术创新、80%以上的新产品开发都是由中小企业完成的。这其中的专利,有相当多的数量属于“专精特新”企业。

我国《公司法》第27条规定:“股东可以用货币出资,也可以用实物、知识产权、土地使用权等可以用货币估价并可以依法转让的非货币财产作价出资;但是,法律、行政法规规定不得作为出资的财产除外。对作为出资的非货币财产应当评估作价,核实财产,不得高估或者低估作价。法律、行政法规对评估作价有规定的,从其规定。”《公司法》允许企业以知识产权出资,国家也鼓励高校、科研人员以其本人的知识产权作为出资。但一些企业在用专利等知识产权出资时,会出现以下几个方面的问题。

1.利用职务发明出资。职务发明是指企业、事业单位、社会团体、国家机关等的工作人员执行本单位的任务或者主要是利用本单位的物质条件所完成的职务发明创造。我国《专利法》第6条规定:“执行本单位的任务或者主要是利用本单位的物质技术条件所完成的发明创造为职务发明创造……”为进一步明确“职务发明”的具体情形,《专利法实施细则》第12条也对其进行了内涵上的限定,并将其归纳为两种情形:一是“执行本单位的任务所完成的职务发明创造”,

主要包括:(1)在本职工作中作出的发明创造;(2)履行本单位交付的本职工作之外的任务作出的发明创造;(3)退休、调离原单位后或者劳动、人事关系终止后1年内作出的,与其在原单位承担的本职工作或者原单位分配的任务有关的发明创造,从而赋予“职务发明”较为明确的内涵。二是“利用本单位的物质条件完成的发明创造”,这里的物质条件主要指本单位的资金、设备、零部件、原材料或者不对外公开的技术资料等。在职务发明创造中,专利申请权与专利权归单位所有,如果个人把权属不应归属自己的职务发明作为出资,就出现出资不实的问题,在上市时会形成合法性法律障碍,成为各大上市板块重点关注的问题,对这一问题的整改,需要个人重新补缴出资,甚至要承担相应的违约责任。因此个人不得以职务发明形成的专利作为公司的出资。

2. 利用公司所有的专利等知识产权出资。《公司法》允许股东用知识产权出资,一些公司的股东尤其是控股股东或实际控制人,会把属于公司所有的专利等知识产权作为自己的出资。由于专利等知识产权的权属归公司所有,股东用公司的资产出资构成出资不实,也会形成上市的合法性障碍。和前述出资不实的解决方法相同,上市前出资股东必须按照原来的出资额补缴出资,并向其他股东承担违约责任。

3. 个人作为出资的专利等知识产权的价值低于出资额。《公司法》规定,对作为出资的非货币财产应当评估作价,核实财产,不得高估或者低估作价。如果个人作为出资的专利等知识产权的价值低于出资额,也构成出资不实的情形,需要在上市前按照差额补足出资。上市前一般需要对个人出资的专利等知识产权的评估依据进行复核,如果专利等知识产权带来的收益远低于评估报告上的预测值,就需要通过补充出资的方式解决该问题。

(二)治理结构问题

公司的治理结构主要指股东(大)会、董事会、监事会和高级管理层等公司的“三会一层”的设立和有效运作。上市公司是公众公司,涉及投资者和社会公众的利益,因此,证券市场对上市公司的治理结构有更严格的要求,主要目的就是要通过公司治理结构的完善有效保护投资者和社会公众的利益。这一要求也延伸至上市前,因为企业在上市前尚不能规范,很难期望企业在上市后就能够按照要求规范运作。

“专精特新”企业大多是中小企业,在未上市前一般不涉及外部投资者和社会公众的利益。很多“专精特新”企业采用有限责任公司形式,公司治理结构的要求不像上市公司那样严格,有限责任公司可以不设董事会和监事会,只设执行董事和监事即可,因此有限责任公司公司治理结构的设置具有较大的灵活性,重大事项的决议只要股东、董事达成一致,可以不用受会议程序的严格约束。很多“专精特新”企业具有家族性质,或者一股独大,控股股东、实际控制人或董事长(执行董事)在公司具有较强的话语权,因此未上市时由于不必过多考虑社会中小股东的利益,只要不违反《公司法》、公司章程和其他议事规则,不损害公司其他股东的利益,一般不受太多规制。上市公司必须为股份有限公司,会有众多投资者参与公司股票发行,保护投资者及社会公众的利益是中国证监会和证券交易所的重要职责,因此证券交易所对公司的治理结构具有严格的要求,“专精特新”企业启动上市工作后,需要在上市提交申报材料前按照相关要求整体改制为股份有限公司,并严格按照股份有限公司的要求制定股东大会、董事会、监事会及相关的议事规则,并按照议事规则规范运作,公司治理结构在上市后要能够有效保护社会公众的利益。

《非上市公众公司监督管理办法》规定,“公众公司应当建立兼顾公司特点和公司治理机制基本要求的股东大会、董事会、监事会制度,明晰职责和议事规则”。《北京证券交易所向不特定合格投资者公开发行股票注册管理办法(试行)》中规定,发行人申请公开发行股票,应当具备健全且运行良好的组织机构。

公司治理机构健全,是指公司按规定建立股东大会、董事会、监事会和高级管理层组成的公司治理架构,制定相应的公司治理制度,并能证明有效运行,保护股东权益。公司治理机构健全,要做到以下几点:

1. 公司依法建立“三会一层”,并按照《公司法》及相关法律法规规定制定公司章程、“三会一层”运行规则,新三板挂牌公司或上市公司还要制定投资者关系管理制度、关联交易管理制度等,建立全面完整的公司治理制度。

2. 公司“三会一层”应按照公司治理制度进行规范运作。公司在新三板挂牌或在证券交易所上市前报告期内的有限公司阶段应遵守《公司法》的相关规定。

3. 公司现任董事、监事和高级管理人员应具备《公司法》规定的任职资格,履行《公司法》和公司章程规定的义务,新三板挂牌或上市公司不能存在以下情形:(1)最近24个月内受到中国证监会行政处罚,或者被中国证监会采取证券市场禁入措施且期限尚未届满，或者被全国股转公司、证券交易所认定不适合担任挂牌公司董事、监事、高级管理人员；(2)因涉嫌犯罪被司法机关立案侦查或者涉嫌违法违规被中国证监会立案调查，尚未有明确结论意见。

4. 公司进行关联交易应依据法律法规、公司章程、关联交易管理制度的规定履行审议程序，保证交易公平、公允，维护公司的合法权益。

5. 公司的控股股东、实际控制人及其关联方不得存在占用公司资金、资产或其他资源情形的，应在申请挂牌前予以归还或规范(完成交付或权属变更登记)。

“专精特新”中小企业在挂牌或上市前公司治理结构常会出现以下问题：

1. 公司报告期内的运作不符合《公司法》及相关法律法规的要求。包括在有限责任公司阶段公司治理结构的运作不符合《公司法》的要求，如公司“三会一层”的职权或会议程序违反《公司法》规定等。在股份有限公司阶段公司不能按照《公司法》、《公司章程》及议事规则的要求召开股东大会、董事会、监事会会议，会议所议事项违反相关规定，或者公司的议事规则和相关制度不能有效保护中小投资者的利益等。

2. 公司的控股股东或实际控制人占用公司资金、资产或其他资源。具体情形包括：从公司拆借资金；由公司代垫费用、代偿债务；由公司承担担保责任而形成债权；无偿使用公司的土地房产、设备动产等资产；无偿使用公司的劳务等人力资源；在没有商品和服务对价的情况下其他使用公司的资金、资产或其他资源的行为。

3. 公司的现任董事、监事和高级管理人员不具备《公司法》规定的任职资格，包括因贪污、贿赂、侵占财产、挪用财产或者破坏社会主义市场经济秩序，被判处刑罚，执行期满未逾 5 年，或者因犯罪被剥夺政治权利，执行期满未逾 5 年；担任破产清算的公司、企业的董事或者厂长、经理，对该公司、企业的破产负有个人责任的，自该公司、企业破产清算完结之日起未逾 3 年；担任因违法被吊销营业执照、责令关闭的公司、企业的法定代表人，并负有个人责任的，自该公司、企业被吊销营业执照之日起未逾 3 年；个人所负数额较大的债务到期未清偿；挂牌或上市前受到中国证监会的行政处罚或全国股转系统、证券交易所的纪律处分；因刑事犯罪或重大违法被立案调查或侦查等。

4. 公司与关联方进行关联交易不按照规定履行审议程序，无法保证交易公平、公允，损害公司的合法权益，利用关联方和关联交易调整利益等。

（三）独立性问题

一些企业的股东出于各种原因会投资控股多家公司，由于多家公司由一个或几个股东实际控制，会出现公司的资产、机构混同、财务核算互相交叉、人员交叉任职、业务互通等情况，这些问题涉及上市公司经常提到的公司独立性问题。公司出现上述情况，由于公司资产权属混淆，公司的资产价值就难以准确界定，该公司的投资价值也难以确定。如果这样的公司进入资本市场，资产权属不清，也无法准确核算公司的盈利状况，容易出现企业利用关联方和关联交易调整利益的情况，将无法保证社会公众股东的合法利益，因此，新三板挂牌或证券交易所发行上市都不允许公司存在独立性方面的问题。股票发行审核制早期的规则，对独立性都有详细明确的规定，随着资本市场规则的完善，现在的规则不再对独立性进行详细的列举，独立性要求已成为挂牌公司或上市公司的基本要求。现在存在独立性问题的企业与改革开放初期相比变得不太严重，但仍有一些集团公司与子公司之间会有相应的问题存在。也有一部分“专精特新”企业会与控股股东、实际控制人控制的其他企业出现人员、机构、资产混同等独立性方面的问题，一旦出现，如果不能按照要求进行整改，会成为挂牌或上市的实质性障碍。企业独立性问题的整改是一个较为复杂的法律事务，往往要花费较大的成本。

公司挂牌或上市都要求具有完整的业务体系和直接面向市场独立经营的能力。例如，《创业板首次公开发行股票注册管理办法（试行）》《科创板首次公开发行股票注册管理办法（试行）》均要求发行人业务完整，具有直接面向市场独立持续经营的能力：资产完整，业务及人员、财务、机构独立，与控股股东、实际控制人及其控制的其他企业之间不存在对发行人构成重大不利影响的同业竞争，不存在严重影响独立性或者显失公平的关联交易。

独立性涉及公司的资产、人员、财务、机构、业务等几个方面。

1. 资产的独立性要求生产型企业具备与生产经营有关的生产系统、辅助生产系统和配套设施，合法拥有与生产经营有关的土地、厂房、机器设备以及商标、专利、非专利技术的所有权或者使用权，具有独立的原料采购和产品销售系统；非生产型企业应当具备与经营有关的业务体系及相关资产。

2. 人员的独立性要求公司的总经理、副总经理、财务负责人和董事会秘书等高级管理人员不得在控股股东、实际控制人及其控制的其他企业中担任除董事、监事以外的其他职务，不得在控股股东、实际控制人及其控制的其他企业领薪；公司的财务人员不得在控股股东、实际控制人及其控制的其他企业中兼职。

3. 财务的独立性要求公司建立独立的财务核算体系，能够独立作出财务决策，具有规范的财务会计制度和对分公司、子公司的财务管理制度；公司不得与控股股东、实际控制人及其控制的其他企业共用银行账户。

4. 机构的独立性要求公司应当建立健全内部经营管理机构，独立行使经营管理职权，与控股股东、实际控制人及其控制的其他企业之间不得有机构混同的情形。

5. 业务的独立要求公司的业务应当独立于控股股东、实际控制人及其控制的其他企业，与控股股东、实际控制人及其控制的其他企业之间不得有同业竞争或者显失公平的关联交易。

“专精特新”企业在发展过程中，应该注意上述5个方面的独立性，尽可能地保证各个公司独立运作，不使企业的资产、人员、财务、机构、业务混同，一方面可以保证公司的规范运作，另一方面可以规范会计核算工作，还可以对公司高管人员的业绩状况进行考核，核算公司的盈利情况。想挂牌或上市的公司，更应提前规范公司的独立性问题，避免独立性问题成为上市的拦路虎。

（四）股权清晰问题

很多中小企业存在股权代持问题，“专精特新”企业也不例外。企业的实际股东在设立过程中由于特殊原因，公司的股权委托他人代持；也有些企业在股权发生变动后不及时进行登记，或者不按照公司章程的约定按时足额出资等，都会引发股权争议。股权清晰是发行上市的基本要求之一，股东之间发生股权争议，会严重影响公司的持续性发展。

《非上市公众公司监督管理办法》要求公众公司应当按照法律、行政法规、本办法和公司章程的规定，做到股权明晰，合法规范经营，公司治理机制健全，履行信息披露义务。《科创板首次公开发行股票注册管理办法（试行）》《创业板首次公开发行股票注册管理办法（试行）》都要求控股股东和受控股股东、实际控制人支配的股东所持发行人的股份权属清晰。在实际操作中，挂牌或上市不仅要求控股股东和受控股股东、实际控制人支配的股东所持发行人的股份权属清晰，一般还要求其他股东所持发行人的股份权属清晰。

所谓股权明晰，是指公司的股权结构清晰，权属分明，真实确定，合法合规，股东特别是控股股东、实际控制人及其关联股东或实际支配的股东持有公司的股份不存在权属争议或潜在纠纷。公司的股东不存在国家法律、法规、规章及规范性文件规定不适宜担任股东的情形。申请挂牌或上市前存在国有股权转让的情形,应遵守国资管理规定。申请挂牌或上市前外商投资企业的股权转让应遵守商务部门的规定。

“专精特新”企业在股权清晰方面常见的问题是股权代持,或者股权登记与实际股权不一致,较早成立的“专精特新”企业会存在工会持股、持股会持股的情况。

对于股权代持和委托持股,股权登记与实际股权不一致的情况,在申报材料提交前要解除代持关系和委托关系,并将股份予以还原,对实际股权与股权登记不一致的,要逐一落实股东的真实持股数并按照规定进行登记。

工会或职工持股会持股的情况在国有企业改制过程中也曾经较多出现,1998 年国家工商行政管理局在发布的《公司登记管理若干问题的规定》(已废止)第 17 条中规定“职工持股会”或者其他类似的组织已经办理社团法人登记,可以作为公司股东。但 2000 年 12 月发布的《中国证监会关于职工持股会及工会能否作为上市公司股东的复函》中明确规定暂不受理职工持股会或工会持有拟上市公司股权的上市申请。2000 年 7 月发布的《民政部关于暂停对企业内部职工持股会进行社会法人团体登记的函》,对职工持股会不再予以登记认可,职工持股会将不再具有法人资格。对于历史上存在工会、职工持股会持股情形的,要根据持股的层次分别对待,对于发行人控股股东或实际控制人存在职工持股会或工会持股情形的,基于发行条件中对发行人控股权权属清晰的要求,必须予以清理。对于间接股东存在职工持股会或工会持股情形的,如不涉及发行人实际控制人控制的各级主体,发行人不需要清理,但应予以充分披露。对于工会或职工持股会持有发行人子公司股份,经保荐机构、发行人律师核查后认为不构成发行人重大违法违规的,发行人不需要清理,但应予以充分披露。

(五)税收优惠问题

“专精特新”企业大多为高新技术企业,我国为促进企业发展,出台了很多税收优惠政策,只要符合规定条件的“专精特新”企业都可以享受这些政策。“专精特新”企业在税收优惠方面的问题主要有两个。

一是在申请高新技术企业时企业是否存在虚假申报问题。按照税法规定,如果高新技术企业申报时造假，一旦被税务机关核实，则会受到税务机关的行政处罚，构成发行上市条件中规定的重大违法违规行为。

二是企业在享受其他税收优惠政策时存在不符合规定条件的情况。随着我国税收征收政策的改革，企业是否符合享受税收优惠政策的条件一般由企业自行判断，大多不再由税务机关审批。企业享受税收优惠政策时，一方面要具备专业的判断能力，另一方面要有充足的依据，并把相关的证据材料留存备查，如果税务机关事后核查时发现企业不符合要求，就会对企业进行税务处理甚至予以行政处罚。这都需要企业在享受税收优惠政策时能够作出精准的判断，“专精特新”企业能够享受的税收优惠政策会更多一些，所以在申报享受这些政策时更要重视。

以上两个方面的问题如果受到税收机关的行政处罚，就可能会形成重大违法违规行为，成为上市的实质障碍。因此，企业要关注税务合法问题，避免影响公司发行上市。

五、“专精特新”企业最好在什么时候启动上市工作

大多数想上市的“专精特新”企业一般都认为最好的上市启动时间是符合中国证监会和证券交易所规定的发行上市条件以后。从笔者多年从事上市法律服务的经验来看，几乎没有见到企业能够在启动上市后在短时间内完成发行上市申报工作的。这些自认为符合发行上市条件的公司，在启动时都以为可以很快完成发行上市工作，但在券商、律师和会计师完成尽职调查后，都会发现一大堆需要整改的问题，这些整改快则一两年，慢则需要 3 年以上，多数企业自启动上市开始都要经历 3 年以上的时间。为什么会出现这样的情况？企业最好的上市启动时点是什么时候呢？从笔者的经验来看，产生这些问题的原因主要有以下几个方面。

（一）企业往往只关注财务问题

多数企业在启动发行上市工作前，并未严格按照《企业会计准则》的要求进行会计核算，启动发行上市后要对申报前 3 年的会计报表进行调整。《北京证券交易所向不特定合格投资者公开发行股票注册管理办法（试行）》第 10 条规定，发行人申请公开发行股票，应当符合“最近三年财务会计报告无虚假记载，被出具无保留意见审计报告”。《科创板首次公开发行股票注册管理办法（试行）》和

《创业板首次公开发行股票注册管理办法(试行)》的第11条都规定发行人申请公开发行股票,应当符合“发行人会计基础工作规范,财务报表的编制和披露符合企业会计准则和相关信息披露规则的规定,在所有重大方面公允地反映了发行人的财务状况、经营成果和现金流量,并由注册会计师出具标准无保留意见的审计报告”。注册会计师出具标准无保留意见的审计报告是发行上市的基本要求,企业很难通过对过去几年的会计报表的调整满足这一要求。

(二)企业大多只关注发行上市的财务指标要求,忽视了合法性等法律方面的要求

多数企业关注的发行上市条件限于财务指标的要求,忽视发行上市条件中规定的法律要求。合法经营是企业进入资本市场的基本要求,公司上市后涉及众多中小股东的利益,很难想象在我们国家,会让一家存在重大违法违规行为的企业进入资本市场。

从几个上市板块的发行上市规定来看,发行上市的法律要求往往多于财务指标的规定,包括要求拟上市公司有健全且运行良好的治理结构,依法规范经营,在近3年内不能存在重大违法违规行为等。发行上市不仅对拟上市的公司有要求,而且还包括拟上市公司的控股股东、实际控制人都不得存在合法性问题。《全国中小企业股份转让系统业务规则(试行)》第2.1条第1款第3项规定,股份有限公司申请股票在全国股转系统挂牌应当符合“公司治理机制健全,合法规范经营”的条件。所谓合法合规经营,是指公司及其控股股东、实际控制人、下属子公司须依法开展经营活动,经营行为合法、合规,不存在重大违法违规行为。《北京证券交易所向不特定合格投资者公开发行股票注册管理办法(试行)》第10条规定,发行人申请公开发行股票,应当“具备健全且运行良好的组织机构;依法规范经营”,第11条规定:“发行人及其控股股东、实际控制人存在下列情形之一的,发行人不得公开发行股票:(一)最近三年内存在贪污、贿赂、侵占财产、挪用财产或者破坏社会主义市场经济秩序的刑事犯罪;(二)最近三年内存在欺诈发行、重大信息披露违法或者其他涉及国家安全、公共安全、生态安全、生产安全、公众健康安全等领域的重大违法行为;(三)最近一年内受到中国证监会行政处罚。”科创板和创业板对发行人及其控股股东、实际控制人的合法性要求与北京证券交易所的要求基本一致。

存在重大法律问题的公司为了满足上市要求,就需要对这些问题进行整改,

而且往往要在整改后重新开始计算报告期。这也是多数企业难以在3年内完成发行上市申报的主要原因之一。因此,建议“专精特新”企业上市前也要重视合法性等法律方面问题,一般而言,企业的很多法律问题具有持续性影响,要追溯到企业“出生”的那一天,要对整个历史过程中的法律问题进行整改,是因为很多法律问题都会有持续性影响;企业的财务问题一般限于报告期,但财务问题具有持续性影响除外。

(三)企业认为的最佳上市时点往往存在问题

从笔者的经验来看,很多企业选择符合发行上市条件时作为最佳上市时点都存在错误,那么,什么时间是最佳的上市时机,什么时间启动最好?企业要想最顺利完成发行上市申报工作,最佳的时间点应该是符合发行上市条件前的3年左右。

这样企业可以提前完成整改工作,整改后规范运作3年,正好达到各项发行上市条件,就可以用最短的时间完成发行上市申报工作。为什么说这是最佳的上市启动时点和最小的时间和成本呢?一是因为很多企业的发展具有周期性,一旦在业绩发展的最佳时点没有完成申报工作,再重新计算报告期的3年时间如果遇到经营环境发生重大变化或业绩大幅下滑,影响发行上市的成功率;二是企业规模较小时,很多法律问题的解决会更容易一些,以股权争议问题解决为例,企业不具备上市条件时,对方对股权争议解决的要价一般不会太高,但如果拖到企业符合发行上市时,再与争议股东协商解决股权争议,对方的期望值往往会以公司发行上市成功后的利益计算,而股权清晰作为上市的基本要求,如果对方得不到足够的利益补偿,完全可能阻断企业上市进程,企业这时候解决问题付出的代价就可想而知。

(四)企业不重视日常的法律规范,或不愿意支付聘请上市律师的成本

多数法律问题会具有持续性影响,因此企业的法律问题往往要追溯至企业设立之日。“专精特新”企业规模较小时,往往不愿支付聘请上市律师的大额费用。企业日常聘请的律师如果不熟悉上市规则,积累的不符合发行上市要求的法律问题在上市前还要重新进行整改。我国资本市场的发展给“专精特新”企业上市带来了更多的机会,“专精特新”企业大多会走向资本市场。如果企业有意进入资本市场,就需要高度重视日常的法律规范以及符合发行上市条件前的

财务规范问题,在条件允许的情况下可以提前聘请上市律师和会计师按照发行上市的要求提前整改和规范运作,以保证公司能够用最小的成本和最少的时间完成发行上市申报工作,从而大大提高上市成功率。

六、“专精特新”企业上市应该如何选择中介机构

(一)上市需要哪些中介机构

上市需要的中介机构包括证券公司、律师事务所、会计师事务所和资产评估事务所等,这些机构在法律法规、规章和规范性文件中也经常称为证券服务机构。本书中的证券服务机构和中介机构是一个含义。

1. 证券公司

证券公司是依法设立的从事证券经营业务的金融机构,我们也经常称之为券商。证券公司为证券的交易提供承销和保荐业务,是沟通买卖双方的重要环节,也是实现资金融通的重要渠道。

根据我国《证券法》的规定,经国务院证券监督管理机构批准,证券公司可以经营证券经纪业务、证券投资咨询业务、与证券交易、证券投资活动有关的财务顾问业务、证券自营业务、证券资产管理业务、保荐业务与证券承销、其他证券业务等的一种或几种,证券公司从事的与企业公开发行股票并上市有关的业务主要指财务顾问业务、证券承销与保荐业务。财务顾问业务是证券公司受客户的聘请,有偿为客户的证券交易、证券投资、并购等活动提供专业的咨询、分析、方案设计等服务。证券保荐,是由具有保荐资格的证券公司作为保荐人,依照法律、行政法规以及中国证券监督管理委员会的有关规定和行业规范,诚实守信、勤勉尽责地对发行人的发行、上市文件实行实质性审查,保证其真实、准确、完整,尽职推荐发行人证券发行上市,并持续督导发行人履行相关义务的业务活动。证券承销是证券公司与证券发行人签订证券承销协议,以证券承销商的身份,根据证券发行人的委托,为发行人销售证券业务。在新三板挂牌中,证券公司称为主办券商,前期的主要工作是担任财务顾问,为挂牌提供专业的咨询、分析、方案设计等服务,后期的主要工作是协助撰写公开转让说明书及出具相关文件等。

证券公司在企业发行股票并上市过程中,一般被称作保荐人,在不同的阶段担任不同的角色,在上市提交申报材料前担任的是财务顾问的角色,是企业改组上市的总协调人,为上市提供专业的咨询、分析、方案设计等服务。在提交申报

材料时证券公司担任的是保荐人的角色，股票发行时担任的是承销商的角色。证券公司在提交材料前的辅导阶段还称为辅导机构。这几个角色都是保荐人工作的一部分。

证券公司担任保荐人的主要职责与工作如下：

(1)协助完成公司股份制改制。证券公司在企业股改阶段主要负责以下工作：制订改组上市的方案与时间表；制订并实施股份公司改制方案；与企业共同编制招股说明书，制作申报文件，出具保荐意见；对申报材料进行内核，并出具内核意见；在证监会审核过程中，对审核部门的反馈意见进行汇总，组织企业和中介机构出具专项说明，就其中的重大事项、经营状况、经营业绩、重大关联交易等发表意见。

(2)担任企业的财务顾问。证券公司作为企业的财务顾问，主要承担以下4个方面的工作：担任财务融资顾问，了解企业资产状况，设计最佳财务结构，负责协助企业开辟融资渠道；担任资本运营顾问，根据企业发展战略，综合运用各种金融工具为企业的经营发展创造条件；担任企业战略顾问，分析企业经营状况与发展机遇，协助制定和实施发展战略方案和规划；担任重大交易顾问，协助企业完成就合资、合作、重大合同谈判等重大交易活动。

(3)对企业进行辅导。证券公司作为企业辅导人的主要工作包括对企业的高管就管理、财务、法律等相关知识进行培训；担任上市全过程总策划与总协调人并起草、报送申报材料。

(4)为企业提供保荐服务。证券公司作为企业保荐人的主要工作包括对企业进行尽职调查，确保企业确定的发行人符合上市条件；协助企业撰写招股说明书及相关法律文件；提交发行保荐书和上市保荐书，推荐发行人发行证券并上市。

(5)担任企业的主承销商。证券公司作为企业主承销商的主要工作包括与企业确定发行方式、发行方案，出具定价分析报告，与企业确定发行价格；组织承销团，确定销售计划等。

2. 律师事务所

公司上市离不开律师的参与，因为公司经营中任何一个事项和行为都可能涉及许多方面的法律问题。在域内外证券市场中律师承担的工作内容是有差异的，域外证券市场包括我国香港特别行政区和我国台湾地区，除出具法律意见书外，一般还要由律师撰写招股说明书等上市文件，因此企业上市往往需要多家律师机构参与，承销商和拟上市公司都要聘请律师，如我国域内企业到我国香港特别行政区联合交易所上市时，一般都需要聘请4家律师机构参与上市法律服务工作，这4家律师机构分别为券商的我国香港特别行政区律师、券商的内地律师、公司的我国香港特别行政区律师和公司的内地律师，一般指定一家律师机构撰写招股说明书等文件。我国发行上市时招股说明书的撰写工作由保荐人负责，律师一般不参与招股说明书的撰写。近年来，中国证监会和证券交易所鼓励律师参与招股说明书的撰写工作，已经有律师开始协助公司撰写招股说明书。

一般来说，律师在公司上市的不同阶段的工作内容有所不同。

(1)律师在企业改制中的主要工作内容：对企业进行尽职调查，判断企业是否存在影响上市的重大风险、或有事项；协助企业制订改制重组方案并参与实施，使改制后的企业合法合规；依据改制方案及实际情况，就股份有限公司的设立编制法律意见书；参与企业与相关机构、人员的谈判，协助企业起草并签署《发起人协议》《公司章程》相关法律文件，参与和见证股份有限公司创立大会的召集和召开等。

(2)律师在企业上市发行阶段的主要工作内容：协助企业完善公司治理结构，以达到上市的标准；起草、出具相关法律文书；准备发行申报材料，主要是出具法律意见书；见证和解答法律咨询等。

(3)如果企业提前启动上市培育工作，律师除了负责上述两项工作外，还要参与培育阶段法律问题的处理和规范，避免企业在培育阶段产生新的上市法律障碍。

3. 会计师事务所

会计师事务所是注册会计师执行业务的市场中介机构，其在公司上市过程中的主要工作是出具审计报告或内部控制鉴证报告，同时还有一些其他工作，这些具体工作如下。

(1)负责对企业的财务报表进行审计，并出具三年一期的审计报告；

(2)负责企业的资本验证，并出具有关验资报告；

(3)负责对企业的盈利预测报告进行审核，并出具盈利预测审核报告；

(4)负责对企业的内部控制鉴证，并出具内部控制鉴证报告；

(5)负责核验企业的非经常性损益明细项目和金额；

(6)对发行人的主要税种纳税情况出具专项意见；

(7)对发行人原始财务报表与申报财务报表的差异情况出具专项意见；

(8)提供与发行上市有关的财务咨询服务。

4. 资产评估机构

企业上市过程中，资产评估机构主要是对企业的资产进行评估，以确定企业的各类资产的实际价值，为公司改制后的股本到位情况和为会计师审计时一些实物资产的减值提取及核算提供依据。资产评估机构在企业上市时的工作主要集中在改制阶段，改制时资产评估机构要对审计确定的资产价值进行评估确认，以保证公司出资真实到位，企业的实际净资产价值不低于审计后确定的净资产价值。

(二)如何选择中介机构

1. 重视每一家中介机构的选择

很多企业一直认为上市的核心机构是证券公司，并把选聘中介机构的重点放在证券公司的选择上，忽视了律师事务所和会计师事务所的选择，还有些企业以为证券公司就可以帮助企业解决所有的法律问题和财务问题，律师事务所和会计师事务所的选择并不重要，所以很多企业启动上市准备工作时，把律师事务所和会计师事务所的选择权委托给证券公司，让证券公司大包大揽。这样的情况在之前的审核制度下问题还不突出，但在现有的注册制审核制度下，就出现了新的问题。

注册制改革的一个重要内容是压实中介机构的责任，最明显的变化是对中介机构的监管和处罚力度不断加大。2019年12月28日，第十三届全国人民代表大会常务委员会第十五次会议对《证券法》进行了第二次修订，此次修订最大的变化之一是大幅提高了对公司造假上市以及证券公司和其他证券服务机构未勤勉尽责导致所制作、出具的文件有虚假记载、误导性陈述或者重大遗漏的处罚力度。

注册制下，中国证监会不再承担股票发行及上市的主体审核责任，其工作重心也由审核转向监管，监管能力大幅提高，使企业造假上市及中介机构协助造假上市的成本成倍增长。在中国证监会的重罚下，中介机构实质上承担了原来中国证监会对企业上市审核的责任，企业存在较多问题时，中介机构为了避免风险不出具相关文件，证券公司不予申报，就是《证券法》修改后压实中介机构责任的一个体现。在提交申报材料前中介机构与拟上市公司成为实际的两方，利益格局发生了重大变化。注册制下,上市通过率好像比审核制下有较大的提高,是因为申报的企业质量有了实质的提升,主要原因是中介机构对提交材料的企业审核力度加大,没有中介机构愿意让企业带“病”申报,存在发行上市问题的企业已经被中介机构在申报前给否决了。

注册制下,仍像之前大多数企业将中介机构的聘请全都委托给一家机构,由于企业与中介机构利益不一致,企业就难以对发行上市存在的问题有客观的判断。建议企业分别独立聘请中介机构,让几家机构适当制衡,发行上市的问题可以通过几家机构相互独立的判断寻找更好的解决方案。除独立选择中介机构外,也可以考虑再另行聘请一家具有上市经验的律师事务所作为公司的顾问律师,其不参与法律意见书的出具,但可协助企业整改,参与上市方案的设计,遇到重大发行上市障碍时协助企业客观判断相关问题对发行上市条件的影响在中介机构认为企业存在重大问题不出具申报的相关文件时,判断相关问题的性质及对发行上市的影响程度为企业提供客观的意见。

很多企业上市时偏好选择排名前几名的券商、律师和会计师,这在大部分情况下是一个很好的选择,但在选择中介机构时,要关注的不能仅仅是券商、律师和会计师的名气。生活中常说,适合自己的才是最好的,选择中介机构也是一样,即使是最好的券商、最好的律师事务所和最好的会计师事务所,也会有一些专业能力不是很强的保荐代表人、律师或会计师。排名不那么靠前的券商、律师事务所和会计师事务所,也有专业能力很强的保荐代表人、上市律师和会计师。选择中介机构时,保荐代表人、上市律师和会计师的专业能力和团队服务能力更重于对中介机构的选择。“专精特新”企业规模普遍偏小,在选择时一定要明白最大的未必是最好的,要结合自己的规模确定机构的选择,重视服务团队的选择,团队专业能力越强,企业上市就越有保障。

2. 要了解不同的机构在不同阶段的工作重点

券商的工作更多地集中于企业符合上市条件后上市方案的制订、协调,对企业进行辅导,撰写公开转让说明书或招股说明书。律师的工作主要是出具法律意见等并协助处理企业的法律事务,会计师的工作主要是出具审计报告、内部控制鉴证报告等并协助处理企业的财务问题,企业不要盲目地把法律和财务问题的解决寄托到券商身上。企业如果提前启动上市准备工作,该阶段工作的主要内容不是上市方案的设计、上市的辅导,而是处理好影响上市的法律问题和财务规范问题，同时避免上市前几年再出现新的法律和财务规范问题，这时不提前聘请券商、节省支付券商的财务顾问费用也是可以的。企业在上市培育阶段可以只聘请律师事务所和会计师事务所，这些机构一定要具备丰富的上市经验，也就是说一定要聘请上市律师和上市会计师，上市法律服务和会计师服务具有较强的专业性，需要丰富的经验。当然，如果企业能够提前聘请到合适的券商且其愿意参与前期的规范工作，则是锦上添花的事情，也是完全可行的。

七、“专精特新”企业最好在什么时间改制

近年来，各地都在鼓励“小改规、规改股、股上市”，大力促进将小微企业改制为有限责任公司，有限责任公司改制为股份有限公司，推动股份有限公司进入资本市场上市发展。河南省还出台了相应的规改股奖励政策，对有限责任公司改制为股份有限公司的企业给予资金奖励，各地区域股权交易市场也大力鼓励有限责任公司改制为股份有限公司挂牌。从经济发展角度来看，这样的做法无可非议，但从上市角度考虑，其中的“规改股”可能存在不少的问题。

《全国中小企业股份转让系统业务规则（试行）》第 2.1 条第 1 款第 1 项规定，股份有限公司申请股票在全国股转系统挂牌，应当符合“依法设立且存续满两年。有限责任公司按原账面净资产值折股整体变更为股份有限公司的，存续时间可以从有限责任公司成立之日起计算”。《科创板首次公开发行股票注册管理办法（试行）》《创业板首次公开发行股票注册管理办法（试行）》都规定发行人是依法设立且持续经营 3 年以上的股份有限公司，有限责任公司按原账面净资产值折股整体变更为股份有限公司的，持续经营时间可以从有限责任公司成立之日起计算。北京证券交易所的上市公司全部来源于全国股转系统挂牌的创新层公司，其在新三板挂牌时已经改制为股份有限公司，因此，北京证券交易所对发行人的形式未再作规定。只有股份有限公司才具备在证券交易场所挂牌或上市的条件，这在法理上与股份有限公司的资合性质有关，这里不做过多的阐述。

如果“专精特新”企业达到一定规模后，在上市律师的协助下由有限责任公司改制为股份有限公司，只要符合上面规定的有限责任公司按原账面净资产值折股整体变更为股份有限公司，不会存在问题。但如果企业没有按照上述规定改制为股份有限公司，或者没有聘请上市律师协助进行改制，则很大可能会给企

业挂牌或上市制造新的法律障碍。

理论上讲,有限责任公司改制为股份有限公司并不仅有整体变更一个途径,还可以直接变更名称。笔者曾接触到一家企业,其实际控制人听说股份有限公司可以上市,就直接到登记机关申请把名称由有限责任公司变更为股份有限公司,这里面出现几个问题,一是没有按照规定进行改制,企业的持续经营时间中断计算,要从股份有限公司成立之日起重新计算公司的持续经营时间。当然,如果仅是中断计算还问题不大,要是再持续经营三年就可以符合上市的规定就不会成为上市障碍,但问题是企业直接变更名称设立的股份有限公司,以没有严格按照会计准则计得各项减值准备后计算出来的净资产值往往会远高于实际的净资产值,更名是以前者作为改制后的股本,公司实际净资产值远低于该股本,就产生了股本不实的问题,按照规定,出资不实是一个必须解决的问题,因此企业要重新进行整改,由此产生一系列的问题。二是这样的企业改制不符合股份有限公司成立的程序,发起人协议、创立大会的各项文件都可能缺失,董事会、监事会的选举和组成都会出现问题,成为上市产生的重大法律障碍,因而需要重新整改。

企业在上市启动前的报告期外进行改制,如果严格按照上市适用的会计准则进行改制,需要增加一期审计报告,无形中要增加成本,改制后由于离上市时间较早,一般需要在上市时再聘请会计师和评估师对当时改制确定的净资产值进行复核,以确定出资的充足性,如果没有严格按照上市公司的会计准则进行改制,往往会出现出资不实需要重新补足出资的问题。加上股份有限公司对股东大会、董事会、监事会的运作规范性有明确的要求,改制后的企业是否能够按照股份有限公司的规定完善公司治理结构,按时依法召开董事会、监事会和股东大会,是否制定各项议事规则并得以执行等,如果没有做上述工作则会成为企业规范运作的不规范障碍,试问,企业在改制后不能严格遵守各项议事规则,谁能保证企业上市后就能规范运行?改制时没有上市律师指导出现程序方面的瑕疵也需要重新让全体股东进行访谈确认和整改,这些都会影响上市的时间。

有限责任公司在法理上是资合加人合的公司制度,人合的因素在有限责任公司运营中起着很重要的作用,所以在有限责任公司阶段,对治理结构的要求并不严格,即使没有完备的议事规则也不影响整个公司的实际运营。改制为股份有限公司后,人合的因素退居资合之后,需要建立和完善一系列议事制度和管理制度以保障公司的健康发展,在效率上就会受到很大的影响,企业应对市场的快速反应能力一般是下降的。股份有限公司的各项制度及规范运作更多的是保证其健康发展,对上市公司而言其重心在于中小投资者和社会公众的利益,规范为在一定程度上会牺牲公司的效率。例如,在有限责任公司阶段,《公司法》规定,股东会行使的职权,"股东以书面形式一致表示同意的,可以不召开股东会会议,直接作出决定,并由全体股东在决定文件上签名、盖章"。"召开股东会会议,应当于会议召开十五日前通知全体股东;但是,公司章程另有规定或者全体股东另有约定的除外。"有限责任公司章程或者全体股东可以对通知时间另行约定。而股份有限公司则对通知的时间等程序有严格的规定,股东大会要提前20天发出通知,临时股东大会要提前15天发出通知,不允许公司章程或全体股东另行约定,"股东会或者股东大会、董事会的会议召集程序、表决方式违反法律、行政法规或者公司章程,或者决议内容违反公司章程的,股东可以自决议作出之日起六十日内,请求人民法院撤销"。从上面的规定可以看到有限责任公司对重大事项表决时股东会的效率要远高于股东大会审议重大事项的效率,这样有时会影响企业应对市场变化的能力,像"专精特新"企业的公司规模较小,公司董事会、监事会成员及高级管理人员因不稳定,经常发生变化,完全没有必要变更为股份有限公司。在企业发展到一定规模后,需要靠制度保证企业健康发展时,再改制为股份有限公司也为时不晚。当然,有限公司并不是不规范运作,即使是有限责任公司也可以建立和完善制度保证企业规范运作。

除了上述原因外,实际上不在中介机构指导下改制为股份有限公司还有其他一些问题,这里就不一一阐述了。有限责任公司整体改制为股份有限公司是一个较为专业的问题,其中涉及审计、评估、法律多方面的专业事宜,目前有些地方政府通过奖励的方式激励规模以上企业改制为股份有限公司,笔者认为切不可以以此引导企业在不具备上市条件的情况下改制,最好的做法是把企业改制为股份有限公司这样的专业问题交给券商、律师和会计师作决定,他们在启动上市工作后会结合企业的实际情况确定最合适的改制时间,这样对上市和企业的发展是有利的。

区域股权交易市场要求在交易板挂牌的公司必须是股份有限公司,这从法理上讲是没有问题的,但由于目前区域股权交易市场的推荐机构一般都不是专业的上市中介机构,在改制、交易、信息披露等方面都与新三板和证券交易所相差甚远,一旦信息披露与上市时存在重大差异或出现错误,上市时想纠正也会面临一系列的问题。加之目前我国的区域股权交易市场与新三板和证券交易所的制度没有有效衔接,协助公司在区域股权交易市场挂牌时的中介机构的服务质量参差不齐,在企业的问题整改不彻底甚至不整改,则上市时要重新进行规范和整改,有些问题错过时机整改带来的将是成倍数增加的成本和时间。从这些方面来看,笔者认为在区域股权交易市场挂牌及挂牌前进行改制对上市未必是有帮助的。笔者建议区域股权交易市场的重心应放在有限责任公司的股权融资上,通过市场的力量吸引全国的私募基金或符合要求的投资者向挂牌的有限责任公司进行股权投资。有限责任公司的股权也是可以协议转让的,区域股权交易市场并不允许像新三板和证券交易所那样进行公开转让活动,重心放在吸引股权投资机构参与有限公司的投资,引导专业机构为挂牌公司提供规范服务,这样既可以帮助有限责任公司获得股权融资,也能够实现规范运作的目的,同样可以促进地方经济发展,未来对上市的影响也会是积极的,不至于因此给上市工作造成更多的障碍。

八、“专精特新”企业如何选择上市市值标准

注册制下,市值及财务指标成为上市条件的核心。《上海证券交易所科创板股票上市规则》规定了 5 套上市标准,《深圳证券交易所创业板股票上市规则》规定了 3 套上市标准。北京证券交易所和科创板、创业板一样,在上市的标准方面均以市值为中心,《北京证券交易所股票上市规则(试行)》中结合净利润、净资产收益率、营业收入及增长率、研发投入和经营活动产生的现金流量净额等财务指标,设置了 4 套上市标准。

笔者认为在选择上市标准时,第一,要考虑企业是选择到北京证券交易所上市,还是选择到科创板或创业板上市,要关注科创板、创业板和北京证券交易所不同的定位。如果企业规模较小,尤其是“专精特新”中小企业,可以优先考虑北京证券交易所,看企业是否符合北京证券交易所的上市要求。如果企业产品符合国家的重大战略,在某一领域有重大突破,技术创新能力强,符合科创板的市场定位,就可以优先考虑科创板。当然,如果企业产品符合创业板的市场定位,也可以先考虑到创业板上市,这时就要看企业是否符合科创板或者创业板的上市要求。确定了要上市的板块,然后再进一步考虑上市市值指标的选择。

第二，企业应当结合自身的财务状况、公司的治理特点、发展阶段以及上市后的持续监管要求等，审慎选择各板块的上市标准，企业可以根据近期的融资时投资者给出的估值情况对企业的预计市值作一个基本判断。企业申请公开发行股票上市时，要在相关申请文件中明确说明所选择的一项具体的上市标准，这需要得到保荐机构的协助。保荐机构应当为企业选择适当的上市标准提供专业指导，审慎推荐，对企业的市值进行预先评估，确定企业上市时预计市值情况。当然，保荐机构在提交申报材料时还要在上市保荐书中就发行人选择的上市标准逐项说明适用理由，并就发行人是否符合上市条件发表明确意见。保荐机构还要出具《关于发行人预计市值的分析报告》，充分说明发行人市值评估的依据、方法、结果以及是否满足所选择上市标准中市值指标的结论性意见等。保荐机构应当根据发行人的特点、市场数据的可获得性及评估方法的可靠性等，谨慎、合理地选用评估方法，结合发行人报告期的股票交易价格、定向发行价格以及同行业可比公众公司在境内外市场的估值情况等进行综合判断。

发行价格确定后，对于预计发行后总市值与申报时市值评估结果存在重大差异的，保荐机构应当向证券交易所说明相关差异情况。发行人预计发行后总市值不满足上市标准的，应当根据证券交易所证券发行与承销管理规则的相关规定中止发行。

第五章　全国中小企业股份转让系统(新三板)挂牌

第一节　全国中小企业股份转让系统

北京证券交易所要求进入该交易所发行股票并上市的公司必须是在全国股转系统连续挂牌满12个月的创新层挂牌公司。北京证券交易所的上市公司由此与全国股转系统挂牌直接联系在一起,要进入北京证券交易所,首先要到全国股转系统挂牌,因此要明确北京证券交易所的上市规则及上市程序,就得先了解全国股转系统挂牌规则,在全国股转系统挂牌是申请在北京证券交易所发行股票并上市的前置条件。申请在北京证券交易所发行股票并上市的公司可分为三类:第一类是申请挂牌时既不符合北京证券交易所的上市条件,也不符合新三板创新层进入条件,这类企业可以先进入新三板基础层挂牌,待符合创新层的条件后,按照规定的程序申请进入创新层,进入创新层的挂牌公司如果进一步符合了北京证券交易所的上市条件,在新三板挂牌满12个月,即可向北京证券交易所申请发行股票并上市;第二类是挂牌时已经符合新三板创新层进入条件,但不符合北京证券交易所发行股票并上市的条件,可以在申请挂牌时直接进入创新层,并在创新层挂牌满12个月,待符合北京证券交易所的相关条件后,向北京证券交易所申请发行股票并上市;第三类是已经符合北京证券交易所发行股票并上市条件的公司,可以在申请挂牌时直接进入创新层,挂牌满12个月后向北京证券交易所申请发行股票并上市。这三类企业都必须先进入全国股转系统成为挂牌公司。本章主要分析拟上市公司在全国股转系统挂牌的相关规则及挂牌程序。

一、全国股转系统

目前,负责新三板挂牌的证券交易场所为全国股转系统。从名称来讲,新三板是全国股转系统的俗称,全国股转系统挂牌公司又称为新三板挂牌公司,本书对这两个名称不作区分。2012 年 9 月 20 日,全国股转公司在国家市场监督管理总局注册成立,注册资本 30 亿元。上海证券交易所、深圳证券交易所、中国证券登记结算有限公司、上海期货交易所、中国金融期货交易所股份有限公司、郑州商品交易所、大连商品交易所为全国股转公司的股东单位。全国股转公司的经营宗旨是坚持公开、公平、公正的原则,完善市场功能,加强市场服务,维护市场秩序,推动市场创新,保护投资者及其他市场参与主体的合法权益,推动场外交易市场健康发展,促进民间投资和中小企业发展,有效服务实体经济。经营范围:组织安排非上市股份公司股份的公开转让;为非上市股份公司融资、并购相关业务提供服务;为市场参与组织安排非上市股份公司股份的公开转让;为非上市股份公司融资、并购相关业务提供服务;为市场参与者提供信息、技术服务。

(一)全国股转公司的职能

按照中国证监会发布的《全国中小企业股份转让系统有限公司管理暂行办法》第 8 条的规定,全国股转公司的职能包括:

(1)建立、维护和完善股票转让相关技术系统和设施;

(2)制定和修改全国股转系统业务规则;

(3)接受并审查股票挂牌及其他相关业务申请,安排符合条件的公司股票挂牌;

(4)组织、监督股票转让及相关活动;

(5)对主办券商等全国股转系统参与人进行监管;

(6)对挂牌公司及其他信息披露义务人进行监管;

(7)管理和公布全国股转系统相关信息;

(8)中国证监会批准的其他职能。

全国股转公司负责制定和修改挂牌公司的股票挂牌、股票转让、主办券商管理、挂牌公司管理、投资者适当性管理等基本业务规则,并报中国证监会备案。

股票在全国股转系统挂牌的公司为非上市公众公司,股东人数可以超过 200 人,接受中国证监会的统一监管。非上市公众公司股票的转让和定向发行及相关活动由全国股转系统负责，实行自律管理。

（二）全国股转公司的组织结构

全国股转公司的组织形式为有限责任公司，其组织结构是依照《公司法》有限责任公司的规定设置。按照《全国中小企业股份转让系统有限责任公司管理暂行办法》第15条的规定，全国股转公司应当按照《公司法》等法律、行政法规和中国证监会的规定，制定公司章程，明确股东会、董事会、监事会和经理层之间的职责划分，建立健全内部组织机构，完善公司治理。中国证监会有权要求全国股转公司对其章程和业务规则进行修改。

与一般有限责任公司不同的是，全国中小企业股份转让有限公司作为公司制的证券交易场所，要接受中国证监会的监管，在章程制定和修改、股东股份变更、组织结构、议事规则等方面要经中国证监会批准或备案。全国股转公司章程的制定和修改，应当经中国证监会批准。全国股转公司新增股东或原股东转让所持股份的，应当向中国证监会报告。全国股转公司董事会、监事会的组成及议事规则应当符合有关法律、行政法规和中国证监会的规定，并报中国证监会备案。全国股转公司董事长、副董事长、监事会主席及高级管理人员由中国证监会提名，任免程序和任期遵守《公司法》和全国股转公司章程的有关规定。根据需要，全国股转公司应当设立专门委员会，各专门委员会的组成及议事规则报中国证监会备案。从这些规定可以看出全国股转公司的特别之处。

（三）全国股转公司的自律监管

全国股转公司对参与非上市公众公司的股票转让的机构、投资者实行自律监管。所谓自律监管，是指证券交易场所对证券市场的各类主体进行自我管理、自我约束的管理形式。我国各证券交易场所及证券业协会对相关主体进行的自律监管，是对中国证监会对证券市场监管的补充，对于证券市场的健康发展具有重要作用。全国股转公司设立后，新三板的市场运作平台由证券公司代办股份转让系统转换为全国股转系统，市场自律管理主体由中国证券业协会转换为全国股转公司，市场运行适用的规则从中国证券业协会发布的规定转换为全国股份转让系统公司发布的《全国中小企业股份转让系统业务规则（试行）》及相关细则、指引等。在新三板挂牌公司和主办券商及其他证券服务机构均是全国股转系统自律监管的对象，对违反法律法规及业务规则的，全国股转公司采取自律

监管措施,并视情节轻重或根据监管要求,及时向中国证监会报告。全国股转公司的自律监管主要体现在以下几个方面:

1. 全国股转系统实行主办券商制度。主办券商指在全国股转系统从事主办券商业务的证券公司。主办券商业务包括推荐股份公司股票挂牌,对挂牌公司进行持续督导,代理投资者买卖挂牌公司股票,为股票转让提供做市服务及其他全国股转公司规定的业务。证券公司在全国股转系统开展相关业务前,应当向全国股转公司申请备案,成为主办券商,未经备案的证券公司不得在全国股转系统开展相关业务。

2. 全国股转公司负责审查主办券商推荐文件并督促挂牌公司履行信息披露义务。全国股转公司依法对股份公司股票挂牌、定向发行等申请及主办券商推荐文件进行审查,出具审查意见。全国股转公司应当与符合条件的股份公司签署挂牌协议,确定双方的权利义务关系,并督促申请股票挂牌的股份公司、挂牌公司及其他信息披露义务人,依法履行信息披露义务,真实、准确、完整、及时地披露信息,不得有虚假记载、误导性陈述或者重大遗漏。

3. 全国股转公司负责对挂牌公司是否符合挂牌条件进行监管。在全国股转系统挂牌的股份有限公司应当符合全国股转公司要求的各项条件。全国股转系统负责对不符合持续挂牌条件的挂牌公司作出股票暂停或终止挂牌的决定,及时公告,并报中国证监会备案。

4. 全国股转系统实行投资者适当性管理制度。参与股票转让的投资者应当具备一定的证券投资经验和相应的风险识别和承担能力,了解熟悉相关业务规则。全国股转系统刚成立时,对投资者设立了较高的条件,法人机构注册资本要求500万元人民币以上;合伙企业实缴出资总额500万元人民币以上;自然人投资者本人名下前一交易日日终证券类资产市值300万元人民币以上,且具有两年以上证券投资经验,或具有会计、金融、投资、财经等相关专业背景或培训经历。随着全国股转系统的实践及市场变化要求,2021年9月,全国股转系统修订的《全国中小企业股份转让系统投资者适当性管理办法》,对参与创新层和基础层的投资者条件作了分类及大幅度调整,其中,参与创新层股票交易的投资者的条件如下:

(1)法人机构实收资本或实收股本总额在100万元人民币以上;

(2)合伙企业实缴出资总额在100万元人民币以上;

(3)自然人投资者申请权限开通前10个交易日名下证券账户和资金账户内的资产日均人民币100万元以上(不含该投资者通过融资融券融入的资金和证券),且具有规定的投资经历、工作经历或任职经历。

参与基础层股票交易的投资者条件如下:

(1)法人机构实收资本或实收股本总额在200万元人民币以上;

(2)合伙企业实缴出资总额在200万元人民币以上;

(3)自然人投资者申请权限开通前10个交易日名下证券账户和资金账户内的资产日均人民币200万元以上(不含该投资者通过融资融券融入的资金和证券),且具有规定的投资经历、工作经历或任职经历。

5. 全国股转公司负责对股票转让实行监控。全国股转公司应当按照《全国中小企业股份转让系统有限责任公司管理暂行办法》的规定,建立市场监控制度及相应技术系统,配备专门市场监察人员,依法对股票转让实行监控,及时发现、及时制止内幕交易、市场操纵等异常转让行为。对违反法律法规及业务规则的,全国股转公司应当及时采取自律监管措施,并视情节轻重或根据监管要求,及时向中国证监会报告。

6. 全国股转公司负责督促证券服务机构和人员履行职责。全国股转公司负责督促主办券商、律师事务所、会计师事务所等为挂牌转让等相关业务提供服务的证券服务机构和人员,诚实守信、勤勉尽责,严格履行法定职责,遵守法律法规和行业规范,并对出具文件的真实性、准确性、完整性负责。全国股转公司发现相关当事人违反法律法规及业务规则的,可以依法采取自律监管措施,并报中国证监会备案。依法应当由中国证监会进行查处的,全国股转公司应当向中国证监会提出查处建议。

二、非上市公众公司和上市公司

有一些在全国股转系统挂牌的公司,在对外宣传时说是新三板上市公司,也有一些人认为新三板挂牌的公司就是上市公司,那么新三板上挂牌的公司能否称作上市公司,如果不能称作上市公司,法律法规又是如何定义的呢?

前面多次讲道,证券市场分为场内交易市场和场外交易市场两类,我国的场内市场原来有上海证券交易所和深圳证券交易所,北京证券交易所是我国设立的第三家证券交易所,也属于场内交易市场。场外交易市场有全国股转系统和区域股权交易市场。在场内市场和场外市场的公司都是公众公司,但在称呼上有所区别,一般在法律上把股票进入场内交易市场上的公司称为上市公司,发行的股票进入场内交易市场称为上市;把股票进入场外交易场所交易的公司称为挂牌公司,发行的股票进入场外交易场所交易称为挂牌。

除了上市公司和挂牌公司两个称谓,还有一个称谓为非上市公众公司。所谓非上市公众公司,按照《非上市公众公司监督管理办法》的规定,是指有下列情形之一且其股票未在证券交易所上市交易的股份有限公司:(1)股票向特定对象发行或者转让导致股东累计超过200人;(2)股票公开转让。在全国股转系统挂牌的公司股票是允许公开转让的,因此挂牌公司都是非上市公众公司,是非上市公众公司的一个类型,除此之外,也有一部分非上市公众公司并不一定在全国股转系统挂牌,即股票向特定对象发行或者转让导致股东累计超过200人的公司。从国内的实践来看,股东累计超过200人的公司,大多都进入了新三板挂牌,中国证监会也鼓励这样的企业到新三板挂牌,但也有一部分公司由于各方面原因,在向特定对象发行或转让导致股东累计超过200人,且没有进入新三板挂牌,也属于非上市公众公司,应该接受中国证监会的监管,并按照《非上市公众公司监督管理办法》的规定,完善公司治理结构,按照法律、行政法规和中国证监会的规定履行信息披露义务。

第二节　全国股转系统挂牌条件

全国股转系统的挂牌条件明确规定在《全国中小企业股份转让系统业务规则(试行)》中:“股份有限公司申请股票在全国股份转让系统挂牌,不受股东所有制性质的限制,不限于高新技术企业,应当符合下列条件:(一)依法设立且存续满两年。有限责任公司按原账面净资产值折股整体变更为股份有限公司的,存续时间可以从有限责任公司成立之日起计算;(二)业务明确,具有持续经营能力;(三)公司治理机制健全,合法规范经营;(四)股权明晰,股票发行和转让行为合法合规;(五)主办券商推荐并持续督导;(六)全国股份转让系统公司要求的其他条件。”为了更进一步明确上述挂牌的条件,全国股转系统发布《全国中小企业股份转让系统股票挂牌条件适用基本标准指引》,对上述各项条件作了详细说明。

根据《全国中小企业股份转让系统股票挂牌条件适用基本标准指引》,申请在全国股转公司挂牌的各项标准如下。

一、依法设立且存续满两年

（一）依法设立,是指公司依据《公司法》等法律、法规及规章的规定向公司登记机关申请登记,并已取得《企业法人营业执照》。

1. 公司设立的主体、程序合法、合规。

（1）国有企业需提供相应的国有资产监督管理机构或国务院、地方政府授权的其他部门、机构关于国有股权设置的批复文件。

（2）外商投资企业须提供商务主管部门出具的设立批复或备案文件。

（3）2006年1月1日《公司法》修订实施前设立的股份公司,须取得国务院授权部门或者省级人民政府的批准文件。

2. 公司股东的出资合法、合规,出资方式及比例应符合《公司法》的相关规定。

（1）公司股东以实物、知识产权、土地使用权等非货币财产出资的,应当评估作价,核实财产,明确权属,财产权转移手续办理完毕。

（2）以国有资产出资的,应遵守有关国有资产评估的规定。

（3）公司注册资本缴足,不存在出资不实情形。

公司成立后历次出资应真实且足额缴纳,出资履行程序、出资形式及相应比例等符合当时有效法律法规的规定。公司存在出资瑕疵的,应采取相应的规范措施,且规范措施已履行相应程序并合法有效,足以弥补出资瑕疵,不会导致公司面临相应的法律风险。公司历次增资、减资等股本变化情况应依法履行必要程序,形成内部决议,需要外部审批的,应依法完成外部审批程序,不存在纠纷及潜在纠纷。

（二）存续两年,是指存续两个完整的会计年度。

（三）有限责任公司按原账面净资产值折股整体变更为股份有限公司的,存续时间可以从有限责任公司成立之日起计算。整体变更不应改变历史成本计价原则,不应根据资产评估结果进行账务调整,应以改制基准日经审计的净资产额为依据折合为股份有限公司股本。公司申报财务报表最近一期截止日不得早于股份有限公司成立日。

有限公司如以资产评估值作为股份有限公司的股本，则公司的持续时间中断计算，不再符合存续两年的规定。

二、业务明确，具有持续经营能力

（一）业务明确，是指公司能够明确、具体地阐述其经营的业务、产品或服务、用途及其商业模式等信息。

（二）公司可同时经营一种或多种业务，每种业务应具有相应的关键资源要素，该要素组成应具有投入、处理和产出能力，能够与商业合同、收入或成本费用等相匹配。

（三）公司业务在报告期内应有持续的营运记录。营运记录包括现金流量、营业收入、交易客户、研发费用支出等。公司营运记录应满足下列条件：

1. 公司应在每一个会计期间内形成与同期业务相关的持续营运记录，不能仅存在偶发性交易或事项。

2. 最近两个完整会计年度的营业收入累计不低于 1000 万元；因研发周期较长导致营业收入少于 1000 万元，但最近一期末净资产不少于 3000 万元的除外。

3. 报告期末股本不少于 500 万元。

4. 报告期末每股净资产不低于 1 元/股。

（四）持续经营能力，是指公司在可预见的将来，有能力按照既定目标持续经营下去。

公司存在以下情形之一的，应认定为不符合持续经营能力要求：

1. 存在依据《公司法》第 180 条规定解散的情形，或法院依法受理重整、和解或者破产申请。

2. 公司存在《中国注册会计师审计准则第 1324 号——持续经营》应用指南中列举的影响其持续经营能力的相关事项或情况，且相关事项或情况导致公司持续经营能力存在重大不确定性。

3. 存在其他对公司持续经营能力产生重大影响的事项或情况。

三、公司治理机制健全，合法规范经营

（一）公司治理机制健全，是指公司按规定建立股东大会、董事会、监事会和

高级管理层（以下简称“三会一层”）组成的公司治理架构，制定相应的公司治理制度，并能证明有效运行，保护股东权益。

1. 公司依法建立“三会一层”，并按照《公司法》、《非上市公众公司监督管理办法》及《非上市公众公司监管指引第 3 号——章程必备条款》等规定制定公司章程、“三会一层”运行规则、投资者关系管理制度、关联交易管理制度等，建立全面完整的公司治理制度。

2. 公司“三会一层”应按照公司治理制度进行规范运作。在报告期内的有限公司阶段应遵守《公司法》的相关规定。

3. 公司董事会应对报告期内公司治理机制执行情况进行讨论、评估。

4. 公司现任董事、监事和高级管理人员应具备《公司法》规定的任职资格，履行《公司法》和公司章程规定的义务，且不应存在以下情形：

（1）最近 24 个月内受到中国证监会行政处罚，或者被中国证监会采取证券市场禁入措施且期限尚未届满，或者被全国股转公司认定不适合担任挂牌公司董事、监事、高级管理人员；

（2）因涉嫌犯罪被司法机关立案侦查或者涉嫌违法违规被中国证监会立案调查，尚未有明确结论意见。

公司若存在上述规定情况，应予以更换并消除对公司规范运作的影响。现任董事、监事、高管也不得存在违反法律法规规定或章程约定的董事、监事、高管义务的问题，若存在，要采取解决措施，不得对公司规范运作产生重大影响。

5. 公司进行关联交易应依据法律法规、公司章程、关联交易管理制度的规定履行审议程序，保证交易公平、公允，维护公司的合法权益。

6. 公司的控股股东、实际控制人及其关联方存在占用公司资金、资产或其他资源情形的，应在申请挂牌前予以归还或规范（完成交付或权属变更登记）。

占用公司资金、资产或其他资源的具体情形包括：从公司拆借资金；由公司代垫费用、代偿债务；由公司承担担保责任而形成债权；无偿使用公司的土地房产、设备动产等资产；无偿使用公司的劳务等人力资源；在没有商品和服务对价情况下其他使用公司的资金、资产或其他资源的行为。

（二）合法合规经营，是指公司及其控股股东、实际控制人、下属子公司（下属子公司是指公司的全资、控股子公司或通过其他方式纳入合并报表的公司或其他法人）须依法开展经营活动，经营行为合法、合规，不存在重大违法违规行为。

1. 公司及下属子公司的重大违法违规行为是指,公司及下属子公司最近24个月内因违反国家法律、行政法规、规章的行为,受到刑事处罚或适用重大违法违规情形的行政处罚。

(1)行政处罚是指,经济管理部门对涉及公司经营活动的违法违规行为给予的行政处罚。

(2)重大违法违规情形是指,凡被行政处罚的实施机关给予没收违法所得、没收非法财物以上行政处罚的行为,属于重大违法违规情形,但处罚机关依法认定不属于的除外;被行政处罚的实施机关给予罚款的行为,除主办券商和律师能依法合理说明或处罚机关认定该行为不属于重大违法违规行为的外,都视为重大违法违规情形。

(3)公司及下属子公司最近24个月内不存在涉嫌犯罪被司法机关立案侦查,尚未有明确结论意见的情形。

2. 控股股东、实际控制人合法合规,最近24个月内不存在涉及以下情形的重大违法违规行为:

(1)控股股东、实际控制人受刑事处罚;

(2)受到与公司规范经营相关的行政处罚,且情节严重;情节严重的界定参照前述规定;

(3)涉嫌犯罪被司法机关立案侦查,尚未有明确结论意见。

3. 公司及下属子公司业务如需主管部门审批,应取得相应的资质、许可或特许经营权等。

4. 公司及其法定代表人、控股股东、实际控制人、董事、监事、高级管理人员、下属子公司,在申请挂牌时应不存在被列为失信联合惩戒对象的情形。

5. 公司及下属子公司业务须遵守法律、行政法规和规章的规定,符合国家产业政策以及环保、质量、安全等要求。

公司及下属子公司所属行业为重污染行业的,根据相关规定应办理建设项目环评批复、环保验收、排污许可证以及配置污染处理设施的,应在申请挂牌前办理完毕;不属于重污染行业的,但根据相关规定必须办理排污许可证和配置污染处理设施的,应在申请挂牌前办理完毕。

6. 公司财务机构设置及运行应独立且合法合规,会计核算规范。

（1）公司及下属子公司应设有独立财务部门，能够独立开展会计核算、作出财务决策。

（2）公司及下属子公司的财务会计制度及内控制度健全且得到有效执行，会计基础工作规范，符合《会计法》、《会计基础工作规范》以及《公司法》、《现金管理条例》等其他法律法规要求。

（3）公司应按照《企业会计准则》和相关会计制度的规定编制并披露报告期内的财务报表，在所有重大方面公允地反映公司的财务状况、经营成果和现金流量，财务报表及附注不得存在虚假记载、重大遗漏以及误导性陈述。

公司财务报表应由符合《证券法》规定的会计师事务所出具标准无保留意见的审计报告。财务报表被出具带强调事项段的无保留审计意见的，应全文披露审计报告正文以及董事会、监事会和注册会计师对强调事项的详细说明，并披露董事会和监事会对审计报告涉及事项的处理情况，说明该事项对公司的影响是否重大、影响是否已经消除、违反公允性的事项是否已予纠正。

（4）公司存在以下情形的应认定为财务不规范：

①公司申报的财务报表未按照《企业会计准则》的要求进行会计处理，导致重要会计政策适用不当或财务报表列报错误且影响重大，需要修改申报的财务报表（包括资产负债表、利润表、现金流量表、所有者权益变动表）；

②因财务核算不规范情形被税务机关采取核定征收企业所得税且未规范；

③其他财务信息披露不规范情形。

四、股权明晰，股票发行和转让行为合法合规

（一）股权明晰，是指公司的股权结构清晰，权属分明，真实确定，合法合规，股东特别是控股股东、实际控制人及其关联股东或实际支配的股东持有公司的股份不存在权属争议或潜在纠纷。

1.公司的股东不存在国家法律、法规、规章及规范性文件规定不适宜担任股东的情形。

公司股东也不得存在任职单位规定不得担任股东的情形或者不满足法律法规规定的股东资格条件等主体资格瑕疵问题。若曾存在股东主体资格瑕疵问题，应采取相应的规范措施，措施应真实、合法、有效，不得影响公司股权明晰、公司设立或存续的合法合规性。

2. 申请挂牌前存在国有股权转让的情形，应遵守国资管理规定。

3. 申请挂牌前外商投资企业的股权转让应遵守商务部门的规定。

很多公司出于多方面的原因，存在股权代持情形。在全国股转系统挂牌时，公司不得存在股权代持情形。存在股权代持的情形应解除股权代持，并得到全部代持人与被代持人的确认，代持解除真实有效，不存在纠纷或潜在纠纷。公司不得存在影响公司股权明晰的问题，公司现有股权不得存在权属争议纠纷情形。

（二）股票发行和转让合法合规，是指公司及下属子公司的股票发行和转让依法履行必要内部决议、外部审批（如有）程序。公司历次股权转让应依法履行必要程序，相关决议、协议签订及履行应合法合规，不得存在纠纷及潜在纠纷。公司的控股子公司或纳入合并报表的其他企业的股票发行及股权转让情况也要符合相关的要求。

1. 公司及下属子公司股票发行和转让行为合法合规，不存在下列情形：

（1）最近 36 个月内未经法定机关核准，擅自公开或者变相公开发行过证券；

（2）违法行为虽然发生在 36 个月前，目前仍处于持续状态，但《非上市公众公司监督管理办法》实施前形成的股东超 200 人的股份有限公司经中国证监会确认的除外。

2. 公司股票限售安排应符合《公司法》和《全国中小企业股份转让系统业务规则（试行）》的有关规定。

（三）公司曾在区域股权市场及其他交易市场进行融资及股权转让的，股票发行和转让等行为应合法合规；在向全国股转系统申请挂牌前应在区域股权市场及其他交易市场停牌或摘牌，并在全国股转系统挂牌前完成在区域股权市场及其他交易市场的摘牌手续。

五、主办券商推荐并持续督导

（一）公司须经主办券商推荐，双方签署了《推荐挂牌并持续督导协议》。

（二）主办券商应完成尽职调查和内核程序，对公司是否符合挂牌条件发表独立意见，并出具推荐报告。

六、全国股转系统要求的其他条件

全国股转系统要求的其他条件，散见于其发布的各个规则性文件中，主要有：

（1）有限公司改制为股份有限公司时，自然人股东要依法纳税。股东以未分配利润转增股本的，公司应依法履行代缴代扣个人所得税义务。

（2）现任董事、监事、高级管理人员不得存在不具备法律法规规定的任职资格或违反法律法规规定、所兼职单位规定的任职限制等任职资格方面的瑕疵。

（3）公司董事、监事、高级管理人员、核心员工（核心技术人员）不得存在违反竞业禁止的法律规定或与原单位约定的情形，不存在有关竞业禁止事项的纠纷或潜在纠纷；公司董事、监事、高级管理人员、核心员工（核心技术人员）不得存在与原任职单位知识产权、商业秘密方面的侵权纠纷或潜在纠纷。

（4）公司应具有经营业务所需的全部资质、许可、认证、特许经营权。公司经营资质是相关业务合法合规的必备条件，公司不得存在超越资质、经营范围、使用过期资质的情况。

（5）公司的股东属于私募投资基金管理人或私募投资基金的，股东须按照《证券投资基金法》、《私募投资基金监督管理暂行办法》及《私募投资基金管理人登记和基金备案办法（试行）》等相关规定履行了登记备案程序。

第三节　企业股份制改组

企业股份制改组又称改制，是一个专业的法律性问题，尤其是以上市为目的进行的股份制改组，需要在专业律师、会计师等中介机构的指导下，避免改制不当产生的各类法律问题。

一、改制的类型

企业股份制改组分为非公司形式的企业改制为有限公司或股份有限公司和有限公司改组为股份有限公司两种类型。前者是指非公司形式的全民所有制企业、集体所有制企业、合伙企业、个人工商户等通过改制设立有限公司或股份有限公司，这在改革的初期出现得较多。由于这些经营主体不是有限责任公司或股份有限公司形式，在管理上不受《公司法》的约束，很难建立起适应现代企业经营的管理制度和治理结构，因此，这些企业进行股份制改组的目的主要是把企业按照《公司法》要求改制为有限责任公司或股份有限公司，建立适应经济发展的现代化的组织形式。后者是指有限责任公司按照要求改制为股份有限公司，由于有限责任公司系资合加人合的企业组织形式，股份有限公司是资合的企业组织形式，因此这种改组更多的是为了融资和上市的需要。

随着改革开放及社会主义市场经济的发展，除个别企业外，我国全民所有制、集体所有制企业大多都完成了改制工作，现有拟上市公司大多在设立时已经是有限责任公司或股份有限公司。由非公司制企业改制为公司制企业在经济活动中已经较少遇到。本书主要是讲解企业上市事宜，因此在本章中所讲的改制仅限于有限责任公司改制为股份有限公司这种形式。

依据《证券法》以及中国证监会、证券交易所的规定，无论是在全国中小企业股份转让系统挂牌，还是在主板、创业板、科创板上市，主体必须是依法设立的股份有限公司。有限责任公司改为股份有限公司的方式不限于本章所讲的改制方式，但由于有限责任公司改制为股份有限公司涉及持续经营时间的计算，其中包含的法律程序和内容并没有如此简单，只有根据《全国中小企业股份转让系统业务规则(试行)》或《科创板首次公开发行股票注册管理办法(试行)》《创业板首次公开发行股票注册管理办法(试行)》等规定按净资产整体折股变更设立的股份有限公司，其持续经营时间才能连续计算。未按照上述规定改制的公司，要么面临股本不实的问题，要么面临不能连续计算的问题，或者面临改制程序不符合法律要求的问题，其改制会成为在全国股转系统挂牌的重大障碍。

《全国中小企业股份转让系统业务规则(试行)》第2.1条第1款第1项规定，股份有限公司申请股票在全国股份转让系统挂牌，应当符合“依法设立且存续满两年。有限责任公司按原账面净资产值折股整体变更为股份有限公司的，存续时间可以从有限责任公司成立之日起计算”，主板、科创板、创业板都有相同的要求，北京证券交易所因其上市公司的来源全部都是新三板挂牌公司，这些公司在全国股转系统挂牌时已经是股份有限公司，因此未再明确这样的要求。从上述规定来看，在全国股转系统挂牌的主体必须是依法设立且存续满2年以上的股份有限公司，有限责任公司按原账面净资产值折股整体变更为股份有限公司的，持续经营时间可以从有限责任公司成立之日起计算。企业要成为符合挂牌要求的主体，必须做到：(1)存续满2年；(2)必须是股份有限公司；(3)有限责任公司变更为股份有限公司的，必须按原账面净资产值折股整体变更，持续经营时间可以从有限责任公司成立之日起计算，否则持续经营时间中断。因此，股份制改组不能是简单的名称变更，而是要符合《全国中小企业股份转让系统业务规则（试行）》的要求，一方面按照规定进行整体变更，另一方面还要从公司章程、治理结构、公司名称、财务等多个方面，进行相应的调整，从而成为符合挂牌主体资格的股份有限公司。

二、有限公司变更为股份有限公司的程序

一般来说，按照上市规范将有限责任公司改制为股份有限公司，要求有限责任公司按原账面净资产值折股整体变更。从财务报表上看，改制前后的公司仍然是同一个持续经营的主体，其资产负债结构也不会发生改变，只是需要将有限责任公司经审计的净资产额折合为股份有限公司的股本总额。有限公司改组为股份有限公司的条件和程序如下。

（一）股份有限公司设立的条件

根据《公司法》第76条的规定，股份有限公司设立的条件如下。

（1）发起人符合法定人数，即2人以上200人以下，且其中须有半数以上在中国境内有住所；

（2）有符合公司章程规定的全体发起人认购的股本总额或者募集的实收股本总额。公司法规定的发起人认购和募集的股本达到法定资本最低限额为人民币500万元；

（3）股份发行、筹办事项符合法律规定；

（4）发起人制订公司章程，采用募集方式设立的经创立大会通过；

（5）有公司名称，建立符合股份有限公司要求的组织机构；

（6）有公司住所。

（二）改制为股份有限公司的程序

1. 设立改制领导小组，负责改制工作

有限公司改制为股份有限公司，目的大多一般不外乎两个，一个是融资的需要，另一个是在新三板挂牌或到证券交易所上市的需要，以挂牌或上市为目的的股份制改组，有一系列的技术要求，需要企业高度重视，不要使改制成为挂牌或上市的障碍。企业在改制前要成立改制领导小组，通常由董事长或董事会秘书

担任组长,汇集公司生产、技术、财务等方面的负责人,不定期召开会议,就改制过程中遇到的有关问题进行商讨,必要时还应提请董事会决定。筹备小组具体负责以下工作:

(1)研究拟订改组方案和组织形式;

(2)聘请改制有关中介机构,并与中介机构接洽;

(3)整理和准备公司有关的文件和资料;

(4)召集中介机构协调会,提供中介机构所要求的各种文件和资料,回答中介机构提出的问题;

(5)拟定改制的有关文件;

(6)向政府主管部门申报文件或备案,取得政府批文(如需);

(7)联络发起人;

(8)办理股份有限公司设立等工作。

2. 聘请中介机构

筹备小组成立后可联络中介机构并确定聘请协议,中介机构包括主办券商(上市时为保荐人,下同)、发行人律师、会计师事务所、资产评估机构等。以挂牌和上市为目的的股份制改组,聘请的律师事务所和会计师事务所均要有从事发行上市业务的经验和能力,因其中涉及改制方案的技术性要求和挂牌或上市时会计准则的衔接,如果操作不当会形成挂牌或上市的重大障碍,或者要重新聘请会计师事务所进行复核审计,支付额外的费用。筹备小组在经过慎重考察后,应当确定本次改制的各中介机构人选,并与之签署委托协议或相关合同,正式建立法律关系。

3. 中介机构尽职调查,确定改制的基本方案,提交股东会审议

在公司与各中介机构签署委托协议后,各机构应根据情况进场工作,分别对公司的有关情况进行尽职调查。

主办券商负责对公司整体情况尤其是商业模式情况进行全面的尽职调查。

聘请的律师应对公司的法律事宜进行全面尽职调查,了解企业是否存在影响股份制改组的法律问题,尤其是出资问题、股东资格问题、董事、监事和高级管理人员的任职资格问题等,如果在尽职调查中发现企业存在影响股份制改组的法律问题时,应在股份制改组前予以处理,不宜将问题带入要设立的股份有限公司。

会计师对公司的财务状况进行尽职调查，了解公司是否存在影响改制和上市的重大财务问题。

尽职调查完成后，主办券商根据三方尽职调查的情况，汇总形成尽职调查报告。如果公司存在需要整改的问题，主办券商、律师、会计师共同制订整改方案，指导企业整改。如果企业不存在需要整改的问题，或虽有需要整改的问题，公司已整改完成，主办券商即可协助公司制订改制的基本方案，基本方案包括有限公司折股方案、发起人、改制后公司的股本、董事会组成人数、监事会组成人数等需要特别设计的章程条款等，不包括公司审计和评估的数据。主办券商需要关注改制的时间，如果改制太早，企业可能会因会计准则适用问题和企业治理机制的规范问题形成挂牌或上市的障碍。

按照《公司法》的要求，股份制改组方案的制订权归公司的董事会，未设置董事会的有限公司，其权限在执行董事。实际操作中，因为股份制改组涉及众多法律技术问题，一般须在律师事务所和主办券商、会计师事务所的协助下，由律师事务所或主办券商协助董事会或执行董事制订企业改制的基本方案。

现行法律规定，设立股份有限公司应当有 2 人以上 200 人以下为发起人。一般而言，在以挂牌或上市为目的的股份制改组时，有限责任公司整体变更为股份有限公司的，有限责任公司的股东即是股份有限公司的发起人。如果拟改制的有限责任公司现有股东人数符合该要求，则可以直接由现有股东以公司资产发起设立；如果现有股东不足或现有股东有不愿意参加本次发起设立的，则应引入新的股东作为发起人，由现有股东向其转让部分股权，对公司股权结构进行调整，然后由调整后的股东以公司资共同发起设立股份有限公司。变更后的股东如果要作为股份有限公司的发起人的，股东的变动一般要在有限责任公司阶段完成，在股份制改组时不要再发生股东变化，只需要将有限责任公司的股东作为发起人即可。

设立股份有限公司时，公司要事先对股东的资格进行核实，存在代持股份的，要提前予以还原，存在限制投资的国家公职人员，应提前予以清退，公司股东存在不得担任股东的情形或者不满足法律法规规定的股东资格条件等主体资格瑕疵问题的，应事先予以调整。股份有限公司的发起人须有半数以上的发起人在中国境内有住所。

股份有限公司的发起人确定后，发起人应承担公司的筹办事务，并签署发起人协议,明确发起人在设立过程中的权利和义务。

股份有限公司的发起人应当承担下列责任:

(1)公司不能成立时,对设立行为所产生的债务和费用负连带责任;

(2)公司不能成立时,对认股人已缴纳的股款,负返还股款并加算银行同期存款利息的连带责任;

(3)在公司设立过程中,由于发起人的过失致使公司利益受到损害的,应当对公司承担赔偿责任。

中介机构确定改制基本方案后,可提交公司董事会审议,董事会审议通过后,依照程序提交股东会审议。如公司未设立董事会,可通过执行董事直接提交股东会审议。此次审议时由于没有完成审计和评估工作,还不包括具体的折股比例、净资产值等内容。

4. 会计师启动审计工作,资产评估机构启动评估工作

公司不存在需要整改的问题,或虽有需要整改问题,但已经整改完成后,即可启动审计和评估工作。

会计师对公司的财务状况进行审计,出具审计报告,确定有限责任公司的净资产额,作为折股的依据。会计师事务所进行审计时,一方面要考虑与挂牌和上市时适用的会计准则的衔接,另一方面还要与资产评估机构进行协调,确定部分资产的减值准备的提取等事宜。会计师出具的审计报告,应符合会计准则的要求,评估确认的增值部分,一般不得作为审计调整的依据,如果依此进行资产价值调整,则影响股份有限公司的持续性;评估报告确认的减值部分,可作为审计计提减值准备的依据,但审计调整仍应依据会计准则的要求进行。

根据《公司法》第95条的规定,有限责任公司变更为股份有限公司时,折合的实收股本总额不得高于公司净资产额。因此,有限责任公司的股东会作出变更公司形式的决定后,应当由公司聘请资产评估机构对公司的财务会计报告中的各项资产和负债进行逐项评估,以确定公司的净资产额是否低于审计确认的净资产额。股份制改组时的资产评估一方面是为了确认资产的实际价值,另一方面是为了确定股份制改组时股份有限公司的股本是否足额。资产评估机构对公司的资产状况进行评估,出具资产评估报告,以确定评估后确认的净资产额是否低于审计报告确认的净资产额。评估确认的净资产额高于或等于审计报告确认的净资产额的,以审计确认的净资产额作为整体变更时折股的金额。评估确

认的净资产额低于审计报告确认的净资产额的，则应以评估报告确认的净资产额作为折股的依据。

5. 中介机构协助公司进行创立大会前的准备工作

在会计师审计、资产评估机构评估的同时，中介机构要协助公司进行创立大会前的准备工作，包括拟订发起人协议和公司章程草案等，制作创立大会的各类文件，拟订议事规则等。

发起人还要签署发起人协议，并准备制定股份有限公司的公司章程。发起人协议要明确各自在公司设立过程中的权利和义务。以挂牌或上市为目的改制的股份有限公司的公司章程要符合中国证监会发布的《非上市公众公司监管指引第3号——章程必备条款》或《上市公司章程指引》的要求，公司可以在律师的指导下，对公司章程条款认真推敲，最后形成公司章程（草案）。

除了上述工作外，要确定创立大会的召开时间。创立大会的召开时间应综合考虑审计报告的出具时间、认缴股款的时间进行确定，按照《公司法》的规定，发起人应当自股款缴足之日起30日内主持召开公司创立大会，有限责任公司改制为股份有限公司，一般不会涉及股款缴纳问题，因此影响创立大会的时间主要是审计报告和评估报告的出具时间，公司可以在确定创立大会时间的15天前发出会议通知，并向股东提供创立大会待审议的议案草案。

6. 召开股东会会议，确定公司净资产额和折股比例

审计报告及评估报告完成后，可再次对股份制改组的方案的净资产额和折股比例予以确定，如果审计后需要调整改制方案的，应根据审计和评估结果对公司的改制方案进行调整，并提交股东会审议。

7. 向市场监督管理局申请公司名称预先核准

股东会确定最终的股份制改组方案后，即应向场监督管理局申请名称预先核准，名称预先核准申请也可以在公司股份制改组基本方案确定后进行，只要在名称预先核准确定的有效期内，就不会影响公司的设立。设立后的公司名称中应有股份有限公司字样。

8. 认缴出资，会计师出具验资报告

在股份制改组时，要以审计确认的净资产值折股为发起人的出资。由有限责任公司整体变更为股份有限公司的，其出资系以有限责任公司审计确认的净资产额整体折股作为发起人的认缴出资，因此此阶段一般不存在新增认缴出资

的情况。如果企业确实想在股份制改组阶段增加股本的，建议在有限责任公司阶段即完成增资，然后再进行股份制改组。

发行股份的股款缴足后，必须经依法设立的验资机构验资并出具验资报告。

9. 召开创立大会

根据《公司法》的规定，发起人应当自股款缴足之日起 30 日内主持召开公司创立大会。创立大会由发起人、认股人组成。发行的股份超过招股说明书规定的截止期限尚未募足的，或者发行股份的股款缴足后，发起人在 30 日内未召开创立大会的，认股人可以按照所缴股款并加算银行同期存款利息，要求发起人返还。

创立大会应有代表股份总数过半数的发起人、认股人出席，方可举行。

创立大会行使下列职权：

(1)审议发起人关于公司筹办情况的报告；

(2)通过公司章程；

(3)选举董事会成员；

(4)选举监事会成员；

(5)对公司的设立费用进行审核；

(6)对发起人用于抵作股款的财产的作价进行审核；

(7)发生不可抗力或者经营条件发生重大变化直接影响公司设立的，可以作出不设立公司的决议。

创立大会对前款所列事项作出决议，必须经出席会议的认股人所持表决权过半数通过。

10. 召开董事会、监事会第一次会议

创立大会已经确定了董事会、监事会成员，董事会、监事会应该在创立大会后，召开董事会会议和监事会会议，选举董事长、副董事会(如设)、监事会主席。董事会还要通过聘任公司总经理的决议。

11. 申请设立登记

董事会应于创立大会结束后 30 日内，向公司登记机关报送下列文件，申请设立登记：

(1)公司登记申请书；

(2)创立大会的会议记录；

(3)公司章程；

(4)验资证明；

(5)法定代表人、董事、监事的任职文件及其身份证明；

(6)发起人的法人资格证明或者自然人身份证明；

(7)公司住所证明。

至此，公司股份制改组完成，股份有限公司正式宣告成立。此时企业的主体资格已基本符合新三板或上市的主体要求。

第四节 全国股转系统挂牌的操作程序

《全国中小企业股份转让系统业务规则(试行)》(2013 修改)第 1.10 条规定："挂牌公司是纳入中国证监会监管的非上市公众公司，股东人数可以超过二百人。股东人数未超过二百人的股份有限公司，直接向全国股份转让系统公司申请挂牌。股东人数超过二百人的股份有限公司，公开转让申请经中国证监会核准后，可以按照本业务规则的规定向全国股份转让系统公司申请挂牌。"

从上述规定来看，申请在全国股转系统挂牌的公司有两种类型，一种类型是在挂牌前股东人数不超过 200 人的股份有限公司；另一种类型是挂牌前股东人数超过 200 人的股份有限公司。前者可以直接向全国股转系统挂牌，不需要经过中国证监会核准；后者则需要先向中国证监会申请核准，然后再向全国股转系统申请挂牌。二者在挂牌的流程上有所区别，但主要程序是相同的。

企业在新三板挂牌的流程如下。

一、中介机构开展尽职调查工作

股份制改组前，公司一般都会与主办券商、律师和会计师三方中介机构分别达成新三板挂牌的合作意向，签订《保密协议》及中介机构服务合同。也有一些公司是在股份制改组后聘请中介机构，无论采取哪种方式，与中介机构签订服务合同后，主办券商、律师和会计师都要首先对公司的财务状况、持续经营能力、公司治理、历史沿革、资产、业务资质以及其他重要问题的合法合规事项进行尽职调查。中介机构在对企业进行初步尽职调查后，判断企业是否符合新三板挂牌的条件，对企业挂牌前存在的法律、财务规范性问题进行梳理，并制订整改方案，指导企业实施整改。已经改制为股份有限公司的，中介机构需要对公司的股改进行复核或审查，确定企业的股份制改组是否符合《全国中小企业股份转让系统业务规则（试行）》的要求，公司的持续经营时间是否能够连续计算。公司股份制改组存在问题的，需要按照要求再次进行整改。未改制为股份有限公司的，可以进入第二个步骤。

二、有限责任公司改制为股份有限公司

改制的程序已在本章第三节作了详细的讲解，改制的时间需要根据挂牌的时间由中介机构与公司协商确定，一般会定在提交挂牌申请材料前6个月。但由于全国股转系统对公司的形式没有规定和严格要求，也有改制设立股份有限公司直接申请挂牌公开转让的。所以有限责任公司改制为股份有限公司的这一环节，可视企业的情况调整改制时间。

三、中介机构准备各类挂牌申请文件

股份有限公司设立后，如果还存在影响公司挂牌的重大问题，公司要在中介机构的协助下继续进行整改，中介机构会评价企业存在的问题是否会影响公司的挂牌条件，如果不存在影响企业挂牌条件的问题，中介机构就可以准备挂牌的各项申请材料了，包括主办券商制作公开转让说明书、主办券商推荐报告等，公司会计师出具审计报告，公司律师出具挂牌法律意见书等申请文件。

根据《全国中小企业股份转让系统挂牌申请文件内容与格式指引》，公司申请在全国股转系统挂牌的申请文件主要有要求披露的文件和不要求披露的文件两部分内容组成，内容如下。

第一部分　要求披露的文件

第一章　公开转让说明书及推荐报告

1－1　公开转让说明书（申报稿）

1－2　财务报表及审计报告

1－3　法律意见书

1－4　公司章程

1－5　主办券商推荐报告

1－6 定向发行说明书（如有）

1－7 设置表决权差异安排的股东大会决议（如有）

第二部分 不要求披露的文件

第二章 申请挂牌公司相关文件

2－1 申请报告

2－1－1 向全国股转公司提交的申请股票在全国股转系统挂牌及股票发行（如有）的报告

2－1－2 向中国证监会提交的申请股票挂牌公开转让（或/并）股票发行的报告（如有）

2－2 有关股票在全国股转系统挂牌及股票发行（如有）的董事会决议

2－3 有关股票在全国股转系统挂牌及股票发行（如有）的股东大会决议

2－4 企业法人营业执照

2－5 股东名册及股东身份证明文件

2－6 董事、监事、高级管理人员名单及持股情况

2－7 申请挂牌公司设立时和最近两年及一期的资产评估报告

2－8 申请挂牌公司最近两年原始财务报表与申报财务报表存在差异时，需要提供差异比较表（如有）

2－9 申请挂牌公司全体董事、监事和高级管理人员签署的《董事（监事、高级管理人员）声明及承诺书》

2－10 申请挂牌公司关于授权全国股转公司代为向中国证监会报送股票挂牌公开转让（或/并）定向发行申请文件等有关事宜的委托书（如有）

第三章 主办券商相关文件

3－1 主办券商与申请挂牌公司签订的推荐挂牌并持续督导协议

3－2 尽职调查报告

3－3 尽职调查工作文件

3－3－1 尽职调查工作底稿目录、相关工作记录和经归纳整理后的尽职调查工作表

3－3－2 有关税收优惠、财政补贴的依据性文件

3－3－3 历次验资报告

3－3－4 对持续经营有重大影响的业务合同

3－4　内核意见

3－4－1　内核机构成员审核工作底稿

3－4－2　内核会议记录

3－4－3　对内核会议反馈意见的回复

3－4－4　内核机构对内核会议落实情况的补充审核意见

3－5　主办券商推荐挂牌内部核查表及主办券商对申请挂牌公司风险评估表

3－6　主办券商自律说明书

3－7　主办券商业务备案函复印件(加盖机构公章并说明用途)及项目组成员任职资格说明文件

第四章　其他相关文件

4－1　申请挂牌公司全体董事、主办券商及相关中介机构对申请文件真实性、准确性和完整性的承诺书

4－2　相关中介机构对纳入公开转让说明书等文件中由其出具的专业报告或意见无异议的函

4－3　申请挂牌公司、主办券商对电子文件与预留文件保持一致的声明,以及律师关于电子文件与预留文件一致的鉴证意见

4－4　律师、注册会计师及所在机构的相关执业证书复印件(加盖机构公章并说明用途)

4－5　国有资产管理部门出具的国有股权设置批复文件及商务主管部门出具的外资股确认文件(如有)

4－6　证券简称及证券代码申请书

4－7　前次申报有关情况的专项说明(如有)

4－8　不予披露相关信息的原因说明或其他文件(如有)

四、董事会和股东大会审议

公司在提交挂牌的申报材料前,需要董事会和股东大会通过申请股票到全国股转系统挂牌并公开转让的决议,同时董事会还要提请股东大会授权董事会办理挂牌并公开转让的相关事宜。

五、主办券商出具推荐报告

中介机构完成尽职调查后，如果企业符合挂牌的各项条件，主办券商项目组人员可以将完成的尽职调查报告及律师出具的法律意见书和会计师出具的审计报告等文件提交主办券商内核会议申请内核。如果企业需要整改，则在整改完成后，主办券商修订完成尽职调查报告，随同其他文件提交内核会议申请内核。

主办券商内核会议应对下述事项进行审议并发表审核意见：

(1)项目组是否已按照尽职调查工作的要求对申请挂牌公司进行了尽职调查；

(2)申请挂牌公司拟披露的信息是否符合全国股转公司有关信息披露的规定；

(3)申请挂牌公司是否符合挂牌条件；

(4)是否同意推荐申请挂牌公司股票挂牌。

内核会议发现审议项目存在问题和风险的，应提出书面反馈意见。参加内核会议的内核委员应独立、客观、公正地对推荐文件和挂牌申请文件进行审核，制作审核工作底稿并签名。审核工作底稿应包括审核工作的起止日期、发现的问题、建议补充调查核实的事项以及对推荐挂牌的意见等内容。主办券商应对内核会议过程形成记录，在内核会议表决的基础上形成内核决议。内核决议应包括以下内容：内核会议召开时间、地点、方式、出席会议的内核委员名单、表决情况。参会内核委员应在内核决议和会议记录上签名。

内核会议后，项目小组应根据内核会议反馈意见进行补充调查与说明，并将"对内核会议反馈意见的回复"提交内核专员审核，内核专员审核通过后，出具补充审核意见，同意推荐拟申请挂牌公司进入全国股转系统挂牌。

证券公司在内核通过后，出具"主办券商推荐报告"，同意推荐拟申请挂牌公司进入全国股转系统挂牌并公开转让。推荐报告应包括下列内容：

(1)尽职调查情况；

(2)逐项说明申请挂牌公司是否符合《全国中小企业股份转让系统业务规则(试行)》规定的挂牌条件；

(3)立项程序及立项意见；

(4)质量控制程序及质量控制意见；

(5)内核程序及内核意见；

(6)推荐意见；

(7)提醒投资者注意事项；

(8)全国股转公司要求的其他内容。

六、向中国证监会申请行政许可

股东人数超过200人的公司申请股票挂牌公开转让的，首先要申请行政许可，《非上市公众公司监管指引第4号——股东人数超过200人的未上市股份有限公司申请行政许可有关问题的审核指引》规定，对200人公司合规性的审核纳入行政许可过程中一并审核，不再单独审核。

根据《非上市公众公司监督管理办法》，股东人数超过200人的股份公司申请股票在全国股转系统挂牌公开转让，应当提交全国股转系统的自律监管意见，向中国证监会申请核准。

《非上市公众公司监管指引第4号——股东人数超过200人的未上市股份有限公司申请行政许可有关问题的审核指引》明确了中国证监会的审核标准。

1. 公司依法设立且合法存续

200人公司的设立、增资等行为不违反当时法律明确的禁止性规定，目前处于合法存续状态。

200人公司的设立、历次增资依法需要批准的，应当经过有权部门的批准。存在不规范情形的，应当经过规范整改，并经当地省级人民政府确认。

200人公司在股份形成及转让过程中不存在虚假陈述、出资不实、股权管理混乱等情形，不存在重大诉讼、纠纷以及重大风险隐患。

2. 股权清晰

200人公司的股权清晰，是指股权形成真实、有效，权属清晰及股权结构清晰。具体要求如下。

(1)股权权属明确。200人公司应当设置股东名册并进行有序管理，股东、公司及相关方对股份归属、股份数量及持股比例无异议。股权结构中存在工会或职工持股会代持、委托持股、信托持股，以及通过“持股平台”间接持股等情形的，应当按照《非上市公众公司监管指引第4号——股东人数超过200人的未上市股份有限公司申请行政许可有关问题的审核指引》的相关规定进行规范。

《非上市公众公司监管指引第 4 号——股东人数超过 200 人的未上市股份有限公司申请行政许可有关问题的审核指引》所称“持股平台”是指单纯以持股为目的的合伙企业、公司等持股主体。

(2)股东与公司之间、股东之间、股东与第三方之间不存在重大股份权属争议、纠纷或潜在纠纷。

(3)股东出资行为真实,不存在重大法律瑕疵,或者相关行为已经得到有效规范,不存在风险隐患。

申请行政许可的 200 人公司应当对股份进行确权,通过公证、律师见证等方式明确股份的权属。申请公开发行并在证券交易所上市的,经过确权的股份数量应当达到股份总数的 90% 以上(含 90%);申请在全国股份转让系统挂牌公开转让的,经过确权的股份数量应当达到股份总数的 80% 以上(含 80%)。未确权的部分应当设立股份托管账户,专户管理,并明确披露有关责任的承担主体。

3. 经营规范

200 人公司持续规范经营,不存在资不抵债或者明显缺乏清偿能力等破产风险的情形。

4. 公司治理与信息披露制度健全

200 人公司按照中国证监会的相关规定,已经建立健全了公司治理机制和履行信息披露义务的各项制度。

股东人数超过 200 人的股份有限公司申请股票在全国股转系统公开转让,应当按照《非上市公众公司信息披露内容与格式准则第 2 号——公开转让股票申请文件》的要求制作和报送申请文件,同时按照《向中国证监会提交非上市公众公司监管指引第 2 号——申请文件》的要求提交行政许可申请材料。

股票公开转让、股票向特定对象发行或者转让导致股东累计超过 200 人的公司,在向中国证监会申请行政许可时,应当按照《向中国证监会提交非上市公众公司监管指引第 2 号——申请文件》的要求制作和报送下列申请文件:

(1)申请报告;

(2)公开转让说明书/定向转让说明书/定向发行说明书;

(3)公司章程(草案);

(4)企业法人营业执照;

(5)股东大会及董事会相关决议;

(6)财务报表及审计报告;

(7)法律意见书;

(8)证券公司关于公开转让/定向发行的推荐工作报告;

(9)中国证监会规定的其他文件。

七、向全国股转公司提交申请材料

股东人数不超过200人的公司申请股票在全国中小企业股转系统挂牌的,申请公司、主办券商和其他相关中介机构应当按照《全国中小企业股份转让系统公开转让说明书内容与格式指引(试行)》《全国中小企业股份转让系统挂牌申请文件内容与格式指引》等要求制作申请文件,并提交全国股转公司。

股东人数超过200人的公司申请股票挂牌公开转让的,在向全国股转系统提交申请材料前,申请公司、主办券商和其他相关中介机构应当按照《非上市公众公司信息披露内容与格式准则第1号——公开转让说明书》《非上市公众公司信息披露内容与格式准则第2号——公开转让股票申请文件》等要求制作申请文件,并提交全国股转公司。相关主体应当一并提交《全国中小企业股份转让系统挂牌申请文件内容与格式指引》规定的其他文件。申请挂牌同时定向发行股票的,申请公司、主办券商和其他相关中介机构应当按照《全国中小企业股份转让系统股票定向发行规则》等要求制作发行申请文件,并在提交挂牌申请文件时一并提交全国股转公司。

申请挂牌同时定向发行股票并进入创新层的,申请公司应当在公开转让说明书中披露其符合创新层进入条件的相关信息,主办券商应当在推荐报告中就申请公司是否符合创新层条件发表意见。

八、全国股转公司受理申报材料

全国股转公司在收到符合受理条件的申请文件后,2个交易日内完成受理程序。

申请文件正式受理当日,公开转让说明书(申报稿)、审计报告、法律意见书、主办券商推荐报告、定向发行说明书(如有)、设置表决权差异安排的股东大会决议(如有)等文件应当在符合《证券法》规定的信息披露平台披露。

申请文件受理后，未经中国证监会或全国股转公司同意，不得擅自改动。发生重大事项的，申请公司、主办券商和其他中介机构应当及时向全国股转公司报告，并按要求更新申请文件。

九、全国股转公司审查

（一）审查职能部门审查、反馈及质控会审议

全国股转公司成立专门的职能部门审查挂牌公司的申请材料。审查职能部门依据相关规则对申请公司进行审查，并在自受理之日起10个交易日内出具首轮反馈意见，审查的核心是申请公司是否满足股票挂牌条件、是否符合信息披露要求；无须出具反馈意见的，提请召开审查职能部门质控会进行审议。

申请公司、主办券商和其他中介机构应当逐一落实反馈意见，并在反馈意见要求的时间内（不超过10个交易日）提交书面回复文件。对反馈意见有疑问的，可通过电话、电子邮件等方式与审查职能部门进行沟通。如需延期回复的，应在回复截止日前提交延期申请，说明延期原因并明确回复时间，延长期限最长不得超过30日。

申请公司、主办券商和其他中介机构提交书面回复文件后，审查职能部门召开质控会审议项目情况，经质控会审议认为仍需继续反馈的，在收到反馈回复之日起10个交易日内发出；经质控会审议认为无须继续反馈的，在履行全国股转公司内部程序后出具自律审查意见。

（二）出具同意挂牌的函或终止审查

股东人数不超过200人的公司申请股票在全国股转系统挂牌，全国股转公司审查同意的，出具同意挂牌的函。股东人数超过200人的公司申请股票挂牌公开转让，全国股转公司审查同意的，出具同意挂牌公开转让的自律监管意见，并根据申请公司的委托，将自律监管意见、相关审查文件和公司申请文件报送中国证监会。中国证监会对公司的挂牌公开转让申请作出核准决定后，全国股转公司出具同意挂牌的函。全国股转公司审查不同意的，作出终止审查的决定。

公司申请挂牌的同时定向发行股票，且发行后股东累计不超过200人的，全国股转公司经审查同意，出具同意挂牌及发行的函。公司申请挂牌的同时定向发行股票，且发行后股东人数累计超过200人的，全国股转公司经审查同意，出

具同意挂牌公开转让及发行的自律监管意见，并根据申请公司的委托，将自律监管意见、相关审查文件和公司申请文件报送中国证监会。中国证监会对公司的挂牌公开转让和发行申请作出核准决定后，全国股转公司出具同意挂牌的函。

全国股转公司出具的同意挂牌的函或同意挂牌及发行的函自出具之日起12个月内有效，申请公司应在有效期内完成股票定向发行（如有）及股票挂牌。

（三）向中国证监会报送的公司公开转让股票文件

股东人数超过200人的公司申请股票挂牌公开转让，或者公司申请挂牌同时定向发行股票，且发行后股东人数累计超过200人的，全国股转公司经审查同意，出具同意挂牌公开转让及发行的自律监管意见，并根据申请公司的委托，将自律监管意见、相关审查文件和公司申请文件报送中国证监会。申请公司应提前制作相关文件，并提前报送全国股转公司。向中国证监会报送的公开转让股票申请文件如下。

1. 公开转让说明书及授权文件

（1）申请人关于公开转让的申请报告；

（2）公开转让说明书（申报稿）；

（3）申请人董事会有关公开转让的决议；

（4）申请人股东大会有关公开转让的决议。

2. 主办券商推荐文件

主办券商关于公开转让的推荐报告。

3. 自律管理文件

全国股转系统的自律监管意见。

4. 证券服务机构关于公开转让的文件

（1）财务报表及审计报告（申请人最近两年原始财务报表与申报财务报表存在差异时，需要提供差异比较表及注册会计师对差异情况出具的意见）；

（2）申请人律师关于公开转让的法律意见书；

（3）申请人设立时和最近两年及一期的资产评估报告。

5. 其他文件

（1）申请人的企业法人营业执照；

（2）申请人公司章程（草案）；

（3）国有资产管理部门出具的国有股权设置批复文件及商务主管部门出具

的外资股确认文件。

中国证监会在核准过程中对申请公司、主办券商和其他中介机构提出反馈意见的,由全国股转公司发出,相关主体应当自收到反馈意见的5个交易日内提交书面回复文件。反馈意见涉及要求修改披露文件的,相关主体应当更新相关文件。

申请挂牌同时定向发行股票的,公司应当在取得全国股转公司同意挂牌及发行的函后,或在中国证监会作出核准决定且取得全国股转公司同意挂牌的函后,按照《全国中小企业股份转让系统股票定向发行规则》等规定安排后续的认购、缴款、验资等事项。

(四)审查阶段的信息披露

全国股转公司出具同意挂牌的函或同意挂牌及发行的函,并申请证券简称及证券代码后,主办券商应当及时协助申请公司完成项目归档和首次信息披露。

首次信息披露的内容包括公开转让说明书、财务报表及审计报告、法律意见书、公司章程、主办券商推荐报告、定向发行说明书(如有)、设置表决权差异安排的股东大会决议(如有)、全国股转公司同意挂牌的函或全国股转公司同意挂牌及发行的函、中国证监会核准文件(如有)、其他公告文件(如有)。

审查过程中的反馈意见、反馈意见回复、进度等信息在符合《证券法》规定的信息披露平台披露,接受社会监督。申请公司拟披露的信息属于国家秘密或商业秘密,披露可能导致违反国家有关保密的法律法规或者严重损害申请公司利益的,申请公司可以不予披露,但应当在申请文件中说明未按照规定进行披露的原因。全国股转公司认为需要披露的,申请公司应当按照规定进行披露。

十、办理挂牌手续

申请公司应当按照相关规定,根据股本情况编制和提交股票初始登记申请表,完成股票登记及挂牌手续。申请公司定向发行的,应当按照本次发行前和本次发行的股份情况编制股票初始登记申请表,并完成相关手续。公司申请股票挂牌的同时定向发行的,应当在提交股票初始登记申请表的同时提交验资报告、募集资金专户三方监管协议、自愿限售申请(如有)、定向发行重大事项确认函等文件,并披露发行情况报告书、主办券商关于公司是否符合创新层条件的专项意见(如有)。主办券商应当在专项意见中说明公司进入创新层所依据的《全国中小企业股份转让系统分层管理办法》第 14 条规定的具体标准;公司符合多项标准的,应当对符合的各项标准均予以说明。申请公司应当在主办券商出具公司是否符合创新层条件的专项意见之前,按照《全国中小企业股份转让系统分层管理办法》的规定,披露股东大会、董事会和监事会制度、对外投资管理制度、对外担保管理制度、关联交易管理制度、投资者关系管理制度、利润分配管理制度、承诺管理制度以及董事会秘书任职资格。

为了便于申请公司更好地了解挂牌的过程,下面根据《全国中小企业股份转让系统股票挂牌业务操作指南》,对股票挂牌业务办理的整个操作流程进行简单介绍。

(一)股东开户

申请公司要在主办券商的协助下,在向全国股转公司报送挂牌及发行(如有)申请文件前,完成现有股东证券账户的开立工作。如股东属于境外机构或个人、境内个人独资企业等特殊情形的,应根据中国结算公司的有关规定办理。

(二)中国结算公司在线业务平台注册

申请公司在收到全国股转公司出具的申请材料受理通知书后,应当按照中国证券登记结算有限责任公司北京分公司(以下简称中国结算北京分公司)关于证券登记的相关要求,通过中国结算北京分公司在线业务平台办理注册,取得中国结算北京分公司发放的 USB-KEY,用于办理股份登记等相关业务。

(三)申请证券简称和证券代码

申请公司在向全国股转公司报送挂牌及发行(如有)申请文件时,应当一并提交《证券简称及证券代码申请书》,并由主办券商协助申请公司将拟定的证券简称填报在全国股转系统业务支持平台(以下简称 BPM 系统)申请公司基本情况中。证券简称原则上应当从公司名称中选取不超过 8 个字符(单字节字符),且应避免与挂牌公司和上市公司重复。

(四)取得同意函、证券简称及证券代码

全国股转公司向申请公司出具同意挂牌的函或同意挂牌及发行的函后,主办券商应当协助申请公司在 BPM 系统找到已经获得同意的项目,完成项目归档后,查询并下载同意函。

申请公司应当在同意函的有效期内完成股票定向发行(如有)及股票挂牌

程序。

全国股转公司按照当日获得同意函的申请公司受理编号顺序由 BPM 系统生成证券代码，并由 BPM 系统对申请的证券简称进行自动校验。完成前述事项后，申请公司可以在 BPM 系统取得证券简称和证券代码。

（五）办理挂牌前首次信息披露

在取得同意函、证券简称及证券代码后，申请公司应当在主办券商协助下及时在财务报表有效期内的交易日 20:00 前通过 BPM 系统完成首次信息披露。

（六）定向发行认购程序（如有）

申请挂牌同时定向发行的，在取得同意函并完成首次信息披露后，申请公司在主办券商的协助下按照《全国中小企业股份转让系统股票定向发行指南》的要求完成认购与缴款、签订募集资金专户三方监管协议与验资等发行程序。

（七）上传股票初始登记申请表等文件

完成首次信息披露及定向发行认购程序（如有）后，申请公司在主办券商的协助下根据《公司法》《证券法》《全国中小企业股份转让系统业务规则（试行）》《全国中小企业股份转让系统股票定向发行规则》等法律法规、业务规则的规定及自愿限售情况准确计算挂牌当日可进入全国股转系统交易的股票数量；申请公司在 BPM 系统上传股票初始登记申请表，该表格为办理股票初始登记的依据。表格信息填写有误被驳回的，申请公司需修改后重新上传。

申请挂牌同时定向发行的，申请公司应在股票初始登记申请表中根据定向发行前后的股票情况分别填报。

申请挂牌同时定向发行的，申请公司在主办券商的协助下上传初始登记申请表的同时，还应当按照《全国中小企业股份转让系统股票定向发行指南》的要求，上传验资报告、募集资金专户三方监管协议、自愿限售申请材料（如有）、定向发行重大事项确认函等文件。

（八）披露发行情况报告书、进入创新层意见（如有）

申请挂牌同时定向发行的，申请公司在主办券商的协助下上传股票初始登记申请表的同时，还应当按照《全国中小企业股份转让系统股票定向发行指南》的要求，上传并披露发行情况报告书、主办券商关于申请公司是否符合创新层条件的专项意见（如有），上述文件经全国股转公司确认后披露。

(九)完成缴费

全国股转公司对申请公司提交的股票初始登记申请表及相关附件予以确认后,按照初始登记的股份情况为申请公司生成缴费通知单。在缴费通知单生成后,申请公司应及时完成缴费。实行暂免征收挂牌费用的申请公司按照相关政策执行。

(十)办理股票初始登记

1. 全国股转公司将申请公司的同意函和股票初始登记数据通过 BPM 系统传送至中国结算北京分公司的在线业务平台。

2. 申请公司在取得同意函、证券简称和证券代码,并完成定向发行认购程序(如有)及发行情况报告书等文件的披露(如有)后,应当及时向中国结算北京分公司申请办理股票初始登记,取得电子版的《股份登记确认书》等证明文件。中国结算北京分公司通过其在线业务平台将股票初始登记数据回传至全国股转系统 BPM 系统。

(十一)办理股票挂牌

在中国结算北京分公司在线业务平台取得《股份登记确认书》等证明文件后,主办券商应当协助申请公司及时办理股票挂牌手续,在每个交易日 11:00 前,通过 BPM 系统提交《公开转让记录表》及《股票挂牌重大事项确认函》等材料。

主办券商应根据《股票挂牌重大事项确认函》中列示的内容,对申请公司做首次信息披露后至股票挂牌前的全面核查。

全国股转公司对《公开转让记录表》及《股票挂牌重大事项确认函》等材料确认后,主办券商可在 BPM 系统查询到股票挂牌日期(T 日),挂牌日期为全国股转公司确认股票挂牌信息当日算起的第 3 个交易日,主办券商应协助申请公司准备办理挂牌前的第二次信息披露。

(十二)挂牌前的第二次信息披露

1. 披露时间

挂牌日的前一个交易日(T-1 日)。

2. 披露文件

(1)关于股票挂牌的提示性公告;

(2)关于完成工商变更登记手续的公告(如有);

(3)其他公告文件(如有)。

主办券商应当协助申请公司通过 BPM 系统在 T－1 日 15:00 前上传披露文件,15:30 后相关文件将在全国股转系统网站 www. neeq. com. cn 或 www. neeq. cc 上进行披露。

第五节　全国股转系统的定向发行

定向发行,是指发行人向符合《非上市公众公司监督管理办法》规定的特定对象发行股票的行为。本节所指发行人就是指定向发行股票的挂牌公司。《证券法》第 9 条第 2～3 款规定:“有下列情形之一的,为公开发行:(一)向不特定对象发行证券;(二)向特定对象发行证券累计超过二百人,但依法实施员工持股计划的员工人数不计算在内;(三)法律、行政法规规定的其他发行行为。非公开发行证券,不得采用广告、公开劝诱和变相公开方式。”特定对象包括下列机构或者自然人:(1)公司股东;(2)公司的董事、监事、高级管理人员、核心员工;(3)符合投资者适当性管理规定的自然人投资者、法人投资者及其他经济组织。

定向发行的发行对象是特定的,与公开发行的主要区别在于:(1)发行人的股东人数是否超过 200 人。股东人数已经超过 200 人,或者发行后股东人数超过 200 人,挂牌公司进行的股票发行即为公开发行;股东人数不超过 200 人的,挂牌公司向特定对象进行的发行为定向发行。(2)发行对象是否是特定对象,如果是特定对象,为定向发行;如果是不特定对象,为公开发行。定向发行,须按照全国股转系统的规定开展发行活动,发行过程中,发行人可以向特定对象推介股票,不得采用广告、公开劝诱和变相公开方式。发行人定向发行后股东累计不超过 200 人的,由全国股转公司自律审查。发行人定向发行后股东累计超过 200 人的,应当在取得全国股转公司出具的自律监管意见后,报中国证监会核准。

一、定向发行的主要步骤

(一)发行后股东累计不超过 200 人的定向发行

发行人定向发行后股东累计不超过 200 人,是指股票定向发行说明书中确定或预计的新增股东人数(或新增股东人数上限)与本次发行前现有股东(包括在中国证券登记结算有限责任公司登记的普通股、优先股以及可转换公司债券持有人)之和不超过200人。定向发行后股东累计不超过200人,其主要步骤如下。

1. 董事会审议

定向发行的挂牌公司,应先制订定向发行方案,提交董事会讨论,并应当就定向发行有关事项作出决议,挂牌公司按照信息披露要求,在董事会作出决议后,及时披露董事会决议公告和董事会批准的定向发行说明书。

董事会作出定向发行决议应当符合下列规定:

(1)发行对象确定的,董事会决议应当明确具体发行对象(是否为关联方)及其认购价格、认购数量或数量上限、现有股东优先认购安排等事项;

(2)发行对象未确定的,董事会决议应当明确发行对象的范围、发行价格或发行价格区间、发行对象及发行价格确定办法、发行数量上限和现有股东优先认购安排等事项;

(3)发行对象以非现金资产认购发行股票的,董事会决议应当明确交易对手(是否为关联方)、标的资产、作价原则及审计、评估等事项;

(4)董事会应当说明本次定向发行募集资金的用途,并对报告期内募集资金的使用情况进行说明。

发行人应当按照《全国中小企业股份转让系统股票定向发行规则》等相关规定召开董事会,对定向发行有关事项作出决议,并履行回避表决程序,未回避表决的,发行人应当按照回避表决要求重新召开董事会进行审议。出席董事会的无关联关系董事人数不足三人的,应当将有关事项提交股东大会审议。发行人董事会不得以临时提案的方式将股票定向发行有关事项提交股东大会审议。

挂牌公司确定发行对象后,应当与发行对象签订股票认购合同。认购合同应当载明该发行对象拟认购股票的数量或数量区间、认购价格、限售期、发行终止后的退款及补偿安排、纠纷解决机制等。董事会决议时发行对象确定的,应当在认购合同中约定,本合同在本次定向发行经发行人董事会、股东大会批准并履行相关审批程序后生效。认购合同的内容、生效条件应当符合《全国中小企业股份转让系统股票定向发行规则》《全国中小企业股份转让系统股票定向发行业务规则适用指引第1号》中签订认购合同的相关要求。发行对象以非现金资产认购定向发行股票的，资产涉及的审计报告或评估报告最晚应当于股东大会通知公告时一并披露。

发行人监事会应当对董事会编制的股票定向发行文件进行审核并提出书面审核意见。

2. 股东大会审议

挂牌公司应按照规定召开股东大会。股东大会就定向发行事项作出决议，应当经出席会议的有表决权股东所持表决权的2/3以上审议通过。股东大会审议通过后，发行人应当及时披露股东大会决议公告。

股东大会决议应当明确授权董事会办理定向发行有关事项的有效期。有效期最长不超过12个月，期满后发行人决定继续发行股票的，应当重新提请股东大会审议。

需要注意的是，发行人董事会决议时发行对象确定的，董事、股东参与认购或者与发行对象存在关联关系的，发行人董事会、股东大会就定向发行事项表决时，关联董事或者关联股东应当回避；发行人董事会决议时发行对象未确定的，最终认购对象为发行人的控股股东、实际控制人、董事、持有发行人股票比例在5%以上的股东或者与前述主体存在关联关系的，且董事会、股东大会审议时相关董事、股东未回避表决的，发行人应当按照回避表决要求重新召开董事会或股东大会进行审议。

发行人股东大会审议定向发行有关事项时，出席股东大会的全体股东均拟参与认购或者与拟发行对象均存在关联关系的，可以不再执行表决权回避制度。

发行人股东大会审议通过定向发行说明书后，董事会决议作出重大调整的，发行人应当重新召开股东大会进行审议。对定向发行事项作出重大调整，包括对发行对象或对象范围、发行价格或价格区间、认购方式、发行股票总数或股票总数上限、单个发行对象认购数量或数量上限、现有股东优先认购办法的调整、变更募集资金用途以及其他对本次发行造成重大影响的调整。

发行人年度股东大会可以根据公司章程的规定，授权董事会在规定的融资总额范围内定向发行股票，该项授权至下一年度股东大会召开日失效。

3. 中介机构出具专项意见

主办券商、律师事务所原则上应当在发行人股东大会审议通过定向发行有关事项后15个交易日内，分别按照《非上市公众公司信息披露内容与格式准则第3号——定向发行说明书和发行情况报告书》等相关规定，出具主办券商定向发行推荐工作报告和法律意见书，发行人应当及时予以披露。有特殊情况的，主办券商、律师事务所可以通过业务系统申请延期出具专项意见。

股票公开转让的公众公司向公司前十名股东、实际控制人、董事、监事、高级管理人员及核心员工定向发行股票，连续12个月内发行的股份未超过公司总股本10%且融资总额不超过2000万元的，无须提供证券公司出具的推荐文件以及律师事务所出具的法律意见书。

4. 提交发行申请文件

发行人应当在披露中介机构专项意见后10个交易日内，按照《非上市公众公司信息披露内容与格式准则第4号——定向发行申请文件》等相关规定，委托主办券商向全国股转公司提交定向发行申请文件。

全国股转公司收到申请文件后，对申请文件的齐备性进行核对，并于两个交易日内作出受理或者不予受理的决定。申请文件齐备的，出具受理通知；申请文件不齐备的，告知发行人需要补正的事项。申请文件一经受理，未经全国股转公司同意，发行人不得增加、撤回或变更。发行人应当在取得受理通知书后两个交易日内披露关于收到全国股转公司股票定向发行受理通知书的公告。

5. 发行申请文件审查

全国股转公司对发行申请文件进行自律审查，需要反馈的，通过业务系统向发行人及中介机构发出反馈意见。

发行人及其主办券商、律师事务所、会计师事务所及其他证券服务机构原则上应当在10个交易日内按照反馈意见要求进行必要的补充核查，及时、逐项回复反馈意见，补充或者修改申请文件。有特殊情况的，发行人等相关主体可以通过业务系统申请延期回复。

经全国股转公司反馈，发行人及其主办券商、律师事务所、会计师事务所及其他证券服务机构修改申请文件的，发行人应当在全国股转公司出具无异议函后，及时更新披露修改后的定向发行说明书、主办券商定向发行推荐工作报告、法律意见书等文件。

6. 出具自律审查意见

全国股转公司在受理后20个交易日内形成审查意见，审查期限不包含发行人及其主办券商、律师事务所、会计师事务所及其他证券服务机构回复全国股转公司反馈意见的时间。全国股转公司实行电子化审查，申请、受理、反馈、回复等事项通过业务系统办理。

全国股转公司根据审查情况可以出具无异议函，或者按照《全国中小企业股份转让系统股票定向发行规则》等相关规定作出终止自律审查决定。无异议函的有效期为 12 个月，发行人取得无异议函后，应当在 12 个月内完成缴款验资。

发行人应当在取得全国股转公司出具的无异议函或作出中止自律审查、终止自律审查决定后两个交易日内披露相关公告。

7. 认购与缴款

董事会决议时发行对象确定的，全国股转公司出具无异议函后，发行人应当按照以下要求安排发行对象认购缴款：

(1)发行人最迟应当于缴款起始日前两个交易日披露定向发行认购公告。认购公告中应当包括股东大会股权登记日、现有股东优先认购安排、发行对象名称、认购数量、认购价格、认购方式、缴款账户、缴款时间等内容。

(2)发行对象应当依据认购公告安排，在缴款期内向缴款账户缴款认购。如需延长缴款期的，发行人最迟应当于原缴款截止日披露延期认购公告。

(3)发行人最迟应当于缴款期限届满后两个交易日内披露认购结果公告。认购结果公告中应当包括最终认购对象名称、认购数量、认购价格、认购金额、募集资金总额等内容。

在作出董事会决议时发行对象未确定的，发行人在全国股转公司出具无异议函后应当及时确定具体发行对象，并在确定发行对象后按照以下流程办理：

(1)发行人应当及时更新定向发行说明书。主办券商和律师事务所应当按照《非上市公众公司信息披露内容与格式准则第 3 号——定向发行说明书和发行情况报告书》等相关规定，对发行对象、认购合同等法律文件的合法合规性发表专项核查意见。

(2)发行人应当及时将更新后的定向发行说明书和中介机构专项核查意见一并披露。

(3)全国股转公司对更新后的定向发行说明书和中介机构专项核查意见进行审查。

发行人在披露更新后的定向发行说明书和中介机构专项核查意见后 5 个交

易日内未收到反馈的，可以按照关于董事会决议时发行对象确定情形的认购缴款要求安排认购事宜。发行人在披露相关文件后5个交易日内收到反馈的，发行人及其主办券商、律师事务所原则上应当在10个交易日内按照反馈意见要求进行必要的补充核查，及时、逐项回复反馈意见，补充或者修改相关文件。发行人在回复全国股转公司反馈意见后3个交易日内未再次收到反馈的，应当根据反馈意见更新信息披露文件，并可以按照关于董事会决议时发行对象确定情形的认购缴款要求安排认购事宜。

8. 签订募集资金专户三方监管协议与验资

发行人应当在认购结束后，与主办券商、存放募集资金的商业银行签订募集资金专户三方监管协议。

发行人应当在认购结束后10个交易日内，聘请符合《证券法》规定的会计师事务所完成验资。

发行人在验资完成且签订募集资金专户三方监管协议后，符合《全国中小企业股份转让系统股票定向发行规则》第22条规定的，可以使用募集资金。

9. 办理股票登记手续并披露相关公告

发行人应当在验资完成且签订募集资金专户三方监管协议后10个交易日内，通过业务系统上传股票登记明细表、验资报告、募集资金专户三方监管协议、发行情况报告书、自愿限售申请材料（如有）以及重大事项确认函等文件。

全国股转公司核实无误后，将股票登记相关信息送达中国结算北京分公司，并通知发行人和主办券商办理股票登记手续。

全国股转公司向发行人送达办理股票登记手续通知后，发行人在主办券商协助下按照中国结算北京分公司相关规定办理新增股票登记，与中国结算北京分公司协商确定新增股票挂牌并公开交易日期，并按照相关要求披露新增股票挂牌并公开交易的公告等文件，发行情况报告书应于同一交易日披露。发行对象根据《非上市公众公司收购管理办法》等相关规定需披露权益变动报告书的，应当及时予以披露。

（二）发行后股东累计超过200人的发行

发行后股东累计超过200人的定向发行，与不超过200人的定向发行在董事会、股东大会审议，报送申请定向发行材料以及全国股转公司的自律监管意见、缴纳、验资等步骤都是相同的，差异主要是前者在取得全国股转公司的自律监管意见后需要报送中国证监会核准。

1. 董事会、股东大会审议环节

发行人应当按照《全国中小企业股份转让系统股票定向发行规则》等相关规定召开董事会、股东大会，对股票定向发行有关事项作出决议，并披露相关公告。具体业务流程与发行后股东人数累计不超过200人定向发行业务流程相同，适用上述董事会审议环节和股东大会审议环节的规定。

2. 中介机构出具专项意见

主办券商、律师事务所应当在发行人股东大会审议通过定向发行有关事项后，分别按照《非上市公众公司信息披露内容与格式准则第3号——定向发行说明书和发行情况报告书》等相关规定出具中介机构专项意见。具体业务流程与发行后股东人数累计不超过200人定向发行业务流程相同，适用其关于中介机构出具专项意见的规定。

3. 申请出具自律监管意见与申请核准

发行人披露中介机构专项意见后，应当按照《非上市公众公司信息披露内容与格式准则第4号——定向发行申请文件》等相关规定，委托主办券商向全国股转公司提交申请出具自律监管意见的相关文件。具体业务流程与发行后股东累计不超过200人定向发行业务流程相同，适用其关于提交发行申请文件的规定。

全国股转公司对相关文件审查的具体业务流程与发行后股东累计不超过200人定向发行业务流程相同，适用其关于发行申请文件审查的规定。

全国股转公司应当在收到相关文件后20个交易日内出具自律监管意见，前述期限不包含发行人及其主办券商、律师事务所、会计师事务所及其他证券服务机构回复全国股转公司反馈意见的时间。

全国股转公司出具自律监管意见后，根据发行人的委托，将自律监管意见、发行人申请文件及相关审查材料报送中国证监会核准；发行人出现《全国中小企业股份转让系统股票定向发行规则》第55条规定的相关情形的，全国股转公司作出终止自律审查决定。

发行人应当在全国股转公司作出中止自律审查、终止自律审查决定以及中国证监会作出中止审核、终止审核、核准或不予核准的决定后两个交易日内披露相关公告。

4. 认购与缴款等程序

中国证监会作出核准决定后,发行人应当按照前述股东不超过 200 人定向发行业务流程中关于认购与缴款等规定,履行相关信息披露义务,并安排认购缴款、签订募集资金专户三方监管协议、验资、办理股票登记手续等事宜。

董事会、股东大会就定向发行有关事项作出决议后,挂牌公司聘请主办券商、律师事务所分别对本次定向发行的合法合规性出具书面意见。中介机构书面意见披露后,发行人及其主办券商应当按照中国证监会和全国股转公司的相关规定,向全国股转公司申请出具自律监管意见,并及时披露相关文件和进展公告。

全国股转公司在收到发行人申请出具自律监管意见的相关文件后,于 20 个交易日内出具自律监管意见,并依据发行人的委托向中国证监会报送发行申请文件。

发行人董事会决议时发行对象确定的,发行人应当在中国证监会作出核准决定后,安排缴款认购。

发行人在作出董事会决议时发行对象未确定的,发行人可以在中国证监会作出核准决定后确定具体发行对象。发行对象确定后,发行人、主办券商和律师事务所安排履行相应程序。

(三) 申请挂牌时定向发行股票

申请挂牌时向特定对象发行股票的,按照下列步骤进行。

1. 董事会、股东大会审议环节

发行人应当按照《全国中小企业股份转让系统股票定向发行规则》的规定召开董事会、股东大会,对股票定向发行等事项作出决议。董事会应当审议确定本次股票发行后股东累计是否超过 200 人。

发行人监事会应当对董事会编制的股票定向发行文件进行审核并提出书面审核意见。

董事会、股东大会的审议适用前述关于挂牌公司发行后股东累计不超过 200 人定向发行业务流程中关于回避表决的规定。发行人董事会不得以临时提案的方式将股票定向发行有关事项提交股东大会审议。

发行人应当与发行对象签订股票认购合同,认购合同的内容、生效条件应当符合《全国中小企业股份转让系统股票定向发行规则》《全国中小企业股份转让系统股票定向发行业务规则适用指引第1号》关于签订认购合同的相关要求。

发行人董事会决议时发行对象未确定的:(1)定向发行股票后股东累计不超过200人的,发行人在取得全国股转公司同意挂牌及发行的函后应当及时确定具体发行对象;(2)定向发行股票后股东累计超过200人的,发行人在取得中国证监会核准文件后应当及时确定具体发行对象。

发行人股东大会作出决议时,应当明确授权董事会办理股票发行有关事项的有效期,前述有效期至多不超过12个月,期满后仍决定继续发行股票的,应当将定向发行说明书等发行有关事项重新提请股东大会审议。

发行人申请挂牌同时定向发行,应当披露无法挂牌对本次定向发行的影响及后续安排。

2. 中介机构出具专项意见

主办券商、律师事务所应当在发行人股东大会审议通过定向发行有关事项后,按照《非上市公众公司信息披露内容与格式准则第3号——定向发行说明书和发行情况报告书》等规定,针对本次发行事项发表专项意见,相关专项意见应当分别纳入主办券商的挂牌推荐报告和律师事务所关于挂牌的法律意见书。

3. 提交发行申请文件

定向发行股票后股东累计不超过200人的,发行人应当委托主办券商在向全国股转公司提交挂牌申请文件时一并提交发行申请文件。

定向发行股票后股东累计超过200人的,发行人应当按照《非上市公众公司信息披露内容与格式准则第4号——定向发行申请文件》等规定,委托主办券商在向全国股转公司提交挂牌公开转让申请文件时一并提交发行申请文件。

发行人应当在公开转让说明书中对发行事项进行专章披露,主要包括定向发行的审议程序、发行对象、发行价格、发行数量、募集资金金额及用途等内容的简要介绍。

发行申请文件中由律师事务所出具的《关于申请电子文件与预留文件一致的鉴证意见》应当与挂牌申请文件中《申请挂牌公司、主办券商对电子文件与书面文件保持一致的声明》合并提交。

全国股转公司收到申请文件后,对申请文件的齐备性进行核对。申请文件齐备的,出具受理通知;申请文件不齐备的,告知发行人需要补正的事项。申请文件一经受理,发行人应当在符合《证券法》规定的信息披露平台予以披露,未经全国股转公司同意,不得增加、撤回或变更。

4. 发行申请文件审查

全国股转公司对发行申请文件进行自律审查,需要反馈的,通过业务系统向发行人及中介机构发出反馈意见。

发行人及其主办券商、律师事务所、会计师事务所及其他证券服务机构原则上应当在10个交易日内按照反馈意见要求进行必要的补充核查,及时、逐项回复反馈意见,补充或者修改相关文件。有特殊情况的,发行人等相关主体可以通过业务系统申请延期回复。

经全国股转公司反馈,发行人及其主办券商、律师事务所、会计师事务所及其他证券服务机构修改定向发行说明书、主办券商推荐报告、法律意见书等申请文件的,应当将修改后的申请文件上传至业务系统。发行人应当在取得全国股转公司同意挂牌及发行的函或同意挂牌的函后,及时披露修改后的申请文件。

5. 出具自律审查意见及与核准程序的衔接

经全国股转公司自律审查,发行人符合挂牌条件及《全国中小企业股份转让系统股票定向发行规则》要求的,根据定向发行后股东累计是否超过200人区分处理。

(1)定向发行股票后股东累计不超过200人的,全国股转公司出具同意挂牌及发行的函。发行人在作出董事会决议时发行对象确定的,发行人取得同意挂牌及发行的函后即可安排认购与缴款事项。发行人在作出董事会决议时发行对象未确定的,发行人取得同意挂牌及发行的函并确定发行对象后,应当按照《非上市公众公司信息披露内容与格式准则第3号——定向发行说明书和发行情况报告书》等规定更新定向发行说明书,主办券商和律师事务所应当按照《非上市公众公司信息披露内容与格式准则第3号——定向发行说明书和发行情况报告书》等规定对发行对象、认购合同等法律文件的合法合规性分别出具专项核查意见;更新后的定向发行说明书以及主办券商的补充核查意见、律师事务所的补充法律意见书应当通过业务系统一并提交,经全国股转公司确认后由发行人披露。

(2)定向发行股票后股东累计超过200人的,全国股转公司出具同意挂牌公开转让及定向发行的自律监管意见后,根据发行人的委托,将自律监管意见、挂牌公开转让和发行申请文件及相关审查材料报送中国证监会核准。中国证监会作出核准决定后，全国股转公司出具同意挂牌的函。

中国证监会在核准过程中对发行人及其主办券商、律师事务所、会计师事务所及其他证券服务机构提出反馈意见的，全国股转公司将反馈意见告知发行人及其主办券商、律师事务所、会计师事务所及其他证券服务机构，相关主体应当及时回复。经中国证监会反馈，发行人及其主办券商、律师事务所、会计师事务所及其他证券服务机构修改定向发行说明书、主办券商推荐报告、法律意见书等申请文件的，发行人应当在取得中国证监会核准文件及全国股转公司同意挂牌的函后，及时披露修改后的申请文件。

发行人董事会在作出决议时发行对象确定的，发行人取得中国证监会核准文件及全国股转公司同意挂牌的函后即可安排认购与缴款事项。发行人董事会在作出决议时发行对象未确定的，发行人取得中国证监会核准文件及全国股转公司同意挂牌的函并确定发行对象后，应当按照《非上市公众公司信息披露内容与格式准则第3号——定向发行说明书和发行情况报告书》等规定更新定向发行说明书，主办券商和律师事务所应当按照《非上市公众公司信息披露内容与格式准则第3号——定向发行说明书和发行情况报告书》等规定对发行对象、认购合同等法律文件的合法合规性分别出具专项核查意见；更新后的定向发行说明书以及主办券商的补充核查意见、律师事务所的补充法律意见书应当通过业务系统一并提交，经全国股转公司确认后由发行人披露。

经全国股转公司自律审查，发行人不符合发行相关要求的，全国股转公司按照《全国中小企业股份转让系统股票定向发行规则》的相关规定对其定向发行作出终止自律审查决定；如果申请挂牌公司仍符合挂牌条件，其股票可以在全国股转系统挂牌。

发行人取得全国股转公司就定向发行事项作出的中止自律审查、终止自律审查决定，或中国证监会就定向发行事项作出的中止审核、终止审核、核准或不予核准的决定后，应当予以披露。

6. 认购与缴款

发行人取得全国股转公司同意挂牌及发行的函或中国证监会核准文件及全国股转公司同意挂牌的函，且确定具体发行对象后，应当按照以下要求安排发行对象认购缴款。

（1）发行人最迟应当在缴款起始日前3个交易日通过业务系统提交定向发

行认购公告，经全国股转公司确认后披露。认购公告中应当包括股东大会股权登记日、现有股东优先认购安排、发行对象名称、认购数量、认购价格、认购方式、缴款账户、缴款时间等内容。

(2)发行对象应当依据认购公告安排，在缴款期内向缴款账户缴款认购。如需延长缴款期的，发行人最迟应当于原缴款截止日披露延期认购公告。延期认购公告应当通过业务系统提交，经全国股转公司确认后披露。

(3)发行人最迟应当在缴款期限届满后两个交易日内通过业务系统提交认购结果公告，经全国股转公司确认后披露。认购结果公告中应当包括最终认购对象名称、认购数量、认购价格、认购金额、募集资金总额等内容。

7. 签订募集资金专户三方监管协议与验资

发行人应当在认购结束后，与主办券商、存放募集资金的商业银行签订募集资金专户三方监管协议。

发行人应当在认购结束后10个交易日内，聘请符合《证券法》规定的会计师事务所完成验资。

8. 提交股票初始登记申请表

发行人应当在验资完成且签订募集资金专户三方监管协议后10个交易日内，通过业务系统分别上传按照本次发行前和本次发行的股份情况编制的股票初始登记申请表，以及验资报告、募集资金专户三方监管协议、自愿限售申请材料(如有)、定向发行重大事项确认函等文件。

9. 披露发行情况报告书

发行人在提交股票初始登记申请表的同时，应当通过业务系统上传发行情况报告书、主办券商关于发行人是否符合创新层条件的专项意见(如有)，经全国股转公司确认后披露。

10. 办理股份登记和股票挂牌

全国股转公司对发行人提交的股票初始登记申请表及相关附件予以确认后，按照发行后的股份情况为发行人生成缴费通知单；并将股票初始登记相关信息送达中国结算北京分公司，通知发行人和主办券商办理股票登记手续。

发行人缴费后，按照全国股转系统股票挂牌业务的相关要求办理挂牌前信息披露、股票初始登记(定向发行前后股票一并办理)和股票挂牌，确定挂牌交易日期，并在挂牌交易日的前一交易日披露股票挂牌的提示性公告等文件。

11. 募集资金的使用

发行人在完成股票挂牌后，可以按照《全国中小企业股份转让系统股票定向发行规则》的规定使用募集资金。

（四）挂牌同时定向发行并进入创新层的特别要求

发行人申请挂牌同时定向发行并进入创新层的，发行对象应当为《非上市公众公司监督管理办法》第42条第2款第1项、第2项的投资者以及符合基础层投资者适当性管理规定的投资者。发行人按照前款规定完成发行后不符合创新层进入条件的，应当按照认购合同的约定终止发行或作出其他安排。

发行人申请挂牌同时定向发行并进入创新层的，发行后不符合创新层进入条件的，发行人与发行对象可以在认购合同中约定按照以下措施之一处理本次发行：

1. 继续本次发行。本次发行完成后，发行人股票进入全国股转系统基础层挂牌交易；对于不同意发行人股票进入基础层挂牌交易的发行对象，发行人应当向其返还认购款并履行认购合同约定的其他补偿义务。

2. 终止本次发行。发行人应当向全体发行对象返还认购款并履行认购合同约定的其他补偿义务，发行人股票进入全国股转系统基础层挂牌交易。

3. 发行人撤回股票挂牌的申请。

（五）无须提供中介机构专项意见的定向发行业务流程

《非上市公众公司监督管理办法》第47条规定，股票公开转让的公众公司向公司前十名股东、实际控制人、董事、监事、高级管理人员及核心员工定向发行股票，连续12个月内发行的股份未超过公司总股本的10%且融资总额不超过2000万元的，无须提供证券公司出具的推荐文件以及律师事务所出具的法律意见书。按照上述规定发行股票的，董事会决议中应当明确发行对象、发行价格和发行数量，且公司不得存在以下情形：

（1）认购人以非现金资产认购的；

（2）发行股票导致公司控制权发生变动的；

（3）本次发行中存在特殊投资条款安排的；

（4）公司或其控股股东、实际控制人、董事、监事、高级管理人员最近12个月内被中国证监会给予行政处罚或采取监管措施、被全国股转系统采取纪律处分的。

发行人按照上述规定无须提供主办券商出具的推荐工作报告以及律师事务所出具的法律意见书的,发行业务流程适用前述挂牌公司股票定向发行业务流程的相关规定,发行人履行信息披露义务、提交发行申请文件流程和发行申请文件审查流程应当同时适用以下特别规定:

(1)发行人最迟应当在股东大会审议通过定向发行说明书等相关议案后10个交易日内,按照《非上市公众公司信息披露内容与格式准则第4号——定向发行申请文件》等相关规定,委托其持续督导券商向全国股转公司提交发行申请文件。

(2)发行人应当向全国股转公司提交关于发行人及其控股股东、实际控制人、控股子公司是否属于失信联合惩戒对象的核查证明文件(证明形式包括但不限于网络查询截图等)及认购合同文件(扫描版)。

发行人应当向全国股转公司提交关于发行对象是否为失信联合惩戒对象的核查证明文件(证明形式包括但不限于网络查询截图等)。

(3)全国股转公司对发行申请文件进行审查,需要反馈的,通过业务系统向发行人发出反馈意见。

发行人原则上应当在10个交易日内按照反馈意见要求进行必要的补充核查,及时、逐项回复反馈意见,补充或者修改申请文件。有特殊情况的,可以通过业务系统申请延期回复。

(六)授权定向发行业务流程

授权发行是指,挂牌公司年度股东大会可以根据公司章程的规定,授权董事会在规定的融资总额范围内定向发行股票。挂牌公司实施授权发行应当满足以下具体要求:

一是年度股东大会授权仍在有效期。年度股东大会授权在下一年度股东大会召开日失效。

二是授权发行额度:基础层公司授权董事会募集资金总额不得超过2000万元,创新层公司授权董事会募集资金总额不得超过5000万元。

三是不存在以下情形的:

(1)公司现有股东超过200人或预计发行后股东累计超过200人的;

(2)董事会审议股票定向发行说明书时,发行对象包括公司控股股东、实际控制人、董事或前述主体关联方的;

(3)发行对象以非现金资产认购的;

(4)发行股票导致公司控制权发生变动的;

(5)本次发行中存在特殊投资条款安排的;

(6)发行人或其控股股东、实际控制人最近12个月内被中国证监会及其派出机构给予行政处罚或采取行政监管措施,或被全国股转公司采取纪律处分的;

(7)发行人或其控股股东、实际控制人因涉嫌犯罪正被司法机关立案侦查或者涉嫌违法违规被中国证监会及其派出机构立案调查,尚无明确结论的;

(8)全国股转公司认定的其他情形。

四是年度股东大会决议内容:挂牌公司年度股东大会应当就发行股票数量上限、发行对象、发行对象范围或发行对象确定方法、现有股东优先认购安排、发行价格、发行价格区间或发行价格确定办法、募集资金总额上限、募集资金用途、对董事会办理发行事宜的具体授权等事项作出决议,作为董事会行使授权的前提条件。

五是信息披露文件要求:挂牌公司的定向发行说明书中,应当说明年度股东大会对董事会授权的基本情况;主办券商定向发行推荐工作报告和法律意见书中,应当对发行人年度股东大会授权发行内容和程序的合法合规性发表明确意见。

授权董事会定向发行的,发行人年度股东大会应当按照《全国中小企业股份转让系统股票定向发行业务规则适用指引第1号》等相关规定,对授权董事会定向发行等相关事项进行审议。发行人董事会应当根据年度股东大会授权,对本次股票定向发行等有关事项进行审议。

发行人应当按照《全国中小企业股份转让系统股票定向发行规则》和《非上市公众公司信息披露内容与格式准则第3号——定向发行说明书和发行情况报告书》等相关规定,在董事会审议本次股票定向发行有关事项后两个交易日内披露董事会决议和定向发行说明书等相关公告。

定向发行说明书除包括《非上市公众公司信息披露内容与格式准则第3号——定向发行说明书和发行情况报告书》规定的内容外,还应当包括年度股东大会对董事会授权的基本情况。

主办券商、律师事务所原则上应当在发行人董事会审议通过定向发行有关事项后15个交易日内，分别按照《非上市公众公司信息披露内容与格式准则第3号——定向发行说明书和发行情况报告书》等相关规定，出具主办券商定向发行推荐工作报告和法律意见书，发行人应当及时披露。具体业务流程适用本指南发行后股东累计不超过200人定向发行业务流程中关于中介机构出具专项意见的规定。

发行人原则上应当于披露中介机构专项意见后10个交易日内，按照《非上市公众公司信息披露内容与格式准则第4号——定向发行申请文件》等相关规定，委托主办券商向全国股转公司提交发行申请文件，全国股转公司审查通过后，向发行人出具股票发行无异议函。发行申请文件审查、认购缴款、签订募集资金专户三方监管协议、验资及办理股票登记手续等具体流程适用本指南发行后股东累计不超过200人定向发行业务流程的相关规定。

二、募集资金管理

《全国中小企业股份转让系统股票定向发行规则》规定了募集资金使用的用途、内部控制制度、使用及核查事宜。

1. 募集资金用途

发行人募集资金应当用于主营业务及相关业务领域，暂时闲置的募集资金可以投资于安全性高、流动性好、可以保障投资本金安全的理财产品。除金融类企业外，募集资金不得用于持有交易性金融资产、其他权益工具投资、其他债权投资或借予他人、委托理财等财务性投资，不得直接或间接投资于以买卖有价证券为主营业务的公司，不得用于股票及其他衍生品种、可转换公司债券等的交易，不得通过质押、委托贷款或其他方式变相改变募集资金用途。

2. 募集资金内部控制制度

发行人应当建立募集资金存储、使用、监管和责任追究的内部控制制度，明确募集资金使用的分级审批权限、决策程序、风险防控措施及信息披露要求。发行人募集的资金应当存放于募集资金专项账户，该账户不得存放非募集资金或用作其他用途。

3. 募集资金的使用

发行人在验资完成且签订募集资金专户三方监管协议后可以使用募集资

金;发行人申请挂牌同时定向发行的,不得在股票挂牌前使用募集资金。存在下列情形之一的,在新增股票完成登记前不得使用募集资金:

(1)发行人未在规定期限或者预计不能在规定期限内披露最近一期定期报告;

(2)最近12个月内,发行人或其控股股东、实际控制人被中国证监会及其派出机构采取行政监管措施、行政处罚,被全国股转公司采取书面形式自律监管措施、纪律处分,被中国证监会立案调查,或者因违法行为被司法机关立案侦查等;

(3)全国股转公司认定的其他情形:

发行人应当按照定向发行说明书中披露的资金用途使用募集资金;变更资金用途的,应当经发行人董事会、股东大会审议通过,并及时披露募集资金用途变更公告。

发行人以自筹资金预先投入定向发行说明书披露的募集资金用途的,可以在募集资金能够使用后,以募集资金置换自筹资金。置换事项应当经发行人董事会审议通过,由主办券商就发行人前期资金投入的具体情况或安排进行核查并出具专项意见。发行人应当及时披露募集资金置换公告及主办券商专项意见。

4. 募集资金的核查

发行人董事会应当每半年度对募集资金使用情况进行专项核查,出具核查报告,并在披露年度报告和中期报告时一并披露。主办券商应当每年对募集资金存放和使用情况至少进行一次现场核查,出具核查报告,并在发行人披露年度报告时一并披露。

第六节　全国股转系统的股票转让

全国股转系统作为证券交易场所,其主要功能除了为挂牌公司提供融资外,还能为挂牌公司提供股票交易机会,两大功能是相辅相成的,正是因为有股票交易,挂牌公司的股票的价值才能得以体现,投资者才愿意进入交易场所参与投资,挂牌公司因此实现融资。本节主要讲解挂牌公司的转让方式,转让的交易操作限于篇幅及本书的撰写目的，不过多涉及。如果企业需要，可以查阅全国股转系统发布的《全国中小企业股份转让系统股票交易规则》。

目前在全国股转系统中开展股票交易的方式有协议转让、做市商交易和集合竞价交易三种方式。

所谓协议转让，就是挂牌公司的股东与投资者之间达成协议后，在全国股转系统安排下进行股权转让。集合竞价交易是指对一段时间内接收的买卖申报一次性集中撮合的竞价交易方式。集合竞价交易在每天交易时间的固定时间集中撮合，与连续竞价对买卖申报逐笔连续撮合的竞价方式不同。协议转让和集合竞价转让是挂牌公司与投资者双方直接进行的股票交易，交易的参与方是挂牌公司股东和投资者两方。

做市商交易方式下，交易的参与方除了挂牌公司股东与投资者外，还增加了一个做市商。所谓做市商，是指经全国股转公司同意，在全国股转系统发布买卖双向报价，并在其报价数量范围内按其报价履行与投资者成交义务的证券公司或其他机构，目前，全国股转系统的做市商由证券公司担任。在做市商交易方式下，挂牌公司投资者之间不能成交，而是分为挂牌公司股东与做市商交易，做市商与投资者交易两个过程。做市商交易是国外证券市场常见的交易方式，其最大的好处是可以有效避免股价的不正常波动，对公司股价的稳定具有重要意义，北京证券交易所目前也在考虑研究并尝试进行做市商交易。

全国股转系统的股票交易方式经历了多次变化，在全国股转系统设立的初期，股票交易方式采取协议转让和做市商交易方式。2017 年 12 月 22 日，全国股转公司报经中国证监会批准后公布了《全国中小企业股份转让系统股票转让细则》，自 2018 年 1 月 15 日起施行，自施行之日起，原采取协议转让方式的股票改为采取集合竞价转让方式进行转让；原采取做市转让方式的股票仍采取做市转让方式进行转让；采取集合竞价和做市转让方式的股票符合规定条件的，均可以进行协议转让。自 2018 年 1 月 15 日起，股票转让方式变为在集合竞价转让方式和做市转让方式间进行变更。协议转让方式只对由于收购、股份权益变动或引进战略投资者等原因导致的特定事项股票转让。精选层推出后，精选层挂牌企业是采取连续竞价交易方式的，但精选层平移至北京证券交易所后，全国股转系统回归了原来的协议转让、做市商交易和集合竞价交易方式，不再有连续竞价交易这种方式。

一、协议转让方式

目前全国股转系统的协议转让只能针对特定事项，也可称为特定事项的协议转让，指转让双方因收购及股东权益变动、存在控制关系、引进战略投资者等特定事项达成转让协议，向全国股转公司和中国证券登记结算有限责任公司（以下简称中国结算公司）提出书面申请，经全国股转公司确认后由转让双方到中国结算公司办理过户登记的转让方式。挂牌公司股份特定事项协议转让必须在全国股转系统进行，由全国股转公司和中国结算公司集中统一办理，严禁进行场外非法股票交易和转让活动。

（一）特定事项范围

特定事项协议转让的拟转让股份应当为无限售条件流通股，限售股份只能在满足条件转为无限售条件流通股后才能进行交易。挂牌公司股份转让具有下列情形之一的，可以向全国股转公司和中国结算公司申请办理特定事项协议转让手续：

（1）与挂牌公司收购及股东权益变动相关，且单个受让方受让的股份数量不低于公司总股本5%的股份转让；

（2）转让双方存在实际控制关系，或均受同一控制人所控制的；

（3）外国投资者战略投资挂牌公司所涉及的股份转让；

（4）按照已披露的通过备案或审查的《公开转让说明书》《股票发行情况报告书》《重大资产重组报告书》《收购报告书》等文件中股东间业绩承诺及补偿等特殊条款，特定投资者之间以事先约定的价格进行的股份转让；

（5）行政划转挂牌公司股份；

（6）全国股转公司和中国结算公司认定的其他情形。

特定事项协议转让的股份在转让后不能触发挂牌公司全面要约收购条件。如触发全面要约收购条件且不符合豁免要约情形的，应按照《非上市公众公司收购管理办法》办理全面要约收购。未触发挂牌公司全面要约收购条件的，需提供挂牌公司董事会、律师事务所、负责持续督导挂牌公司的主办券商中的任意一方就本次转让未触发挂牌公司章程中的全面要约收购条件出具的意见书；触发挂牌公司全面要约收购条件但符合豁免要约情形的，需提供可免于要约收购的相关证明文件。

挂牌公司董事、监事、高级管理人员的股份在任职期间每年转让的股份不得超过其所持有本公司股份总数的25%；所持本公司股份自公司股票上市交易之日起一年内不得转让。上述人员离职后半年内，不得转让其所持有的本公司股份。挂牌公司特定事项协议转让股份由董事、监事、高级管理人员持有的，或者挂牌公司董事、监事、高级管理人员离职后拟转让股份的，需提供挂牌公司董事会出具的本次转让不违反限售及公司章程的相关规定，且不违反股份转让相关约定的证明文件。

特定事项协议转让所申请的转让股票不得存在以下情形：

(1)拟转让的股份存在尚未了结的诉讼、仲裁、其他争议或者被司法冻结等权利受限情形；

(2)转让双方或其中一方处于被限制证券账户交易的状态；

(3)本次转让可能导致规避股份限售相关规定，或者存在其他违反法律法规、部门规章、规范性文件或全国股转系统业务规则的情形；

(4)违反股份转让双方作出的关于增持、减持及限售等公开承诺；

(5)协议签署日与提交申请日间隔超过6个月，且不存在本指南第1.4条规定的豁免事项。

(二)特定事项协议转让价格

特定事项协议转让时，股份转让双方可以就转让价格进行协商。前述特定事项中第1～3项所述情形的股份转让，转让价格应当不低于转让协议签署日该股票大宗交易价格范围的下限。股票无收盘价的，转让价格应当符合全国股转系统的有关规定。法律法规、部门规章及全国股转系统业务规则等另有规定的除外。

属于除《全国中小企业股份转让系统股票交易规则》第4条第4项、第5项及做市库存股回售、转售情形和中国证监会认定情形以外的其他情形的，若转让价格低于最近一期经审计的每股净资产或协议签署日股票无收盘价的，需提供挂牌公司持续督导券商对本次转让定价方法、定价依据的合理性出具的专项意见。

(三)特定事项协议转让的办理

全国股转公司负责对股份转让双方当事人提出的特定事项协议转让的股份

转让申请进行合规性确认。中国结算公司负责办理与股份转让相关的股份查询和过户登记业务。

1. 查询申请

全国股转公司和中国结算公司对股份转让双方提交的申请材料进行形式审核，股份转让双方应当对其提供的申请材料的真实性、准确性、完整性和合法性负责。

申请人向全国股转公司提交特定事项协议转让申请前，应当向中国结算公司申请办理证券查询业务，查询出让方拟转让股份的持有情况。证券查询业务相关规定可在中国结算公司官方网站查询。

股份持有人拟转让其持有的股份，应当向中国结算公司提出查询拟转让股份持有状况的申请，并提交以下文件：

(1)股份查询申请表；

(2)股份持有人有效身份证明文件及复印件；

(3)中国结算公司要求提交的其他文件。

中国结算公司对前述股份查询的申请材料进行形式审核，符合要求的，予以查询，并出具持有证明文件。出让方股份持有证明文件加盖中国结算公司业务章，且查询日期距离转让申请提交日不超过5个交易日。

2. 申请股份转让合规性确认

股份转让协议达成后，股份转让双方应向全国股转公司申请确认其股份转让的合规性，并提交以下文件：

(1)《全国股转系统挂牌公司股份特定事项协议转让确认申请表》；

(2)股份转让协议正本；

(3)中国结算公司出具的出让方股份持有证明文件；

(4)转让双方有效身份证明文件及复印件；

(5)全国股转公司要求提交的其他文件。

依法须经行政审批、备案等方可进行的股份转让，需提供有关部门的批准、备案文件或符合相关管理要求的证明文件，包括：

(1)涉及国有主体的，需提供国有资产监督管理机构的批准或备案文件，或符合国有资产监督管理机构相关管理要求的证明文件；

(2)转让股份为银行、证券、保险等特定行业挂牌公司股份的，根据有关行业的股东资格或者持股比例限制的规定，需提供行业主管部门或者相关机构的批准文件；

(3)其他须经行政审批或备案方可进行的股份转让，需提供有关主管部门的批准或备案文件。

申请人依据《全国中小企业股份转让系统股票交易规则》的要求，通过现场或邮寄等非现场方式向全国股转公司提交申请文件。申请人现场提交材料的，全国股转公司现场核验有关身份证明文件原件。采用非现场方式办理的，申请人提供的身份证明文件复印件需加盖机构公章或自然人签字，并提供非现场办理承诺函，转让双方应知悉可能存在文件丢失、毁损、延误等风险并提供承诺，全国股转公司通过录音电话、视频连线等方式核验申请人身份及意思表示。

股份转让协议中应当明确转让双方、转让标的、转让数量、转让价格等基本要素。股份转让双方涉及以合伙企业、公司等组织形式设立的产品的，应由合伙企业、公司本身签署股份转让协议，管理人未在其中担任执行事务合伙人或法定代表人的，管理人应出具同意本次转让的声明或在股份转让协议中一并加盖公章；涉及其他产品的，应由管理人签署股份转让协议，并于股份转让协议中明确拟转让股份由产品持有，其中涉及在《证券期货经营机构私募资产管理业务管理办法》发布前设立的证券公司定向资产管理计划的，可由委托人签署股份转让协议。转让协议中附有生效条款的，需提供协议生效的证明材料。转让协议明确约定履行期限，审核过程中逾期的，需提供转让双方同意继续按照该协议履行的说明。

申请人应当在协议签署之日起 6 个月内提交转让申请，但依法须经行政审批或备案方可转让，或涉及收购且已在《收购报告书》中披露等情形除外。

3. 审核

全国股转公司对股份转让申请材料进行形式审核。

全国股转公司收到申请材料后 3 个交易日内，进行完备性核对，经征求本公司相关监管部门意见后，对申请材料的形式完备性进行判断。需要相关当事人补充文件的，补充文件的时间不计算在审核时限内。

申请材料形式完备的，全国股转公司予以受理，并于受理之日起 3 个交易日内出具确认意见。

申请材料形式不完备的，全国股转公司自转让双方提交申请材料之日起 3

个交易日内出具反馈意见。转让双方按要求补充材料后,全国股转公司再次予以完备性核对。申请材料无法补充完备的,不予受理。

4. 过户登记

全国股转公司出具确认意见后,向申请人发出收取转让经手费的通知。申请人完成缴费后,领取特定事项协议转让的确认函,股份转让双方应向中国结算公司申请办理股份转让过户登记,并提交以下文件:

(1)股份转让过户登记申请表;

(2)股份转让协议正本;

(3)全国股转公司出具的股份转让确认书;

(4)股份转让双方的有效身份证明文件及复印件;

(5)中国结算公司要求提交的其他文件。

中国结算公司对过户登记申请材料进行形式审核,审核通过的,于收到过户税费后 3 个交易日内办理过户登记手续。

股份持有人转让其持有的股份,涉及以下情形的,在办理股份转让确认及过户登记时,还应当向全国股转公司和中国结算公司提交以下文件:

(1)拟转让股份由挂牌公司董事、监事、高级管理人员持有的,或者挂牌公司董事、监事、高级管理人员离职后拟转让股份的,需提供挂牌公司董事会说明本次股份转让不违反限售及公司章程相关规定的证明文件;

(2)转让双方存在实际控制关系,或者均受同一控制人控制的,需提供可证明上述关系存在的法律文件;

(3)未触发挂牌公司全面要约收购条件或可免于履行全面要约收购义务的,需提供无须要约收购的相关证明文件;

(4)涉及国有主体须履行国有资产监督管理机构批准或备案程序的,需提供国有资产监督管理机构或者国家出资企业出具的批准或备案文件;

(5)涉及业绩承诺及补偿等特殊条款的,需提供未能实现特殊条款要求的相关证明文件及中介机构意见;

(6)银行业、保险业挂牌公司股东持股变动达到或者超过总股本 5% 的,需提供银行保险业监督管理机构的批准文件;

(7)证券业挂牌公司股东持股变动达到或者超过总股本 5% 的,需提供证券监督管理机构的批准文件;

(8)其他须经行政审批或备案方可进行的股份转让,需提供有关主管部门的批准或备案文件。

5. 信息披露

依照法律法规、部门规章及全国股转系统业务规则负有信息披露义务的相关当事人,应就股份转让事项及时予以披露。

6. 特定事项协议转让股份的转让限制

特定事项协议转让的股份过户完成后3个月内,同一股份受让人不得就其所受让的股份再次向全国股转公司和中国结算公司提出有关特定事项协议转让的申请,法律法规另有规定的除外。

二、做市商方式

挂牌股票选择采取做市转让方式的,须有2家以上从事做市业务的主办券商担任做市商,为其提供做市报价服务。做市商作为交易的中间商,每天向投资者报出卖价和买价。

做市商应当在全国股份转让系统持续发布买卖双向报价,并在报价价位和数量范围内履行与投资者的成交义务。做市转让方式下,投资者之间不能成交。

做市商的做市库存股票可通过以下方式取得:

(1)股东在挂牌前转让;

(2)股票发行;

(3)向股东买入或借入;

(4)全国股转公司认可的其他方式。

挂牌时采取做市交易方式的股票,初始做市商应当取得合计不低于挂牌公司总股本的5%或100万股(以孰低为准),且每家做市商不低于10万股的做市库存股票。除上述情形外,做市商在做市前应当取得不低于10万股的做市库存股票。

投资者可以采用限价委托方式委托主办券商买卖做市股票。限价委托指令应当包括证券账户号码、证券代码、买卖方向、委托数量、委托价格等内容。投资者可以通过书面委托方式或电话、自助终端、互联网等自助委托方式委托主办券商买卖股票。投资者进行自助委托的,应按相关规定操作,主办券商应当记录投资者委托的电话号码、网卡地址、IP地址等信息。

挂牌公司出现以下情形时，做市商自动终止为相关股票做市：

（1）该股票摘牌；

（2）该股票被强制变更交易方式；

（3）做市商被暂停、限制或取消相关做市交易权限；

（4）全国股转公司认定的其他情形。

三、竞价交易方式

挂牌公司可选择集合竞价方式。集合竞价是指对一段时间内接受的买卖申报一次性集中撮合的竞价方式。

投资者可以采用限价委托方式委托主办券商买卖竞价股票。限价委托指令应当包括证券账户号码、证券代码、买卖方向、委托数量、委托价格等内容。

集合竞价按价格优先、时间优先的原则撮合成交。集合竞价成交价的确定原则：

（1）可实现最大成交量；

（2）高于该价格的买入申报与低于该价格的卖出申报全部成交；

（3）与该价格相同的买方或卖方至少有一方全部成交。

两个以上价格符合上述条件的，取在该价格以上的买入申报累计数量与在该价格以下的卖出申报累计数量之差最小的价格为成交价。若买卖申报累计数量之差仍存在相等情况的，取最接近最近成交价的价格为成交价；当日无成交的，取最接近前收盘价的价格为成交价；无前收盘价的，取其平均价为成交价。集合竞价的所有交易以同一价格成交。

四、申请挂牌公司股票交易方式的确定

挂牌公司股票采取做市交易方式或集合竞价交易方式之一进行交易。股票挂牌时拟采取做市交易方式或集合竞价交易方式的，申请挂牌公司应召开股东大会作出决议，并向全国股转公司提出申请。

股票挂牌时拟采取做市交易方式的，应当具备以下条件：

（1）2 家以上做市商同意为申请挂牌公司股票提供做市报价服务，且其中一家做市商为推荐该股票挂牌的主办券商或该主办券商的母（子）公司；

（2）做市商合计取得不低于申请挂牌公司总股本的 5% 或 100 万股（以孰低

为准)，且每家做市商不低于10万股的做市库存股票；

(3)全国股转公司规定的其他条件。

股票拟采取做市交易方式的，申请挂牌公司应当在股票挂牌前将做市商做市库存股票登记在做市专用证券账户。

申请挂牌公司应当按照全国股转公司的要求在公开转让说明书和挂牌提示性公告中披露其股票交易方式。全国股转公司在出具同意挂牌审查意见时，确认申请挂牌公司股票的交易方式。

申请挂牌公司确定交易方式后，应由主办券商协助申请挂牌公司通过BPM系统提交相关申请材料。股票挂牌申请采取集合竞价交易方式，挂牌公司应向全国股转系统提交下列资料：

(1)关于股票采取集合竞价交易方式的申请；

(2)申请挂牌公司关于同意公司股票采取集合竞价交易方式的股东大会决议；

(3)全国股转公司要求提交的其他材料。

股票挂牌申请采取做市交易方式，挂牌公司应向全国股转系统提交下列资料：

①关于股票采取做市交易方式的申请；

②申请挂牌公司关于同意公司股票采取做市交易方式的股东大会决议；

③做市商为申请挂牌公司股票提供做市报价服务的申请；

④全国股转公司要求的其他材料。

全国股转公司收到材料无误的主办券商申请后10个交易日内完成审查工作，并在出具同意挂牌审查意见时，确认申请挂牌公司股票的交易方式。

申请挂牌公司股票自挂牌首日起采取相应交易方式进行交易，对于采取做市交易方式的股票，相应做市商自挂牌首日起开始履行做市报价义务。

五、股票交易方式变更

挂牌公司提出申请并经全国股转公司同意，可以变更股票交易方式。

挂牌公司拟申请变更股票交易方式的，其股东大会应当就股票交易方式变更事宜作出决议。挂牌公司应当在股东大会会议结束后2个交易日内在符合《证券法》规定的信息披露平台公告决议内容。

（一）集合竞价交易方式变更为做市交易方式

采取集合竞价交易方式的股票，挂牌公司申请变更为做市交易方式的，应当符合以下条件：

（1）2 家以上做市商同意为该股票提供做市报价服务，并且每家做市商已取得不低于 10 万股的做市库存股票；

（2）全国股转公司规定的其他条件。

挂牌公司应当在作出有关变更交易方式的决议后 6 个月内，向全国股转公司提出申请。

做市商应不晚于全国股转公司受理挂牌公司申请当日，向中国结算公司申请将做市库存股票划转至做市专用证券账户。

挂牌公司应当于全国股转公司出具同意意见当日在规定的信息披露平台公告，自全国股转公司出具意见之日后第 2 个交易日起该股票交易方式变更为做市交易方式，相关做市商应当履行对该股票的做市报价义务。

挂牌公司由集合竞价交易方式变更为做市交易方式，应由主办券商协助挂牌公司通过 BPM 系统提交相关申请材料：

（1）变更股票交易方式为做市交易方式的申请；

（2）挂牌公司关于变更股票交易方式的股东大会决议；

（3）做市商为挂牌公司股票提供做市报价服务的申请；

（4）全国股转公司要求的其他材料。

申请材料齐备的，全国股转公司于当日完成受理。全国股转公司在受理交易方式变更申请后 3 个交易日内出具意见。取得同意意见当日 20:00 前，主办券商协助挂牌公司在规定的信息披露平台发布相关公告。

全国股转公司出具同意意见后第 2 个交易日，相关股票变更为做市交易方式，相关做市商开始履行对该股票的做市报价义务。

（二）做市交易方式变更为集合竞价交易方式

采取做市交易方式的股票，挂牌公司申请变更为集合竞价交易方式的，应当符合以下条件：

（1）该股票所有做市商均已满足《全国中小企业股份转让系统股票交易规则》关于最低做市期限的要求，且均同意退出做市；

(2)全国股转公司规定的其他条件。

挂牌公司应当在作出有关变更交易方式的决议后10个交易日内，向全国股转公司提出申请。

挂牌公司应当于全国股转公司出具同意意见当日在规定的信息披露平台公告，自全国股转公司出具意见之日后第2个交易日起该股票交易方式变更为集合竞价交易方式，相关做市商停止为该股票提供做市报价服务。

做市商应当于交易方式变更生效后，向中国结算公司申请将做市库存股票转出做市专用证券账户。

挂牌公司由做市交易方式变更为集合竞价交易方式，应由主办券商协助挂牌公司通过BPM系统提交相关申请材料：

(1)变更股票交易方式为集合竞价交易方式的申请；

(2)挂牌公司关于变更股票交易方式的股东大会决议；

(3)做市商同意退出做市声明；

(4)全国股转公司要求的其他材料。

申请材料齐备的，全国股转公司于当日完成受理。全国股转公司在受理交易方式变更申请后2个交易日内出具意见。取得同意意见当日20:00前，主办券商协助挂牌公司在规定的信息披露平台发布相关公告。

全国股转公司出具同意意见后第2个交易日，相关股票交易方式变更为集合竞价交易方式，相关做市商停止为该股票提供做市报价服务。

(三)股票交易方式强制变更

挂牌公司发生下列情形之一的，全国股转公司强制变更股票交易方式：

(1)采取做市交易方式的股票做市商不足2家，且未在30个交易日内恢复为2家以上；

(2)采取做市交易方式的股票被全国股转公司作出终止挂牌决定；

(3)全国股转公司规定的其他情形。

采取做市交易方式的股票，做市商不足2家，且未在30个交易日内恢复为2家以上的，全国股转公司将在第31个交易日将其股票交易方式变更为集合竞价交易方式。自全国股转公司于相关股票触发做市商不足2家情形起第30个交易日在规定的信息披露平台公告该股票交易方式将强制变更为集合竞价交易方式的相关情况。全国股转公司发布公告后次一交易日，挂牌公司股票交易方式变更为集合竞价交易方式,相关做市商停止为该股票提供做市报价服务。

采取做市交易方式的股票被全国股转公司作出终止挂牌决定的,全国股转公司将在其恢复交易首日将其股票交易方式变更为集合竞价交易方式。

因全国股转公司作出终止挂牌决定,采取做市交易方式的股票强制变更为集合竞价交易方式。全国股转公司在股票恢复交易前一交易日办理将相关做市商(如有)强制退出做市业务,并在恢复交易首日将股票交易方式变更为集合竞价交易方式。

相关做市商被强制退出做市后,应向全国股转公司提交加盖证券公司公章的股票划转申请,全国股转公司于次一交易日将做市商股票划转信息发送至中国结算公司。做市商应在全国股转公司发送股票划转信息至中国结算公司后5个交易日内,向中国结算公司提交股票划转申请。

挂牌公司股票恢复交易首日,股票交易方式变更为集合竞价交易方式。

第七节 全国股转系统的分层制度

2012年8月,中国证监会建立了全国股转系统,其前身是有多年运作经验的中关村代办股份报价转让试点。在全国股转系统成立运行的初期,新三板只有一个层次。

2015年11月,中国证监会发布《关于进一步推进全国中小企业股份转让系统发展的若干意见》(证监会公告〔2015〕26号,已废止),明确指出“针对挂牌公司差异化特征和多元化需求,实施市场内部分层,提高风险管理和差异化服务能力,降低投资人信息收集成本。现阶段先分为基础层和创新层,逐步完善市场层次结构。全国股转系统应坚持市场化原则,研究制定分层具体标准,设置符合企业差异化特征的指标体系,满足不同类型企业的发展需求。建立内部分层的维持标准体系和转换机制,实现不同层级挂牌公司的有序流动。按照权利义务对等原则,在市场服务与监管要求方面,对不同层级挂牌公司实行差异化制度安排”。

基于中国证监会的上述要求,同时也是为了适应挂牌公司的发展需要,加快完善市场功能,降低投资人信息收集成本,提高风险控制能力,审慎推进市场创新,2016年5月全国股转公司制定了《全国中小企业股份转让系统挂牌公司分层管理办法(试行)》,确定自2016年6月27日起,全国股转公司正式对挂牌公司实施分层管理。此次分层将挂牌公司分为基础层和创新层,对两个层级的企业实行不同的信息披露规则和融资、交易规则。2019年12月27日《全国中小企业股份转让系统分层管理办法》第二次修订,增加了精选层,精选层初期设计是为挂牌公司转板到创业板或科创板做前期准备,精选层在符合创业板、科创板上市条件后转板上市。为此,中国证监会发布了《关于全国中小企业股份转让系统挂牌公司转板上市的指导意见》(证监会公告〔2020〕29号),明确“申请转板上市的企业应当为新三板精选层挂牌公司,且在精选层连续挂牌一年以上。挂牌公司转板上市的,应当符合转入板块的上市条件。转板上市条件应当与首次公开发行并上市的条件保持基本一致,交易所可以根据监管需要提出差异化要求”,上海、深圳两大证券交易所也做好了转板的各项准备工作,分别出台了《全国中小企业股份转让系统挂牌公司向上海证券交易所科创板转板上市办法(试行)》《深圳证券交易所关于全国中小企业股份转让系统挂牌公司向创业板转板上市办法(试行)》。

2021年9月,我国基于资本市场的整体战略安排,直接推出了北京证券交易所,直接与新三板衔接,由此完成与新三板的配套改革。此次改革最大的特点是将新三板精选层的规则平移至北京证券交易所,改革后全国股转系统的精选层不再设置,只设置基础层和创新层,北京证券交易所承接精选层的各项规则设计,申请在北京证券交易所的上市公司全部来自挂牌满12个月的创新层挂牌公司。创新层可以视为北京证券交易所的预备板。

根据2022年3月修订的《全国中小企业股份转让系统挂牌分层管理办法》,全国股转系统设置创新层和基础层,全国股转公司对挂牌公司实行分层管理。全国股转公司在各市场层级实行差异化的投资者适当性标准、股票交易方式、发行融资制度,以及不同的公司治理和信息披露等监督管理要求。全国股转公司针对各市场层级分别揭示证券交易行情、展示信息披露文件,为各市场层级挂牌公司提供差异化服务。

挂牌公司的分层管理包括公司申请挂牌同时进入创新层、基础层挂牌公司进入创新层,以及创新层挂牌公司调整至基础层。

一、分层管理设置的创新层进层条件

（一）申请挂牌同时进入创新层的条件

申请挂牌同时进入创新层的公司，应当符合下列条件之一：

（1）最近两年净利润均不低于1000万元，最近两年加权平均净资产收益率平均不低于6%，股本总额不少于2000万元；

（2）最近两年营业收入平均不低于8000万元，且持续增长，年均复合增长率不低于30%，股本总额不少于2000万元；

（3）最近两年研发投入不低于2500万元，完成挂牌同时定向发行普通股后，融资金额不低于4000万元（不含以非现金资产认购的部分），且公司股票市值不低于3亿元；

（4）在挂牌时即采取做市交易方式，完成挂牌同时定向发行普通股后，公司股票市值不低于3亿元，股本总额不少于5000万元，做市商家数不少于4家，且做市商做市库存股均通过本次定向发行取得。

申请挂牌同时进入创新层的公司，同时还应当符合下列条件：

（1）完成挂牌同时定向发行普通股、优先股或可转换公司债券，且融资金额不低于1000万元（不含以非现金资产认购的部分）；

（2）符合《全国中小企业股份转让系统挂牌分层管理办法》第8条第1款第2项和第3项的规定；

（3）不存在《全国中小企业股份转让系统挂牌分层管理办法》第10条第1～5项、第7项规定的情形；

（4）中国证监会和全国股转公司规定的其他条件。

（二）基础层挂牌公司进入创新层

申请挂牌公司符合挂牌条件，但未进入创新层的，应当自挂牌之日起进入基础层。由基础层挂牌公司进入创新层，是分层管理制度中的基本安排。全国股转公司每年设置6次创新层进层实施安排。进层启动日分别为每年1月、2月、3月、4月、5月和8月的最后一个交易日。

挂牌公司进入创新层，应当符合下列条件之一：

（1）最近两年净利润均不低于1000万元，最近两年加权平均净资产收益率平均不低于6%，截至进层启动日的股本总额不少于2000万元；

(2)最近两年营业收入平均不低于8000万元，且持续增长，年均复合增长率不低于30%，截至进层启动日的股本总额不少于2000万元；

(3)最近两年研发投入累计不低于2500万元，截至进层启动日的24个月内，定向发行普通股融资金额累计不低于4000万元(不含以非现金资产认购的部分)，且每次发行完成后以该次发行价格计算的股票市值均不低于3亿元；

(4)截至进层启动日的120个交易日内，最近有成交的60个交易日的平均股票市值不低于3亿元；采取做市交易方式的，截至进层启动日做市商家数不少于4家；采取集合竞价交易方式的，前述60个交易日通过集合竞价交易方式实现的股票累计成交量不低于100万股；截至进层启动日的股本总额不少于5000万元。

挂牌公司进入创新层，同时还应当符合下列条件：

(1)挂牌同时或挂牌后已完成定向发行普通股、优先股或可转换公司债券，且截至进层启动日完成的发行融资金额累计不低于1000万元(不含以非现金资产认购的部分)；

(2)最近一年期末净资产不为负值；

(3)公司治理健全，截至进层启动日，已制定并披露经董事会审议通过的股东大会、董事会和监事会制度、对外投资管理制度、对外担保管理制度、关联交易管理制度、投资者关系管理制度、利润分配管理制度和承诺管理制度，已设董事会秘书作为信息披露事务负责人并公开披露；

(4)中国证监会和全国股转公司规定的其他条件。

挂牌公司完成发行融资的时间，以定向发行普通股、优先股或可转换公司债券的挂牌交易日或挂牌转让日为准。

以每年8月的最后一个交易日为进层启动日的挂牌公司，还应当同时符合以下条件：

(1)当年所披露中期报告的财务会计报告应当经符合《证券法》规定的会计师事务所审计，审计意见应当为标准无保留意见；

(2)中期报告载明的营业收入和净利润均不低于上年同期水平。

挂牌公司或其他相关主体在截至进层启动日的12个月内或进层实施期间出现下列情形之一的，挂牌公司不得进入创新层：

(1)挂牌公司或其控股股东、实际控制人因贪污、贿赂、侵占财产、挪用财产或者破坏社会主义市场经济秩序的行为被司法机关作出有罪判决，或刑事处罚未执行完毕。

(2)挂牌公司或其控股股东、实际控制人因欺诈发行、重大信息披露违法或者其他涉及国家安全、公共安全、生态安全、生产安全、公众健康安全等领域的重大违法行为被处以罚款等处罚且情节严重，或者导致严重环境污染、重大人员伤亡、社会影响恶劣等情形。

(3)挂牌公司或其控股股东、实际控制人、董事、监事、高级管理人员被中国证监会及其派出机构采取行政处罚；或因证券市场违法违规行为受到全国股转公司等自律监管机构公开谴责。

(4)挂牌公司或其控股股东、实际控制人、董事、监事、高级管理人员因涉嫌犯罪正被司法机关立案侦查或涉嫌违法违规正被中国证监会及其派出机构立案调查，尚未有明确结论意见。

(5)挂牌公司或其控股股东、实际控制人被列入失信被执行人名单且情形尚未消除。

(6)未按照全国股转公司规定在每个会计年度结束之日起 4 个月内编制并披露年度报告，或者未在每个会计年度的上半年结束之日起 2 个月内编制并披露中期报告，因不可抗力等特殊原因导致未按期披露的除外。

(7)最近两年财务会计报告被会计师事务所出具非标准审计意见的审计报告；仅根据《全国中小企业股份转让系统分层管理办法》第 7 条第 2 项规定条件进入创新层的，最近三年财务会计报告被会计师事务所出具非标准审计意见的审计报告。

(8)中国证监会和全国股转公司规定的其他情形。

(三)创新层挂牌公司调整至基础层

挂牌公司进入创新层以后，并不意味着一劳永逸，可以一直待在创新层。分层管理办法出台后，创新层和基础层的划分是为了更好地对挂牌公司进行分类管理，不符合创新层条件的公司全国股转公司还是会定期或随时将其由创新层调整至基础层。

创新层挂牌公司出现下列情形之一的，全国股转公司将其调整至基础层：

(1)最近两年净利润均为负值，且营业收入均低于 5000 万元，或者最近三年净利润均为负值，且最近两年营业收入持续下降。

仅根据《全国中小企业股份转让系统分层管理办法》第7条第3项或第4项，或者第11条第1款第3项或第4项进入创新层的挂牌公司，不适用本项规定。

(2)最近一年期末净资产为负值。

(3)最近一年财务会计报告被会计师事务所出具否定意见或无法表示意见的审计报告，或者最近一年财务会计报告被会计师事务所出具保留意见的审计报告且净利润为负值。

(4)半数以上董事无法保证年度报告或者中期报告内容的真实性、准确性、完整性或者提出异议。

(5)因更正年度报告导致进层时不符合创新层进层条件，或者出现第1～4项规定情形。

(6)不符合创新层进层条件，但依据虚假材料进入的。

(7)未按照全国股转公司规定在每个会计年度结束之日起4个月内编制并披露年度报告，或者未在每个会计年度的上半年结束之日起2个月内编制并披露中期报告，因不可抗力等特殊原因导致未按期披露的除外。

(8)进入创新层后，最近24个月内因不同事项受到中国证监会及其派出机构行政处罚或全国股转公司公开谴责的次数累计达到2次，或者因资金占用、违规对外担保受到中国证监会及其派出机构行政处罚或全国股转公司公开谴责，或者受到刑事处罚。

(9)连续60个交易日，股票每日收盘价均低于每股面值。

(10)仅根据《全国中小企业股份转让系统分层管理办法》第7条第3项或第4项，或者第11条第1款第3项或第4项进入创新层的挂牌公司，连续60个交易日，股票交易市值均低于1亿元的。

(11)中国证监会和全国股转公司规定的其他情形。

二、创新层的进层和降层调整程序

(一)创新层进层安排

为了让符合创新层条件的挂牌公司及时调整进入创新层，新的管理办法改变了之前定期进层每年一次的安排，全国股转公司每年设置6次创新层进层实施安排。进层启动日分别为每年1月、2月、3月、4月、5月和8月的最后一个交易日。经中国证监会批准，全国股转公司可以根据市场发展的需要，调整进层实施安排。

全国股转公司自进层启动日起开展进层实施工作。基础层挂牌公司披露最近一个会计年度的财务报告后，符合创新层进层条件的，挂牌公司通过主办券商提交进入创新层的材料。主办券商为挂牌公司提交进入创新层的材料前，要核查挂牌公司是否符合基础层进入创新层的条件。

挂牌公司存在资金占用、违规对外担保或者权益被控股股东、实际控制人严重损害等情形的，挂牌公司申请进入创新层，必须先完成整改工作，主办券商在相关情形已完成整改、影响消除后，为其提交进入创新层的材料。

全国股转公司要求挂牌公司及其董事、监事、高级管理人员、股东、实际控制人对有关事项作出解释、说明、更正和补充，要求主办券商、会计师事务所、律师事务所、其他证券服务机构进行核查的，在有明确结论意见前，暂不将其调入创新层。

（二）创新层降层安排

创新层挂牌公司出现《全国中小企业股份转让系统分层管理办法》第14条规定的降层情形的，全国股转公司自该情形认定之日起5个交易日内启动降层调整工作。全国股转公司履行相应程序后，作出降层调整决定并公告。

创新层挂牌公司调整至基础层按规定应当由全国股转系统挂牌委员会审议的，全国股转公司结合全国股转系统挂牌委员会的审议意见，作出降层调整决定。

挂牌公司对降层调整决定存在异议的，可以自决定公告之日起5个交易日内申请复核。复核期间，全国股转公司作出的降层调整决定暂不执行。

创新层挂牌公司出现《全国中小企业股份转让系统分层管理办法》第14条第1款第1～5项、第9～11项规定的情形被调整至基础层的，自调整至基础层之日起12个月内，不得再次进入创新层。

创新层挂牌公司因更正年度报告导致其出现《全国中小企业股份转让系统分层管理办法》第14条第1款第5项规定情形被调整至基础层，且因信息披露文件存在虚假记载受到中国证监会及其派出机构行政处罚或全国股转公司公开谴责的，或者因出现《全国中小企业股份转让系统分层管理办法》第14条第1款第6～8项规定情形被调整至基础层的，自调整至基础层之日起24个月内，不得再次进入创新层。

挂牌公司出现股票强制终止挂牌情形的，全国股转公司在其股票终止挂牌前，不对其进行层级调整。

三、层次调整的操作流程

申请挂牌同时进入创新层按照股票挂牌业务相关规定办理，与公司申请在全国股转系统挂牌的程序一致，本部分不再赘述。下文介绍基础层挂牌公司进入创新层，以及创新层挂牌公司调整至基础层的操作流程。

（一）基础层挂牌公司进入创新层的操作流程

1. 全国股转公司向主办券商发送公司名单

全国股转公司自进层启动日起开展进层实施工作，向主办券商发送经初步判断符合《全国中小企业股份转让系统分层管理办法》主要进层条件的基础层挂牌公司名单及相关信息。

挂牌公司或主办券商发现公司名单有遗漏或相关信息有误的，应当申请补充或更正，同时提交相关证明材料。

2. 挂牌公司自查

拟进入创新层的挂牌公司应当结合相关信息，按照《全国中小企业股份转让系统分层管理办法》的规定，就公司截至该次进层启动日是否符合创新层进层条件，是否存在资金占用、违规对外担保或者权益被控股股东、实际控制人严重损害等情形进行自查，并提交自查文件至主办券商。

进层前经自查发现存在资金占用、违规对外担保或者权益被控股股东、实际控制人严重损害等情形的挂牌公司，应当在完成整改、消除影响后披露公告，说明整改的具体情况。主办券商应在挂牌公司完成整改、消除影响后才能提交进层的相关材料。

3. 主办券商核查

主办券商按照《全国中小企业股份转让系统分层管理办法》的规定审慎核查，对于存在资金占用、违规对外担保或者权益被控股股东、实际控制人严重损害等情形的挂牌公司，还应当在为其提交进层材料前，督导其完成整改、消除影响。

主办券商在核查过程中,除核对公开披露的信息外,必要时应当向挂牌公司及其控股股东、实际控制人、董事、监事、高级管理人员核实并取得相应的证明材料。

4. 提交进层材料

拟进入创新层的挂牌公司,经确认符合创新层进层条件,且不存在资金占用、违规对外担保或者权益被控股股东、实际控制人严重损害等情形的,挂牌公司就可以通过主办券商提交进入创新层的材料。主办券商应当按照全国股转公司通知的时间,提交进层核查文件。

5. 发布初筛名单与接受异议

全国股转公司根据相关材料,确定拟调入创新层的挂牌公司初筛名单,并在全国股转系统官网公示。

挂牌公司在名单公示后的 2 个交易日内,可以以事实认定有误为由申请异议。挂牌公司申请异议的,应该在 2 个交易日内以全国股转公司规定的方式提交书面说明及相关证明材料。

6. 作出进层决定及实施

全国股转公司根据异议核实情况调整初筛名单,履行相应程序后作出进层决定,并在全国股转系统官网公布将调入创新层的挂牌公司正式名单。挂牌公司进入创新层按规定应当由全国股转系统挂牌委员会审议的,全国股转公司结合全国股转系统挂牌委员会审议意见,作出进层决定。

正式名单中的挂牌公司应当按照规定披露进层提示公告。全国股转公司按照进层决定载明的日期,将正式名单中的挂牌公司调整至创新层。

挂牌公司可以根据《全国中小企业股份转让系统复核实施细则》的相关规定对进层决定申请复核,并于提交申请当日披露。复核期间,全国股转公司作出的进层决定不停止执行。挂牌公司应当于收到全国股转公司复核决定当日披露公告,说明复核决定的主要内容以及后续安排。

（二）创新层挂牌公司调整至基础层

1. 披露可能触发降层情形的风险提示公告

创新层挂牌公司发生下列情形之一的,应当披露可能触发降层情形的风险提示公告,说明可能导致降层的原因、公司是否采取或拟采取相关措施消除风险,以及相关措施的必要性、合规性等内容:

(1)披露业绩预告或业绩快报的挂牌公司,业绩预告或业绩快报中的营业收入、净利润或净资产等财务指标可能触发《全国中小企业股份转让系统分层管理办法》第 14 条第 1 款第 1 项或第 2 项规定情形的，应当在披露业绩预告或业绩快报的同时披露。其他挂牌公司可能触发《全国中小企业股份转让系统分层管理办法》第 14 条第 1 款第 1 ~5 项规定情形的，应当自发现之日起 2 个交易日内披露。

（2）可能存在不符合创新层进层条件但涉嫌依据虚假材料进入情形，尚需核实的，应当于公告发现相关事实当日披露。

（3）预计无法在规定期限内披露年度报告或中期报告的，应当与预计无法按期披露年度报告或中期报告的相关公告同时披露。

（4）进入创新层后曾受到中国证监会及其派出机构行政处罚或全国股转公司公开谴责，最近 24 个月内可能因不同事项再次受到行政处罚或公开谴责的，应当于公告被中国证监会及其派出机构立案调查或收到纪律处分事先告知书当日披露。

（5）可能因资金占用、违规对外担保受到中国证监会及其派出机构行政处罚或全国股转公司公开谴责的，应当于公告被中国证监会及其派出机构立案调查或收到纪律处分事先告知书当日披露。

（6）可能受到刑事处罚的，应当于公告被立案侦查、相关主体被采取刑事强制措施当日披露。

（7）连续 30 个交易日（不含停牌日）股票每日收盘价均低于每股面值的，应当于次一交易日披露。

（8）仅根据《全国中小企业股份转让系统分层管理办法》第 7 条第 3 项或第 4 项，或者第 11 条第 1 款第 3 项或第 4 项进入创新层的，连续 30 个交易日（不含停牌日）股票交易市值均低于 1 亿元的，应当于次一交易日披露。

（9）发生其他可能导致降层风险的，应当自发现之日起 2 个交易日内披露。

挂牌公司披露可能触发降层情形的风险提示公告后，应当至少每 5 个交易日或在相关事项发生重大进展时披露进展公告，直至降层风险消除或实际触发降层情形。挂牌公司无法披露或拒不披露可能触发降层情形风险提示公告或进展公告的，应当由主办券商发布风险揭示公告并向全国股转公司报告。

挂牌公司在触发降层情形后，如果出现降层风险解决，应当在消除后及时披露降层风险解除的公告。

2. 披露触发降层情形的风险提示公告

创新层挂牌公司触发《全国中小企业股份转让系统分层管理办法》第 14 条规定的降层情形，应当披露触发降层情形的风险提示公告：

(1)挂牌公司经审计的年度营业收入、净利润或净资产等财务指标，或者年度财务报告审计意见类型触发降层情形的，应当与年度报告同时披露。

(2)半数以上董事无法保证年度报告或者中期报告内容的真实性、准确性、完整性或者提出异议的，应当与相关董事会决议同时披露。

(3)未在规定期限内披露年度报告或中期报告的，应当于年度报告或中期报告披露期限届满当日披露。

(4)因更正年度报告导致进层时不符合创新层的进入条件，或触发创新层的降层情形的，应当与更正后的年度报告同时披露。

(5)不符合创新层进层条件，但依据虚假材料进入的，应当于公告确认相关事实当日披露。

(6)进入创新层后，最近 24 个月内因不同事项受到中国证监会及其派出机构行政处罚或全国股转公司公开谴责的次数累计达到 2 次的，应当于公告收到相关文书当日披露。

(7)进入创新层后，因资金占用、违规对外担保受到中国证监会及其派出机构行政处罚或全国股转公司公开谴责的，应当于公告收到相关文书当日披露。

(8)进入创新层后，受到刑事处罚的，应当于相关司法文书生效当日披露。

(9)连续 60 个交易日（不含停牌日）股票每日收盘价均低于每股面值的，应当于第 60 个交易日披露。

(10)仅根据《全国中小企业股份转让系统分层管理办法》第 7 条第 3 项或第 4 项，或者第 11 条第 1 款第 3 项或第 4 项进入创新层的，连续 60 个交易日（不含停牌日）股票交易市值均低于 1 亿元的，应当于第 60 个交易日披露。

挂牌公司披露触发降层情形的风险提示公告后，应当至少每 5 个交易日披露一次进展公告，直至完成降层。挂牌公司无法披露或拒不披露触发降层情形风险提示公告或进展公告的，应当由主办券商发布风险揭示公告并向全国股转公司报告。

3. 挂牌公司自查与主办券商核查

创新层挂牌公司触发降层情形后，应当对触发降层的具体情况进行自查，并形成自查报告。主办券商要核查相关情形是否属实,并形成核查报告,与挂牌公司的自查报告一并向全国股转公司提交。挂牌公司自查报告与主办券商核查报告原则上应当在披露触发降层情形的风险提示公告后5个交易日内提交。挂牌公司无法提交自查报告的,主办券商应当在核查报告中说明相关情况。

4. 启动降层调整工作

全国股转公司结合主办券商和挂牌公司提交的材料认定事实无误的,按照《全国中小企业股份转让系统分层管理办法》第20条的规定,自认定之日起5个交易日内启动降层调整工作。挂牌公司出现两项以上降层情形的,按照先触发先适用的原则进行层级调整。

5. 作出降层调整决定及实施

全国股转公司履行相应程序后作出降层调整决定,并在全国股转系统官网公布。创新层挂牌公司调整至基础层按规定应当由挂牌委审议的,全国股转公司结合挂牌委的审议意见,作出降层调整决定。

挂牌公司被全国股转公司作出降层调整决定的,应当同时披露降层提示公告。挂牌公司无法披露或拒不披露的,应当由主办券商发布风险揭示公告并向全国股转公司报告。

挂牌公司被全国股转公司作出降层调整决定的,可以根据《全国中小企业股份转让系统复核实施细则》的相关规定申请复核。复核期间,全国股转公司作出的降层调整决定暂不执行。未申请复核或复核申请未被受理的挂牌公司,全国股转公司按照决定中载明的日期将其调整至基础层,挂牌公司应当在复核期限届满当日披露将被调整至基础层的提示性公告。挂牌公司提出复核申请的,应当在当日披露关于已提出复核申请的公告,并在收到全国股转公司复核决定当日披露公告,说明复核决定的主要内容以及后续安排。

第八节　全国股转系统的重大资产重组

在全国股转系统的挂牌公司,可以通过并购重组扩大公司的经营范围、经营规模,整合行业,提高市场竞争力,这也是挂牌公司做大做强的重要手段。2014年5月5日中国证监会审议通过《非上市公众公司重大资产重组管理办法》,规定了非上市公众公司重大资产重组的各项规则。与上市公司重大资产重组相比，非上市公众公司重大资产重组的规则结合挂牌公司的规模及治理水平，在很多细节的规定与上市公司的重组规则有一定的差异。《非上市公众公司重大资产重组管理办法》制定的主要目的还是规范非上市公众公司重大资产重组行为，保护公众公司和投资者的合法权益，促进公众公司的质量不断提高，维护证券市场秩序和社会公共利益。非上市公众公司分为在全国股转系统挂牌的非上市公众公司和未挂牌非上市公众公司。本节主要介绍在新三板挂牌公司的重大资产重组。

挂牌公司实施重大资产重组，应当聘请符合《证券法》规定的独立财务顾问、律师事务所以及会计师事务所等证券服务机构出具相关意见。挂牌公司应当聘请为其提供督导服务的主办券商为独立财务顾问，但存在影响独立性、财务顾问业务受到限制等不宜担任独立财务顾问情形的除外。挂牌公司也可以同时聘请其他机构为其重大资产重组提供顾问服务。

一、重大资产重组的标准和要求

重大资产重组是指非上市公众公司及其控股或者控制的公司在日常经营活动之外购买、出售资产或者通过其他方式进行资产交易，导致公众公司的业务、资产发生重大变化的资产交易行为。挂牌公司及其控股或者控制的公司购买、出售资产，达到下列标准之一的，构成重大资产重组：

（1）购买、出售的资产总额占挂牌公司最近一个会计年度经审计的合并财务会计报表期末资产总额的比例达到50%以上；

（2）购买、出售的资产净额占挂牌公司最近一个会计年度经审计的合并财务会计报表期末净资产额的比例达到50%以上，且购买、出售的资产总额占挂牌公司最近一个会计年度经审计的合并财务会计报表期末资产总额的比例达到30%以上。

除上述购买、出售资产外，通过下述方式进行资产交易，导致公司业务、资产发生重大变化的资产交易，也构成重大资产重组：

（1）以认缴、实缴等方式与他人新设参股企业，或对已设立的企业增资或者减资；

（2）接受附义务的资产赠与或者对外捐赠资产；

(3)受托经营、租赁其他企业资产或将经营性资产委托他人经营、租赁；

(4)中国证监会根据审慎监管原则认定的其他情形。

挂牌公司实施重大资产重组,应当符合下列要求：

(1)重大资产重组所涉及的资产定价公允,不存在损害挂牌公司和股东合法权益的情形。

(2)重大资产重组所涉及的资产权属清晰,资产过户或者转移不存在法律障碍,相关债权债务处理合法;所购买的资产,应当为权属清晰的经营性资产。

(3)实施重大资产重组后有利于提高挂牌公司资产质量和增强持续经营能力,不存在可能导致挂牌公司重组后主要资产为现金或者无具体经营业务的情形。

(4)实施重大资产重组后有利于挂牌公司形成或者保持健全有效的法人治理结构。

二、重大资产重组的信息管理

挂牌公司作为非上市公众公司,其股票价格的变动涉及众多投资者的利益,多年来,我国资本市场部分投资者把重大资产重组行为作为市场炒作的机会,同时一些上市公司也利用重大资产重组谋取个人利益,导致产生了一系列的问题。挂牌公司要做好内幕信息管理工作,减少重大资产重组活动对挂牌公司股票价值的影响。

1. 采取保密措施

挂牌公司与交易对方就重大资产重组进行初步磋商时,应当采取有效的保密措施,限定相关敏感信息的知悉范围,并与参与或知悉本次重大资产重组信息的相关主体签订保密协议。

挂牌公司及其控股股东、实际控制人等相关主体研究、筹划、决策重大资产重组事项,原则上应当在相关股票暂停转让后或者非转让时间进行,并尽量简化决策流程、提高决策效率、缩短决策时限,尽可能缩小内幕信息知情人范围。如需要向有关部门进行政策咨询、方案论证的,应当在相关股票暂停转让后进行。

2. 做好内幕信息知情人的登记工作

挂牌公司在筹划重大资产重组事项时,应当安排专人(一般为董事会秘书或信息披露负责人)详细记载筹划过程中每一具体环节的进展情况,包括商议相关方案、形成相关意向、签署相关协议或者意向书的具体时间、地点、参与机构和人员、商议和决议内容等，制作书面的交易进程备忘录并予以妥当保存。参与每一具体环节的所有人员应当即时在备忘录上签名确认。挂牌公司应当按照全国股份转让系统的规定及时做好内幕信息知情人的登记工作。

公司与交易对方筹划重组事项时，应当做好保密工作和内幕信息知情人的登记工作，密切关注媒体传闻、公司股票及其他证券品种的交易价格变动情况，并结合重组事项进展，及时申请公司股票停牌并报送材料。

三、重大资产重组的程序

挂牌公司进行重大资产重组，按照下列步骤进行。

1. 董事会、股东大会审议

挂牌公司进行重大资产重组，应当由董事会依法作出决议，并提交股东大会审议。

公司应当在披露重大资产重组报告书等文件的同时，一并披露关于召开股东大会的相关安排。公司在相关安排中确定股东大会召开日期的，董事会决议披露日与股东大会召开日的时间间隔除符合法律法规、中国证监会及全国股转系统的相关规定外，还应当不少于10个交易日。

公司重大资产重组报告书等信息披露文件经全国股转公司审查需要解释、说明和更正的，应当在收到反馈问题的清单后披露暂缓召开股东大会的公告。完成信息披露文件更正并经全国股转公司审查完毕后，公司应当披露更正后的相关文件，并重新披露股东大会通知。

股东大会就重大资产重组事项作出的决议，必须经出席会议的股东所持表决权的2/3以上通过。挂牌公司股东人数超过200人的，应当对出席会议的持股比例在10%以下的股东（不包括挂牌公司董事、监事、高级管理人员及其关联人以及持股比例在10%以上股东的关联人）表决情况实施单独计票。挂牌公司应当在决议后及时披露表决情况。挂牌公司重大资产重组事项与本公司股东或者其关联人存在关联关系的，股东大会就重大资产重组事项进行表决时，关联股东应当回避表决。

股东大会作出重大资产重组的决议后，挂牌公司拟对交易对象、交易标的、交易价格等作出变更，构成对原重组方案重大调整的，应当在董事会表决通过后重新提交股东大会审议,并按照规定向全国股份转让系统重新报送信息披露文件或者向中国证监会重新提出核准申请。

股东大会作出重大资产重组的决议后,挂牌公司董事会决议终止本次交易或者撤回有关申请的,应当说明原因并披露,并提交股东大会审议。

2. 申请股票停牌

挂牌公司出现下列情形之一时,应当立即向全国股转公司申请公司股票停牌:

(1)交易各方初步达成实质性意向;

(2)虽未达成实质性意向,但在相关董事会决议公告前,相关信息已在媒体上传播或者预计该信息难以保密或者公司证券交易价格出现异常波动;

(3)本次重组需要向有关部门进行政策咨询、方案论证。

除挂牌公司申请股票停牌的情形外,全国股转公司有权在必要情况下对挂牌公司股票主动实施停牌。

公司因重大资产重组事项申请停牌,首次停牌时间不得超过 1 个月。公司重组事项因涉及有权部门事前审批、重大无先例或全国股转公司认定的其他情形,导致无法在停牌期限届满前披露重组预案或重组报告书的,经公司董事会审议通过后可以申请延期复牌,但自首次停牌之日起,累计停牌时间不得超过 2 个月。期满后仍未能披露重组预案或重组报告书的,挂牌公司应当终止筹划重组事项,并申请复牌。

除上述规定情形及因涉及国家重大战略项目、国家军工秘密等事项对停牌时间另有要求,停牌时间不受限制外,挂牌公司因筹划重大资产重组股票停牌的,不得申请延期复牌。挂牌公司无法在停牌期限届满前披露重组预案或重组报告书的,应当终止筹划本次重组并申请股票复牌。

挂牌公司进入重大资产重组程序前由于筹划具有重大不确定性的重大事项等原因已经申请股票停牌或更换重组标的的,已停牌时间应一并计入重大资产重组停牌累计时长。

除重组事项依法须经有关部门前置审批或涉及重大无先例事项的情形外,停牌期满后仍无法披露重组预案或重组报告书的,公司应当终止本次重大资产重组,披露终止重组的公告,并在公告中承诺终止重组后 1 个月内不再筹划重大资产重组事项。终止重组相关公告披露后,公司应当向全国股转公司申请股票于次两个交易日复牌。

公司应当申请股票复牌但拒不提出申请的，全国股转公司有权对公司股票实施强制复牌。

3. 报送全国股转系统审查

挂牌公司重大资产重组不涉及发行股份或者挂牌公司向特定对象发行股份购买资产后股东累计不超过 200 人的，经股东大会决议后，应当在 2 个工作日内将重大资产重组报告书、独立财务顾问报告、法律意见书以及重组涉及的审计报告、资产评估报告（或资产估值报告）等信息披露文件报送全国股份转让系统。

全国股份转让系统应当对上述信息披露文件的完备性进行审查。

4. 中国证监会审核（购买资产后股东累计超过 200 人时）

挂牌公司向特定对象发行股份购买资产后股东累计超过 200 人的重大资产重组，经股东大会决议后，应当按照中国证监会的有关规定编制申请文件并申请核准。

中国证监会受理申请文件后，依法进行审核，在 20 个工作日内作出核准、中止审核、终止审核、不予核准的决定。

中国证监会不予核准的，自中国证监会作出不予核准的决定之日起 3 个月内，中国证监会不受理该挂牌公司发行股份购买资产的重大资产重组申请。

5. 重组方案的实施

挂牌公司重大资产重组完成相关批准程序后，应当及时实施重组方案。

四、发行股份购买资产构成重大资产重组的规定

1. 发行后股东人数不超过 200 人

挂牌公司发行股份购买资产构成重大资产重组且发行后股东人数不超过 200 人的，应当在验资完成后 20 个交易日内，向全国股转公司报送股票发行备案文件。

2. 发行后股东人数超过 200 人的

挂牌公司发行股份购买资产构成重大资产重组且发行后股东人数超过 200 人的，应在股东大会决议后 10 个交易日内，委托独立财务顾问向全国股转公司报送申请出具自律监管意见的相关文件。全国股转公司收到申请文件后，对申请文件的齐备性进行核对，并在 2 个交易日内作出是否受理的决定。申请文件

齐备的，出具受理通知；申请文件不齐备的，告知公司需补正的事项。公司应当在取得受理通知书后2个交易日内披露关于收到受理通知书的公告。

全国股转公司出具自律监管意见后，根据挂牌公司的委托，将自律监管意见、公司申请文件及相关审查材料报送中国证监会核准。经中国证监会核准后，公司应当在验资完成后20个交易日内，向全国股转公司报送股票登记申请文件。

3. 发行股份购买资产同时募集配套资金的

挂牌公司涉及发行股份购买资产同时募集配套资金的，募集配套资金部分与购买资产部分发行的股份可以分别定价，视为两次发行，但应当逐一表决、分别审议。

募集配套资金行为应当符合挂牌公司股票发行的监管要求，且所配套资金比例不超过拟购买资产交易价格的50%。所募资金应当用于支付本次重组交易中的现金对价，支付本次重组交易税费、人员安置费用等并购整合费用，投入标的资产在建项目建设以及其他与本次重组相关的合理用途，并适用挂牌公司股票发行募集资金的相关管理规定。

五、重大资产重组的信息披露

1. 重大资产重组磋商阶段的信息披露

在筹划重大资产重组的阶段，挂牌公司在信息未泄露时，不需要进行信息披露，此阶段公司要做好保密工作，避免信息外泄。筹划、实施重大资产重组，相关信息披露义务人应当公平地向所有投资者披露可能对挂牌公司股票转让价格产生较大影响的相关信息，不得有选择性地向特定对象提前泄露。重大资产重组交易各方初步达成实质性意向或者虽未达成实质性意向，但相关信息已在媒体上传播或者预计该信息难以保密或者公司股票转让出现异常波动的，挂牌公司应当及时向全国股份转让系统申请股票暂停转让，并按照规定披露相关进展情况。

挂牌公司的股东、实际控制人以及参与重大资产重组筹划、论证、决策等环节的其他相关机构和人员，应当及时、准确地向挂牌公司通报有关信息，并配合挂牌公司及时、准确、完整地进行披露。

2. 因重大资产重组股票停牌的信息披露

公司因重大资产重组股票停牌后，应当每5个交易日披露一次重组进展公

告。重组事项出现重要进展的,应当在重组进展公告中予以披露。重要进展包括但不限于以下情形:

(1)各方就交易方案进行磋商的相关情况;

(2)公司与交易对方签订重组框架或意向协议,对已签订的重组框架或意向协议作出重大修订或变更;

(3)公司取得有权部门关于重组事项的事前审批意见;

(4)公司与聘请的中介机构签订重组服务协议;

(5)尽职调查、审计、评估等工作取得阶段性进展;

(6)更换财务顾问、审计机构、评估机构等中介机构;

(7)已披露重组标的的公司,更换、增加、减少重组标的,公司应当披露拟变更标的的具体情况、变更的原因;

(8)由于交易双方价格分歧、挂牌公司证券价格波动、税收政策、标的资产行业政策发生重大变化等原因,导致重组事项出现终止风险的,公司应当及时提示相关风险并披露后续进展;

(9)其他重大进展。

3. 董事会决议的信息披露

挂牌公司应当在重组事项首次董事会召开后 2 个交易日内,按照《非上市公众公司重大资产重组管理办法》及相关规范性文件的要求制作并披露董事会决议、本次重大资产重组报告书、独立财务顾问报告、法律意见书以及重组涉及的审计报告、资产评估报告(或资产估值报告)等相关信息披露文件。前述信息披露完成后,挂牌公司应当向全国股转公司申请于披露后的次两个交易日复牌。

如挂牌公司就本次重大资产重组首次召开董事会前,相关资产尚未完成审计等工作的,在披露首次董事会决议的同时应当披露重大资产重组预案及独立财务顾问对预案的核查意见。挂牌公司应在披露重大资产重组预案后 6 个月内完成审计等工作,并再次召开董事会,在披露董事会决议时一并披露重大资产重组报告书、独立财务顾问报告、法律意见书以及本次重大资产重组涉及的审计报告、资产评估报告(或资产估值报告)等。董事会还应当就召开股东大会事项作出安排并披露。

挂牌公司实施重大资产重组,相关当事人作出公开承诺事项的,应当同时提出未能履行承诺时的约束措施并披露。

4. 审核结果的披露

挂牌公司收到中国证监会就其发行股份购买资产的重大资产重组申请作出的核准、中止审核、终止审核、不予核准的决定后,应当在2个工作日内披露。

5. 实施进展的信息披露

挂牌公司在本次重大资产重组实施完毕之日起2个工作日内,编制并披露实施情况报告书及独立财务顾问、律师的专业意见。

公司披露重大资产重组预案或重大资产重组报告书后,由于自愿选择终止重组、独立财务顾问或律师对异常交易无法发表意见或认为存在内幕交易且不符合恢复重大资产重组进程要求等原因终止本次重大资产重组的,应当经董事会或股东大会审议通过,并及时披露关于终止重大资产重组的临时公告,并同时在公告中承诺自公告之日起至少1个月内不再筹划重大资产重组。

中国证监会依据《非上市公众公司重大资产重组管理办法》第28条的规定,要求公司终止重大资产重组进程的,公司应当及时披露关于重大资产重组终止的临时公告,并同时在公告中承诺自公告之日起至少12个月内不再筹划重大资产重组。

6. 持续督导的信息披露

独立财务顾问应当按照中国证监会的相关规定,对实施重大资产重组的挂牌公司履行持续督导职责。持续督导的期限自挂牌公司完成本次重大资产重组之日起,应当不少于一个完整会计年度。独立财务顾问应当结合挂牌公司重大资产重组实施当年和实施完毕后的第一个完整会计年度的年报,自年报披露之日起15日内,对重大资产重组实施的下列事项出具持续督导意见,报送全国股份转让系统,并披露:

(1)交易资产的交付或者过户情况;

(2)交易各方当事人承诺的履行情况及未能履行承诺时相关约束措施的执行情况;

(3)公司治理结构与运行情况;

(4)本次重大资产重组对公司运营、经营业绩影响的状况;

(5)盈利预测的实现情况(如有);

(6)与已公布的重组方案存在差异的其他事项。

第九节 全国股转系统的信息披露

信息披露是证券交易场所的重要环节，是投资者对挂牌公司或上市公司股票价值判断的依据。信息披露是证券交易场所健康发展的前提，也是保护投资者利益的必需。所谓新三板挂牌公司的信息披露，是指挂牌公司或者其他信息披露义务人按照法律法规、部门规章、规范性文件、全国股转公司的规则和有关规定在规定信息披露平台上公告信息。在注册制下，信息披露居于公司挂牌或公司发行股票并上市的核心地位，证券交易场所对公司挂牌或上市的审查主要是围绕公司的挂牌或发行上市条件及信息披露进行的。信息披露涵盖自公司提交挂牌申报材料或上市申报材料到公司挂牌或上市的整个期间。本章主要分析新三板挂牌申请至挂牌公司的规范运作事宜，由于挂牌申请期间的信息披露已经在各节中做过讲解，故本节主要讲解公司在挂牌期间定期报告、临时报告和重大事项的信息披露事宜。

一、信息披露的原则及信息披露义务人

挂牌公司及其他信息披露义务人应当及时、公平地披露所有可能对公司股票及其他证券品种交易价格、投资者投资决策产生较大影响的信息，并保证信息披露内容的真实、准确、完整，不存在虚假记载、误导性陈述或重大遗漏。及时，是指自起算日起或者触及规定的披露时点的两个交易日内。

除依法或者按照《全国中小企业股份转让系统挂牌公司信息披露规则》和相关规则需要披露的信息外，挂牌公司可以自愿披露与投资者作出价值判断和投资决策有关的信息，但不得与依法或者按照相关规则披露的信息相冲突，不得误导投资者。挂牌公司应当保持信息披露的持续性和一致性，避免选择性披露，不得利用自愿披露信息不当影响公司股票及其他证券品种的交易价格。自愿披露具有一定预测性质信息的，应当明确预测的依据，并提示可能出现的不确定性和风险。

全国股转系统根据挂牌公司的发展阶段、公众化程度以及风险状况等因素，结合投资者需求，以全国股转系统创新层、基础层分层为基础，实施挂牌公司差

异化的信息披露制度。创新层和基础层挂牌公司在信息披露的内容方式方面存在差异。挂牌公司根据公司所属市场层级适用差异化的信息披露规定,但可以自愿选择适用更高市场层级的信息披露要求。

由于挂牌公司的信息披露涉及国家秘密、商业秘密等特殊原因导致应予披露某些信息确实不便披露的,挂牌公司可以不予披露,但应当在相关定期报告、临时报告中说明未按照规定进行披露的原因。中国证监会、全国股转公司认为需要披露的,挂牌公司应当披露。

挂牌公司及其他信息披露义务人按照《非上市公众公司信息披露管理办法》《全国中小企业股份转让系统挂牌公司信息披露规则》和相关规则披露的信息,应当在符合《证券法》规定的信息披露平台发布。挂牌公司在其他媒体披露信息的时间不得早于在规定信息披露平台披露的时间。全国股转系统信息披露平台为 www. neeq. cc 或 www. neeq. com. cn。除全国股转公司另有规定外,挂牌公司编制信息披露文件,应将信息披露文件及备查文件送达主办券商。拟披露信息经主办券商事前审查后,由主办券商上传至规定信息披露平台。

信息披露义务人,是指股票或其他证券品种在全国股转系统挂牌交易的公司,公司的董事、监事、高级管理人员、股东、实际控制人,收购人及其相关人员,重大资产重组交易对方及其相关人员,破产管理人及其成员,主办券商等。

二、定期报告的信息披露

挂牌公司及其他信息披露义务人披露的信息包括定期报告和临时报告。

挂牌公司应当披露的定期报告包括年度报告和中期报告,可以披露季度报告。年度报告中的财务报表要经会计师事务所审计。挂牌公司未在规定期限内披露定期报告的,全国股转公司根据自律规则予以处理,情节严重的,提请中国证监会立案稽查。

1. 披露时间

挂牌公司应当在规定的期限内按照中国证监会有关规定编制并披露定期报告,在每个会计年度结束之日起 4 个月内编制并披露年度报告,在每个会计年度的上半年结束之日起两个月内编制并披露中期报告;披露季度报告的,挂牌公司应当在每个会计年度前 3 个月、9 个月结束后的一个月内编制并披露。第一季度报告的披露时间不得早于上一年的年度报告。

挂牌公司预计不能在规定期限内披露定期报告的，应当及时公告不能按期披露的具体原因、编制进展、预计披露时间、公司股票是否存在被停牌及终止挂牌的风险，并说明如被终止挂牌，公司拟采取的投资者保护的具体措施等。

挂牌公司应当与全国股转公司预约定期报告的披露时间，全国股转公司根据预约情况统筹安排。挂牌公司应当按照全国股转公司安排的时间披露定期报告，因故需要变更披露时间的，根据全国股转公司的相关规定办理。

2. 披露内容

挂牌公司年度报告和中期报告应按照中国证监会规定的格式编制，年度报告应当记载以下内容：

（1）公司基本情况；

（2）主要会计数据和财务指标；

（3）管理层讨论与分析；

（4）公司股票、债券发行及变动情况，报告期末股票、债券总额、股东总数，公司前十大股东持股情况；

（5）控股股东及实际控制人情况；

（6）董事、监事、高级管理人员、核心员工任职及持股情况；

（7）报告期内发生的重大事件及对公司的影响；

（8）公司募集资金使用情况（如有）；

（9）利润分配情况；

（10）公司治理及内部控制情况；

（11）财务会计报告和审计报告全文；

（12）中国证监会规定的其他事项。

挂牌公司中期报告应当记载以下内容：

（1）公司基本情况；

（2）主要会计数据和财务指标；

（3）公司股票、债券发行及变动情况，报告期末股东总数，公司前十大股东持股情况；

（4）控股股东及实际控制人发生变化的情况；

（5）报告期内重大诉讼、仲裁等重大事件及对公司的影响；

（6）公司募集资金使用情况（如有）；

(7)财务会计报告;

(8)中国证监会规定的其他事项。

挂牌公司存在特别表决权股份的,应当在年度报告中披露特别表决权股份的持有和变化情况,以及相关投资者合法权益保护措施的实施情况。挂牌公司股东大会实行累积投票制和网络投票安排的,应当在年度报告中披露累积投票制和网络投票安排的实施情况。

3. 财务报告的审计要求

挂牌公司年度报告中的财务报告应当经符合《证券法》规定的会计师事务所审计。挂牌公司不得随意变更会计师事务所,如确需变更的,应当由董事会审议后提交股东大会审议。

创新层挂牌公司审计应当执行财政部关于关键审计事项准则的相关规定。

4. 业绩快报

业绩快报是挂牌公司由于规定原因在定期报告披露前对公司的主要财务数据进行的披露,分为两种情况:

一是挂牌公司定期报告披露前出现业绩泄露,或者出现业绩传闻且公司股票及其他证券品种交易出现异常波动的,应当及时披露业绩快报。业绩快报中的财务数据包括但不限于营业收入、净利润、总资产、净资产以及净资产收益率。

二是挂牌公司在定期报告披露前,预计净利润同比变动超过50%且大于500万元、发生亏损或者由亏损变为盈利的,可以进行业绩预告。业绩预告应当披露相关财务数据的预计值以及重大变化的原因。

公司业绩快报、业绩预告中的财务数据与实际数据差异幅度达到20%以上的,应当及时披露修正公告,并在修正公告中向投资者致歉、说明差异的原因。

5. 定期报告的审议和审核

定期报告需要挂牌公司董事、高级管理人员签署书面确认意见。挂牌公司监事会应当对董事会编制的定期报告进行审核并提出书面审核意见,说明董事会的编制和审核程序是否符合法律、行政法规和中国证监会、全国股转公司的规定,报告的内容是否真实、准确、完整地反映挂牌公司的实际情况。监事应当签署书面确认意见。

挂牌公司董事、监事和高级管理人员无法保证定期报告内容的真实性、准确性、完整性或者有异议的,应当在书面确认意见中发表意见并陈述理由,挂牌公司应当披露。挂牌公司不予披露的,董事、监事和高级管理人员可以直接申请披露。

挂牌公司董事会应当确保公司定期报告按时披露。董事会因故无法对定期报告形成决议的,应当以董事会公告的方式披露具体原因和存在的风险。挂牌公司不得披露未经董事会审议通过的定期报告,董事会已经审议通过的,不得以董事、高级管理人员对定期报告内容有异议为由不按时披露定期报告。

定期报告中的财务会计报告被出具非标准审计意见的,挂牌公司董事会应当针对该审计意见涉及事项作出专项说明。

6. 定期报告报送

挂牌公司的定期报告要由主办券商审核并通过主办券商进行披露。挂牌公司应当在定期报告披露前及时向主办券商提供下列文件:

(1)定期报告全文;

(2)审计报告(如适用);

(3)董事会、监事会决议及其公告文稿;

(4)公司董事、高级管理人员的书面确认意见及监事会的书面审核意见;

(5)按照全国股转公司要求制作的定期报告和财务数据的电子文件;

(6)全国股转公司及主办券商要求的其他文件。

挂牌公司财务报告被注册会计师出具非标准审计意见的,公司在向主办券商送达定期报告时应当提交下列文件,并与定期报告同时披露:

(1)董事会针对该审计意见涉及事项所作的专项说明和相关决议;

(2)监事会对董事会有关说明的意见和相关决议;

(3)负责审计的会计师事务所及注册会计师出具的专项说明;

(4)全国股转公司及主办券商要求的其他文件。

负责审计的会计师事务所和注册会计师出具的专项说明应当至少包括以下内容:

(1)出具非标准审计意见的依据和理由;

(2)非标准审计意见涉及事项对报告期公司财务状况和经营成果的影响;

(3)非标准审计意见涉及事项是否违反企业会计准则及相关信息披露规范性规定。

非标准审计意见涉及事项属于违反会计准则及相关信息披露规范性规定

的,主办券商应当督促挂牌公司对有关事项进行纠正。

7. 定期报告的更正

挂牌公司定期报告存在差错、未按规定披露或者虚假记载,被中国证监会或全国股转公司要求改正或者董事会决定更正的,应当在被要求改正或者董事会作出相应决定后,及时进行更正。对年度财务报告中会计差错进行更正的,应当披露会计师事务所出具的专项说明。

8. 风险警示

挂牌公司最近一个会计年度的财务报告被出具否定意见或者无法表示意见的审计报告或者出现最近一个会计年度经审计的期末净资产为负值及全国股转公司规定的其他情形,全国股转公司对股票交易实行风险警示,在公司股票简称前加注标识并公告,年度报告出现上述风险警示情形,或者挂牌公司因更正年度报告、追溯调整财务数据导致其触发创新层退出情形的,主办券商应当最迟在披露当日向全国股转公司报告。

三、临时报告的信息披露

临时报告是指自取得挂牌同意函之日起,挂牌公司及其他信息披露义务人按照法律法规和中国证监会、全国股转公司有关规定发布的除定期报告以外的公告。发生可能对挂牌公司股票及其他证券品种交易价格产生较大影响,或者对投资者作出投资决策有较大影响的重大事件,投资者尚未得知时,挂牌公司应当立即将有关该重大事件的情况向中国证监会和全国股转公司报送临时报告,并予公告,说明事件的起因、目前的状态和可能产生的影响。

挂牌公司发生的或者与之有关的事件没有达到《非上市公众公司信息披露管理办法》《全国中小企业股份转让系统挂牌公司信息披露规则》规定的披露标准,或者办法和规则没有具体规定,但公司董事会认为该事件可能对挂牌公司股票及其他证券品种交易价格或投资者决策产生较大影响的,公司应当及时披露。

1. 应予披露的重大事件

挂牌公司应该通过临时报告披露的重大事件包括:

(1)公司的经营方针和经营范围的重大变化。

(2)公司的重大投资行为,公司在一年内购买、出售重大资产超过公司资产总额30%,或者公司营业用主要资产的抵押、质押、出售或者报废一次超过该资产的30%。

(3)公司订立重要合同,提供重大担保或者从事关联交易,可能对公司的资产、负债、权益和经营成果产生重要影响。

(4)公司发生重大债务和未能清偿到期重大债务的违约情况。

(5)公司发生重大亏损或者重大损失。

(6)公司生产经营的外部条件发生重大变化。

(7)公司的董事、1/3以上监事或者经理发生变动,董事长或者经理无法履行职责。

(8)持有公司5%以上股份的股东或者实际控制人,其持有股份或者控制公司的情况发生较大变化,公司的实际控制人及其控制的其他企业从事与公司相同或者相似业务的情况发生较大变化。

(9)公司分配股利、增资的计划,公司股权结构的重要变化,公司减资、合并、分立、解散及申请破产的决定,或者依法进入破产程序、被责令关闭。

(10)涉及公司的重大诉讼、仲裁,股东大会、董事会决议被依法撤销或者宣告无效。

(11)公司涉嫌违法违规被有权机关调查,或者受到刑事处罚、重大行政处罚;公司控股股东、实际控制人、董事、监事、高级管理人员涉嫌违法违纪被有权机关调查、采取留置措施或强制措施,或者受到刑事处罚、重大行政处罚。

(12)获得大额政府补贴等可能对公司资产、负债、权益或者经营成果产生重大影响的额外收益。

(13)公司董事会就拟在其他证券交易场所上市、股权激励方案、股份回购方案作出决议。

(14)公司主要资产被查封、扣押、冻结。

(15)公司丧失重要生产资质、许可、特许经营权,或者主要业务陷入停顿。

(16)法院裁决禁止控股股东转让其所持股份;任一股东所持公司5%以上股份被质押、冻结、司法拍卖、托管、设定信托或者被依法限制表决权。

(17)变更会计政策、会计估计(法律、行政法规或者国家统一会计制度要求的除外)。

(18)因前期已披露的信息存在差错、未按规定披露或者虚假记载,被有关机关责令改正或者经董事会决定进行更正。

(19)中国证监会规定的其他事项。

挂牌公司控股子公司和参股公司发生重大事件,可能对投资者决策或者公司股票及其他证券品种交易价格产生较大影响的,挂牌公司应当履行信息披露义务。

挂牌公司股票及其他证券品种交易被中国证监会或者全国股转公司认定为异常波动的,挂牌公司应当及时了解造成交易异常波动的影响因素,并于次一交易日开盘前披露。媒体传播的消息可能或者已经对投资者决策或者挂牌公司股票及其他证券品种交易价格产生较大影响的,挂牌公司应当及时了解情况,发布相应澄清公告。

挂牌公司的控股股东或者实际控制人对重大事件的发生、进展产生较大影响的,应当及时将其知悉的有关情况书面告知挂牌公司,并配合挂牌公司履行信息披露义务。

2. 披露时间

挂牌公司应当在重大事件最先触及下列任一时点后,及时履行首次披露义务:

(1)董事会或者监事会作出决议时;

(2)有关各方签署意向书或协议时;

(3)董事、监事或者高级管理人员知悉或者应当知悉该重大事件发生时。

挂牌公司筹划的重大事项存在较大不确定性,立即披露可能会损害公司利益或者误导投资者,且有关内幕信息知情人已书面承诺保密的,公司可以暂不披露,但最迟应当在该重大事项形成最终决议、签署最终协议、交易确定能够达成时对外披露。相关信息确实难以保密、已经泄露或者出现市场传闻,导致公司股票及其他证券品种交易价格发生大幅波动的,公司应当立即披露相关筹划和进展情况。

3. 披露内容

挂牌公司履行临时报告首次披露义务时,应当按照《全国中小企业股份转让系统挂牌公司信息披露规则》及相关规定披露重大事件的起因、目前的状态和可能产生的法律后果等。编制公告时相关事实尚未发生的,公司应当客观公告既有事实,待相关事实发生后,再按照相关要求披露重大事件的进展情况。

挂牌公司已披露的重大事件出现可能对挂牌公司股票及其他证券品种交易价格或投资者决策产生较大影响的进展或者变化的,应当及时披露进展或者变化情况,包括协议执行发生重大变化、被有关部门批准或否决、无法交付过户等。

4. 董事会、监事会和股东大会决议的披露

(1)董事会决议的披露

挂牌公司召开董事会会议,应当在会议结束后及时将经参会董事签字确认的决议(包括所有提案均被否决的董事会决议)向主办券商报备。董事会决议涉及须经股东大会表决事项的,公司应当及时披露董事会决议公告,并在公告中简要说明议案内容。董事会决议涉及应当披露的重大信息,公司应当在会议结束后及时披露董事会决议公告和相关公告。

(2)监事会决议的披露

挂牌公司召开监事会会议,应当在会议结束后及时将经参会监事签字确认的决议向主办券商报备。监事会决议涉及《全国中小企业股份转让系统挂牌公司信息披露规则》规定的应当披露的重大信息,公司应当在会议结束后及时披露监事会决议公告和相关公告。

(3)股东大会决议的披露

挂牌公司应当在年度股东大会召开 20 日前或者临时股东大会召开 15 日前,以临时报告方式向股东发出股东大会通知。

挂牌公司在股东大会上不得披露、泄露未公开重大信息,会议结束后应当及时披露股东大会决议公告。挂牌公司按照规定聘请律师对股东大会的会议情况出具法律意见书的,应当在股东大会决议公告中披露法律意见书的结论性意见。

股东大会决议涉及《全国中小企业股份转让系统挂牌公司信息披露规则》规定的重大事项,且股东大会审议未通过相关议案的,挂牌公司应当就该议案涉及的事项,以临时报告的形式披露事项未审议通过的原因及相关具体安排。

5. 交易事项的披露

(1)应予披露的交易事项

挂牌公司发生以下交易,达到披露标准的,应当及时披露:

①购买或者出售资产,不包括购买原材料、燃料和动力,以及出售产品或者商品等与日常经营相关的交易行为;

②对外投资(含委托理财、对子公司投资等);

③提供担保;

④提供财务资助;

⑤租入或者租出资产;

⑥签订管理方面的合同(含委托经营、受托经营等);

⑦赠与或者受赠资产;

⑧债权或者债务重组;

⑨研究与开发项目的转移;

⑩签订许可协议;

⑪放弃权利;

⑫中国证监会、全国股转公司认定的其他交易。

(2)创新层挂牌公司的披露标准

创新层挂牌公司发生的交易(除提供担保外)达到下列标准之一的,应当及时披露:

①交易涉及的资产总额(同时存在账面值和评估值的,以孰高为准)或成交金额占公司最近一个会计年度经审计总资产的10%以上;

②交易涉及的资产净额或成交金额占公司最近一个会计年度经审计净资产绝对值的10%以上,且超过300万元。

(3)基础层挂牌公司的披露标准

基础层挂牌公司发生的交易(除提供担保外)达到下列标准之一的,应当及时披露:

①交易涉及的资产总额(同时存在账面值和评估值的,以孰高为准)或成交金额占公司最近一个会计年度经审计总资产的20%以上;

②交易涉及的资产净额或成交金额占公司最近一个会计年度经审计净资产绝对值的20%以上,且超过300万元。

挂牌公司与其合并报表范围内的控股子公司发生的或者上述控股子公司之间发生的交易,除另有规定或者损害股东合法权益外,免于按照上述规定披露。挂牌公司提供担保的,应当提交公司董事会审议并及时披露董事会决议公告和相关公告。

6. 关联交易的披露

挂牌公司的关联交易,是指挂牌公司或者其控股子公司等其他主体与公司关联方发生上述第5项规定的交易事项和日常经营范围内发生的可能引致资源或者义务转移的事项。

关联方，是指挂牌公司的关联法人和关联自然人。

具有以下情形之一的法人或非法人组织，为挂牌公司的关联法人：

(1)直接或者间接控制挂牌公司的法人或非法人组织；

(2)由前项所述法人直接或者间接控制的除挂牌公司及其控股子公司以外的法人或非法人组织；

(3)关联自然人直接或者间接控制的，或者担任董事、高级管理人员的，除挂牌公司及其控股子公司以外的法人或非法人组织；

(4)直接或者间接持有挂牌公司5%以上股份的法人或非法人组织；

(5)在过去12个月内或者根据相关协议安排在未来12个月内，存在上述情形之一的；

(6)中国证监会、全国股转公司或者挂牌公司根据实质重于形式的原则认定的其他与公司有特殊关系，可能或者已经造成挂牌公司对其利益倾斜的法人或非法人组织。

挂牌公司与上述第2项所列法人或其他组织受同一国有资产管理机构控制的，不因此构成关联关系，但该法人或其他组织的董事长、经理或者半数以上的董事兼任挂牌公司董事、监事或高级管理人员的除外。

具有以下情形之一的自然人，为挂牌公司的关联自然人：

(1)直接或者间接持有挂牌公司5%以上股份的自然人；

(2)挂牌公司董事、监事及高级管理人员；

(3)直接或者间接地控制挂牌公司的法人的董事、监事及高级管理人员；

(4)上述第1~2项所述人士的关系密切的家庭成员，包括配偶、父母、年满18周岁的子女及其配偶、兄弟姐妹及其配偶，配偶的父母、兄弟姐妹，子女配偶的父母；

(5)在过去12个月内或者根据相关协议安排在未来12个月内，存在上述情形之一的；

(6)中国证监会、全国股转公司或者挂牌公司根据实质重于形式原则认定的其他与挂牌公司有特殊关系，可能或者已经造成挂牌公司对其利益倾斜的自然人。

挂牌公司应当及时披露按照全国股转系统公司治理相关规则须经董事会审议的关联交易事项。挂牌公司应当在董事会、股东大会决议公告中披露关联交易的表决情况及表决权回避制度的执行情况。

对于每年挂牌公司与关联方发生的日常性关联交易，可以在披露上一年度报告之前，对本年度将发生的关联交易总金额进行合理预计，履行相应审议程序并披露。对于预计范围内的关联交易，公司应当在年度报告和中期报告中予以分类，列表披露执行情况并说明交易的公允性。实际执行超出预计金额的，公司应当就超出金额所涉及事项履行相应审议程序并披露。日常性关联交易，是指挂牌公司和关联方之间发生的购买原材料、燃料、动力，出售产品、商品，提供或者接受劳务等与日常经营相关的交易行为；公司章程中约定适用于本公司的日常关联交易类型。

挂牌公司与关联方的交易，按照全国股转系统公司治理相关规则免予关联交易审议的，可以免予按照关联交易披露。

7. 其他重大事件的披露

(1) 发行股票

挂牌公司因公开发行股票提交辅导备案申请时，应及时披露相关公告及后续进展。公司董事会就股票发行、拟在境内外其他证券交易场所上市或者发行其他证券品种作出决议，应当自董事会决议之日起及时披露相关公告。

(2) 设置、变更表决权差异安排

挂牌公司设置、变更表决权差异安排的，应当在披露审议该事项的董事会决议的同时，披露关于设置表决权差异安排、异议股东回购安排及其他投资者保护措施等内容的公告。

(3) 重大诉讼、仲裁

挂牌公司应当及时披露下列重大诉讼、仲裁：

①涉案金额超过200万元，且占公司最近一期经审计净资产绝对值的10%以上；

②股东大会、董事会决议被申请撤销或者宣告无效。

(4) 利润分配或资本公积转增股本方案

挂牌公司应当在董事会审议通过利润分配或资本公积转增股本方案后，及时披露方案的具体内容，并于实施方案的股权登记日前披露方案实施公告。

(5) 股票交易出现异常波动的影响因素

股票交易出现异常波动的，挂牌公司应当及时了解造成交易异常波动的影响因素，并于下一交易日开盘前披露异常波动公告。

(6)公共媒体传播的影响公司股价或投资者决议的消息

公共媒体传播的消息可能或者已经对公司股票及其他证券品种交易价格或投资者决策产生较大影响的，挂牌公司应当及时了解情况，向主办券商提供有助于甄别的相关资料，并发布澄清公告。

(7)股份质押、冻结、司法拍卖、托管、设定信托或者被依法限制表决权

挂牌公司任一股东所持公司5%以上的股份被质押、冻结、司法拍卖、托管、设定信托或者被依法限制表决权的，应当及时通知公司并予以披露。

(8)限售股份解除限售

限售股份在解除限售前，挂牌公司应当按照全国股转公司有关规定披露相关公告。

(9)股东增持或减持股份

直接或间接持有公司5%以上股份的股东，所增持或减持股份占挂牌公司总股本的比例每达到5%的整数倍时，投资者应当按规定及时告知公司，并配合挂牌公司履行信息披露义务。挂牌公司应当及时披露股东持股情况变动公告。

挂牌公司投资者及其一致行动人拥有权益的股份达到《非上市公众公司收购管理办法》规定标准的，应当按照规定履行权益变动或控制权变动的披露义务。投资者及其一致行动人已披露权益变动报告书的，挂牌公司可以简化披露持股变动情况。

(10)承诺事项

挂牌公司和相关信息披露义务人披露承诺事项的，应当严格遵守其披露的承诺事项。挂牌公司应当及时披露承诺事项的履行进展情况。公司未履行承诺的，应当及时披露原因及相关当事人可能承担的法律责任；相关信息披露义务人未履行承诺的，公司应当主动询问，并及时披露原因以及董事会拟采取的措施。

(11)重大风险事件

全国股转公司对挂牌公司股票实行风险警示或作出股票终止挂牌决定后，挂牌公司应当及时披露。

挂牌公司出现下列重大风险情形之一的，应当自事实发生之日起及时披露：

①停产、主要业务陷入停顿；

②发生重大债务违约；

③发生重大亏损或重大损失；

④主要资产被查封、扣押、冻结，主要银行账号被冻结；

⑤公司董事会、股东大会无法正常召开会议并形成决议；

⑥董事长或者经理无法履行职责，控股股东、实际控制人无法取得联系；

⑦公司其他可能导致丧失持续经营能力的风险。

(12)公司其他重大事件

挂牌公司出现以下重大变更情形之一的，应当自事实发生或董事会决议之日起及时披露：

①变更公司名称、证券简称、公司章程、注册资本、注册地址、主要办公地址等，其中公司章程发生变更的，还应在股东大会审议通过后披露新的公司章程。

②经营方针和经营范围发生重大变化。

③挂牌公司控股股东、实际控制人及其一致行动人，或第一大股东发生变更。

④挂牌公司控股股东、实际控制人及其控制的企业占用公司资金。

⑤挂牌公司实际控制人及其控制的其他企业从事与公司相同或者相似业务的情况发生较大变化。

⑥法院裁定禁止控股股东、实际控制人转让其所持挂牌公司股份。

⑦挂牌公司董事、监事、高级管理人员发生变动。

⑧挂牌公司减资、合并、分立、解散及申请破产，或者依法进入破产程序、被责令关闭。

⑨订立重要合同、获得大额政府补贴等额外收益，可能对公司的资产、负债、权益和经营成果产生重大影响。

⑩挂牌公司提供担保，被担保人于债务到期后15个交易日内未履行偿债义务，或者被担保人出现破产、清算或其他严重影响其偿债能力的情形。

⑪营业用主要资产的抵押、质押、出售或者报废一次超过该资产的30%。

⑫挂牌公司发生重大债务。

⑬挂牌公司变更会计政策、会计估计(法律法规或者国家统一会计制度要求的除外)，变更会计师事务所。

⑭挂牌公司或其控股股东、实际控制人、董事、监事、高级管理人员被纳入失信联合惩戒对象。

⑮挂牌公司取得或丧失重要生产资质、许可、特许经营权，或生产经营的外部条件、行业政策发生重大变化。

⑯挂牌公司涉嫌违法违规被中国证监会及其派出机构或其他有权机关调查，被移送司法机关或追究刑事责任，受到对公司生产经营有重大影响的行政处罚，或者被中国证监会及其派出机构采取行政监管措施或行政处罚。

⑰挂牌公司董事、监事、高级管理人员、控股股东或实际控制人涉嫌违法违规被中国证监会及其派出机构或其他有权机关调查、采取留置、强制措施或者追究重大刑事责任，被中国证监会及其派出机构处以证券市场禁入、认定为不适当人员等监管措施，受到对公司生产经营有重大影响的行政处罚。

⑱因已披露的信息存在差错、虚假记载或者未按规定披露，被有关机构要求改正或者经董事会决定进行更正。

⑲挂牌公司发生违规对外担保，或者资金、资产被控股股东、实际控制人及其控制的企业占用的，应当披露相关事项的整改进度情况。违规对外担保，是指挂牌公司及其控股子公司未经公司章程等规定的审议程序而实施的对外担保事项。

⑳法律法规规定的，或者中国证监会、全国股转公司认定的其他情形。

四、信息披露事务管理制度

全国股转系统要求挂牌公司制定信息披露事务管理制度，经董事会审议并披露。

1. 挂牌公司信息披露事务管理制度的内容

(1)公司应当披露的信息和披露标准；

(2)未公开信息的传递、审核、披露流程；

(3)董事和董事会、监事和监事会、高级管理人员和信息披露事务负责人等在信息披露中的职责；

(4)董事、监事、高级管理人员和信息披露事务负责人履行职责的记录和保管制度；

(5)未公开信息的保密措施，内幕信息知情人登记管理要求，内幕信息知情人的范围和保密责任；

(6)财务管理和会计核算的内部控制及监督机制；

(7)对外发布信息的申请、审核、发布流程,与投资者、证券服务机构、媒体等的信息沟通制度;

(8)信息披露相关文件、资料的档案管理;

(9)控股子公司的信息披露事务管理和报告制度;

(10)未按规定披露信息的责任追究机制,对违反规定人员的处理措施。

2. 信息披露事务负责人

挂牌公司由信息披露事务负责人负责信息披露管理事务。基础层挂牌公司可以设立董事会秘书,也可以不设立董事会秘书的,不设置董事会秘书的,应当指定一名高级管理人员兼任信息披露事务负责人。创新层挂牌公司必须设置董事会秘书,董事会秘书是公司的信息披露事务负责人。

挂牌公司董事、监事、高级管理人员应当勤勉尽责,关注信息披露文件的编制情况,保证定期报告、临时报告在规定期限内披露,配合挂牌公司履行信息披露义务。挂牌公司应当制定董事、监事、高级管理人员以及其他相关人员对外发布信息的内部规范,明确发布程序、方式和未经董事会许可不得对外发布的事项等。

3. 信息披露义务人的配合义务

挂牌公司的相关信息披露义务人应当积极配合挂牌公司做好信息披露工作,及时告知公司已发生或者可能发生的重大事件,严格履行承诺。相关信息披露义务人通过挂牌公司披露信息的,挂牌公司应当予以协助。

挂牌公司及其他信息披露义务人应当配合为其提供服务的主办券商、证券服务机构的工作,按要求提供与其执业相关的材料,不得要求主办券商、证券服务机构出具与客观事实不符的文件或阻碍其工作。

挂牌公司在经营状况、公司治理、财务等方面发生重大变化的,应当及时告知主办券商,并按相关规定履行信息披露义务。

4. 内幕交易的限制

在内幕信息依法披露前,任何知情人不得公开或者泄露该信息,不得利用该信息进行交易。

挂牌公司通过业绩说明会、分析师会议、路演、接受投资者调研等形式就公司的经营情况、财务情况及其他事件与任何机构和个人进行沟通的,不得提供内幕信息。挂牌公司及其他信息披露义务人不得以新闻发布或者答记者问等形式代替信息披露或泄露未公开重大信息。

五、信息披露业务办理操作流程

挂牌公司办理持续信息披露业务，是通过全国股转系统业务支持平台信息披露系统实现披露文件的电子化填写与报送，业务支持平台信息披露系统由信息披露文件编制端和信息披露文件报送端等系统组成。挂牌公司进行信息披露，要通过主办券商办理。

挂牌公司通过信息披露文件编制端编制披露文件；主办券商使用“全国中小企业股份转让系统数字证书”通过信息披露文件报送端报送披露文件。数字证书是主办券商登录信息披露文件报送端的身份证明，使用数字证书在信息披露文件报送端进行的操作行为均代表主办券商的行为，主办券商承担相应法律责任；业务支持平台信息披露系统在规定的时间段中将披露文件自动发送至全国股转系统指定信息披露平台。

挂牌公司信息披露业务办理的流程如下。

（一）挂牌公司编制披露文件并报主办券商审查

1. 挂牌公司董事会秘书或者信息披露事务负责人应按照非上市公众公司信息披露内容与格式系列准则、《全国中小企业股份转让系统挂牌公司信息披露规则》和《全国中小企业股份转让系统临时公告格式模板》等规定，在信息披露文件编制端使用信息披露文件编制工具填写披露内容，生成信息披露文件。编制工具中未提供模板的临时报告，由挂牌公司根据有关规定自行编制。

挂牌公司在使用编制工具完成信息披露文件编制工作后，应当对编制工具生成的信息披露文件内容的真实性、准确性、完整性进行核查，确保不存在虚假记载、误导性陈述或者重大遗漏，并对其真实性、准确性、完整性承担相应的法律责任。

2. 挂牌公司将编制好的信息披露文件及备查文件送达主办券商。上述信息披露文件主要包括加盖董事会章的信息披露纸质文件及相应电子文件，其中电子文件包括定期报告或临时报告正文（PDF 格式及 Word 格式）及相应 XBRL 文件（自行编制的除外）。

（二）主办券商事前审查并上传至业务支持平台信息披露系统

1. 主办券商对拟披露的信息披露文件进行事前审查，发现拟披露的信息披露文件与中国证监会、全国股转系统相关规定不符的，主办券商应与挂牌公司沟通，了解相关情况，督导挂牌公司进行更正或补充，直至符合中国证监会、全国股转系统有关规定的要求。拟披露的信息披露文件存在虚假记载、误导性陈述或重大遗漏的，主办券商应要求挂牌公司及时改正，挂牌公司拒不改正的，主办券商应当在两个交易日内发布风险揭示公告并向全国股转公司报告。

主办券商对年度报告进行事前审查中，如发现存在风险警示情形，或者挂牌公司因更正年度报告、追溯调整财务数据导致其触发创新层退出情形的，主办券商应当最迟在披露当日向全国股转公司报告。

2. 主办券商事前审查后，无论是否有异议，均应通过信息披露文件报送端将信息披露文件正文（PDF 格式及 Word 格式）及 XBRL 文件（自行编制的除外）上传至业务支持平台信息披露系统。

主办券商最迟应在交易日 20:00 前完成事前审查并上传。

（三）业务支持平台信息披露系统将信息披露文件发送至信息披露平台

1. 主办券商在交易日 15:30 前上传信息披露文件，且拟披露日期为当日的，业务支持平台信息披露系统于当日 15:30 后自动将信息披露文件发送至信息披露平台披露，已上传的文件在 15:20 前可以撤回。

2. 主办券商在交易日 15:30 后上传信息披露文件，且拟披露日期为当日的，业务支持平台信息披露系统自动将信息披露文件发送至信息披露平台披露，已上传的文件不可撤回。

（四）信息披露文件披露后的审查和处理

1. 更正或补充公告的处理

全国股转公司监管人员在业务支持平台信息披露系统上对信息披露文件进行审查，若发现信息披露文件不符合中国证监会、全国股转系统信息披露有关规定，或存在重大错误或遗漏的，将通过业务支持平台信息披露系统向主办券商发送反馈意见。主办券商对有关问题核实后应及时通过业务支持平台信息披露系统向全国股转公司进行回复。

信息披露文件在信息披露平台披露后，如因错误或遗漏需要更正或补充的，挂牌公司需发布更正或补充公告，并重新披露相关信息披露文件，原已披露的信息披露文件不做撤销。

2. 补发公告的处理

挂牌公司不能按照规定的时间披露信息披露文件,或发现存在应当披露但尚未披露的信息披露文件的,挂牌公司应发布补发公告并补发信息披露文件。

全国股转公司若发现挂牌公司存在应披露但未披露信息披露文件的,通知主办券商督促挂牌公司发布补发公告并补发信息披露文件。

(五)信息披露文件无法正常披露的处理

主办券商通过信息披露文件报送端完成信息披露文件的上传后,应及时查看信息披露文件是否已成功披露至信息披露平台。如发现信息披露文件无法在规定的时间段成功披露的,主办券商应立即向全国股转公司报告,经全国股转公司确认后进行处理。

(六)信息查询

挂牌公司董事会秘书或信息披露负责人应至少每半个月通过中国结算公司Ukey对挂牌公司股权质押、冻结信息进行一次查询,发现达到信息披露标准的,应当及时编制并披露相关公告,做好挂牌公司的信息披露工作。

第六章　全国股转系统挂牌公司的治理要求

公司治理的好坏决定企业能否健康发展，由于上市公司是公众公司，涉及众多中小投资者的利益，完善且有效的公司治理制度决定了上市公司中小投资者的利益得到保护，因此中国证监会和证券交易所都高度重视上市公司的公司治理结构及运行状况。公司治理往往是我国证券交易所制度规则的重要部分，北京证券交易所也不例外。

北京证券交易所的上市公司来源于全国股转系统挂牌满 12 个月的创新层挂牌公司，挂牌公司在新三板挂牌期间，必须按照全国股转系统的要求，建立和完善公司治理结构，并进行良好运作，这也是挂牌公司申请到北京证券交易所挂牌的基本要求。与直接申请到主板、科创板、创业板首次公开发行股票并上市的企业不同，直接申请科创板、创业板上市的公司还有整改的机会，新三板挂牌公司作为非上市公众公司，其在挂牌期间的表现会作为北京证券交易所申请上市时对公司规范运作情况的评价。如果在新三板挂牌期间公司治理结构存在重大问题，则认为企业不具备向北京证券交易所申请股票发行和上市的条件，因此在新三板挂牌的公司应按照相关规则在挂牌期间建立和完善公司治理结构，避免企业出现治理结构方面的重大规范运作问题，否则可能成为申请上市的实质性障碍。新三板挂牌公司的公司治理要求，规定在《全国中小企业股份转让系统挂牌公司治理规则》中，该规则规定了新三板挂牌公司的公司治理组织结构、董事、监事和高级管理人员的任职资格和行业规范，股东、控股股东和实际控制人的行为规范，重大交易和关联交易的审议程序，承诺事项管理，投资者关系管理，社会责任等内容。下面就新三板挂牌期间的公司治理规则进行讲解，供新三板挂牌公司遵循。

第一节 股东大会、董事会和监事会

挂牌公司的股东大会是公司的最高权力机构，董事会是股东大会的执行机构，监事会是公司的监督机构，对董事会及高级管理人员的行为进行监督。《公司法》和《全国中小企业股份转让系统挂牌公司治理规则》规定了股东大会、董事会、监事会的职权、议事规则、会议程序等内容，挂牌公司应严格按照这些规则的规定，召开股东大会、董事会、监事会，并依法行使《公司法》《全国中小企业股份转让系统挂牌公司治理规则》和公司章程规定的职权。

一、股东大会

1. 股东大会的职权

《公司法》规定，公司股东大会的职权如下。

(1)决定公司的经营方针和投资计划；

(2)选举和更换非由职工代表担任的董事、监事，决定有关董事、监事的报酬事项；

(3)审议批准董事会的报告；

(4)审议批准监事会或者监事的报告；

(5)审议批准公司的年度财务预算方案、决算方案；

(6)审议批准公司的利润分配方案和弥补亏损方案；

(7)对公司增加或者减少注册资本作出决议；

(8)对发行公司债券作出决议；

(9)对公司合并、分立、解散、清算或者变更公司形式作出决议；

(10)修改公司章程；

(11)公司章程规定的其他职权。

这些职责属于股东大会的法定职权，一般不允许股东大会以授权方式授权董事会行使。另外，公司也可以根据实际情况，增加股东大会对重大事项的审议权。挂牌公司应当在公司章程中规定股东大会的职责，以及召集、召开和表决等程序，规范股东大会运作机制。挂牌公司应当制定股东大会议事规则，列入公司章程或者作为章程附件。

挂牌公司股东大会应当在《公司法》和公司章程规定的范围内行使职权。挂牌公司应当在公司章程中规定股东大会对董事会的授权原则,授权内容应当明确具体。授权仅限于公司章程中规定的除法定职权外的其他重大事项,股东大会不得将其法定职权授予董事会行使。

2. 股东大会的召开

(1)股东大会的召开时间

挂牌公司应当严格依照法律法规、部门规章、业务规则和公司章程的规定召开临时股东大会和年度股东大会,保证股东能够依法行使权利。年度股东大会每年召开一次,应当在上一会计年度结束后的6个月内召开;临时股东大会不定期召开,出现《公司法》规定应当召开临时股东大会情形的,应当在2个月内召开临时股东大会。在上述期限内不能召开股东大会的,挂牌公司应当及时告知主办券商,并披露公告说明原因。挂牌公司作为公众公司,要严格按期召开年度股东大会,临时股东大会可以根据实际需要召开。

(2)股东大会的召集权

挂牌公司股东大会的召集权由董事会行使,董事会应当切实履行职责,在规定的期限内按时召集股东大会。全体董事应当勤勉尽责,确保股东大会正常召开和依法行使职权。监事会有权向董事会提议召开临时股东大会,并应当以书面形式提出。董事会不同意召开,或者在收到提议后10日内未作出书面反馈的,监事会应当自行召集和主持临时股东大会。

单独或者合计持有公司10%以上股份的股东可以书面提议董事会召开临时股东大会;董事会不同意召开,或者在收到提议后10日内未作出反馈的,上述股东可以书面提议监事会召开临时股东大会。监事会同意召开的,应当在收到提议后5日内发出召开股东大会的通知;未在规定期限内发出通知的,视为监事会不召集和主持股东大会,连续90日以上单独或者合计持有公司10%以上股份的股东可以自行召集和主持临时股东大会。在股东大会决议公告前一日,召集股东大会的股东合计持股比例不得低于10%。

监事会或者股东依法自行召集股东大会的,挂牌公司董事会、信息披露事务负责人应当予以配合,并及时履行信息披露义务。监事会或者股东依法自行召集股东大会产生的必要费用由挂牌公司承担。

3. 股东大会的提案

挂牌公司股东大会提案的内容应当符合法律法规和公司章程规定的股东大会职权范围，股东大会提案时应当有明确议题和具体决议事项。

单独或者合计持有公司 3% 以上股份的股东可以在股东大会召开 10 日前提出临时提案并书面提交召集人；召集人应当在收到提案后 2 日内发出股东大会补充通知，并将该临时提案提交股东大会审议。

除上述股东提交的临时提案外，在发出股东大会通知后，召集人不得修改或者增加新的提案。股东大会不得对股东大会通知中未列明或者不符合法律法规和公司章程规定的提案进行表决并作出决议。

股东大会通知和补充通知中应当充分、完整地披露提案的具体内容，以及为使股东对拟讨论事项作出合理判断所需的全部资料或解释。

股东大会通知发出后，无正当理由不得延期或者取消，股东大会通知中列明的提案不得取消。确需延期或者取消的，公司应当在股东大会原定召开日前至少 2 个交易日公告，并详细说明原因。

4. 股东大会的通知程序

挂牌公司召开股东大会应当按照相关规定将会议召开的时间、地点和审议的事项以公告的形式向全体股东发出通知。股东大会通知中应当列明会议时间、地点，并确定股权登记日。股权登记日与会议日期之间的间隔不得多于 7 个交易日，且应当晚于公告的披露时间。股权登记日一旦确定，不得变更。

5. 股东大会的召开地点

挂牌公司股东大会应当设置会场，以现场会议方式召开。现场会议时间、地点的选择应当便于股东参加。挂牌公司应当保证股东大会会议合法、有效，为股东参加会议提供便利。

股东人数超过 200 人的挂牌公司，股东大会审议下列影响中小股东利益的重大事项时，应当提供网络投票方式，并对中小股东的表决情况单独计票并披露：

(1) 任免董事；

(2) 制定、修改利润分配政策，或者审议权益分派事项；

(3) 关联交易、提供担保（不含对合并报表范围内的子公司提供担保）、对外提供财务资助、变更募集资金用途等；

(4)重大资产重组、股权激励;

(5)公开发行股票;

(6)法律法规、部门规章、业务规则及公司章程规定的其他事项。

6. 股东大会的主持

主持是股东大会召开的一个重要环节,否则股东大会便无法顺利召开。按照《公司法》和《全国中小企业股份转让系统挂牌公司治理规则》的要求,正常召开的股东大会由董事长主持。董事长不能履行职务或者不履行职务时,由副董事长主持;副董事长不能履行职务或者不履行职务时,由半数以上董事共同推举一名董事主持。

监事会自行召集的股东大会,由监事会主席主持。监事会主席不能履行职务或者不履行职务时,由监事会副主席主持;监事会副主席不能履行职务或不履行职务时,由半数以上监事共同推举一名监事主持。

股东依法自行召集的股东大会,由召集人推选代表主持。

7. 表决权的行使

(1)一般事项的表决权

挂牌公司股东以其有表决权的股份数额行使表决权,所持每一股份享有一票表决权,法律法规另有规定的除外。挂牌公司持有的本公司股份没有表决权,且该部分股份不计入出席股东大会有表决权的股份总数。挂牌公司的控股子公司不得取得该挂牌公司的股份。确实由于特殊原因持有股份的,应当在一年内依法消除该情形。前述情形消除前,相关子公司不得行使所持股份对应的表决权,且该部分股份不计入出席股东大会有表决权的股份总数。

(2)关联关系事项的表决权

股东与股东大会拟审议事项有关联关系的,应当回避表决,其所持有表决权的股份不计入出席股东大会有表决权的股份总数。法律法规、部门规章、业务规则另有规定和全体股东均为关联方的除外。

(3)特别表决权的规定

科技创新公司可以按照法律法规、部门规章、业务规则的规定,发行拥有特别表决权股份。特别表决权股份的相关安排,应当经出席股东大会的股东所持表决权的2/3以上通过,拟持有特别表决权股份的股东及其关联方应当回避表决。

持有特别表决权股份的股东应当为公司董事,且在公司中拥有权益的股份

达到公司有表决权股份的10%以上。每份特别表决权股份的表决权数量应当相同，且不得超过每份普通股份的表决权数量的10倍。

存在特别表决权股份的公司表决权差异的设置、存续、调整、信息披露和投资者保护等事项，按照全国股转公司的规定执行。

特别表决权仅适用于公司章程约定的股东大会特定决议事项。除前述事项外，持有特别表决权股份的股东与持有普通股份的股东享有的权利完全相同。

(4)委托表决

挂牌公司股东可以本人投票或者依法委托他人投票。股东依法委托他人投票的，挂牌公司不得拒绝。

(5)表决权的征集

挂牌公司董事会、独立董事和符合有关条件的股东可以向公司股东征集其在股东大会上的投票权。征集投票权应当向被征集人充分披露具体投票意向等信息，且不得以有偿或者变相有偿的方式进行。

挂牌公司可以在公司章程中规定征集投票权制度，但是不得对征集投票权设定不适当障碍而损害股东的合法权益。

(6)累积投票权

累积投票权是股份有限公司在选举董事、监事时针对中小股东持股较少，没有较强话语权所做的一种特别设计。挂牌公司股东大会选举董事、监事时，中小股东可以把自己的投票权集中使用，投向自己中意的人选。股东大会选举董事、监事时，应当充分反映中小股东的意见。鼓励挂牌公司股东大会在董事、监事选举中推行累积投票制。采用累积投票制的挂牌公司应当在公司章程中规定具体的实施办法。

(7)表决程序

挂牌公司除累积投票制外，股东大会对所有提案应当逐项表决。对同一事项有不同提案的，应当按照提案的时间顺序进行表决，股东在股东大会上不得对同一事项不同的提案同时投同意票。

除由于不可抗力等特殊原因导致股东大会中止或不能作出决议外，股东大会不得对提案进行搁置或不予表决。

(8)会议记录

挂牌公司股东大会要形成会议记录。会议记录主要是对股东大会中股东发表的意见进行书面记录，以保证股东大会决议的真实性和有效性。股东大会的会议记录是股东大会的重要文件之一。股东大会的会议记录由信息披露事务负责人负责。出席会议的董事、信息披露事务负责人、召集人或者其代表、会议主持人应当在会议记录上签名，并保证会议记录真实、准确、完整。会议记录应当与现场出席股东的签名册和代理出席的授权委托书、网络及其他方式有效表决资料一并保存。

(9)股东大会的见证

挂牌公司召开年度股东大会以及股东大会提供网络投票方式的，应当聘请律师对股东大会的召集、召开程序、出席会议人员的资格、召集人资格、表决程序和结果等会议情况出具法律意见书。对其他临时股东大会没有明确要求，但一般都需要律师见证并出具法律意见书。

二、董事会、经理

(一)董事会

1. 董事会的职权

《公司法》规定，董事会对股东会负责，行使下列职权：

(1)召集股东会会议，并向股东会报告工作；

(2)执行股东会的决议；

(3)决定公司的经营计划和投资方案；

(4)制订公司的年度财务预算方案、决算方案；

(5)制订公司的利润分配方案和弥补亏损方案；

(6)制订公司增加或者减少注册资本以及发行公司债券的方案；

(7)制订公司合并、分立、解散或者变更公司形式的方案；

(8)决定公司内部管理机构的设置；

(9)决定聘任或者解聘公司经理及其报酬事项，并根据经理的提名决定聘任或者解聘公司副经理、财务负责人及其报酬事项；

(10)制定公司的基本管理制度；

(11)公司章程规定的其他职权。

上述第1~10项所规定的职权是董事会的法定职权，公司章程也可以在上述法定职权外，规定其他应由董事会审议的其他职权，但不得行使股东大会应行使的法定职权。

董事会对股东大会负责,执行股东大会的决议。董事会应当依法履行职责,确保挂牌公司遵守法律法规、部门规章、业务规则和公司章程的规定,公平对待所有股东,并关注其他利益相关者的合法权益。

挂牌公司应当保障董事会依照法律法规、部门规章、业务规则和公司章程的规定行使职权,为董事正常履行职责提供必要的条件。

挂牌公司应当在公司章程中载明董事会的职责,董事会召集、召开、表决等程序,规范董事会运作机制,并应当制定董事会议事规则,报股东大会批准,同时列入公司章程或者作为章程附件。

2. 董事会的人数及人员构成

股份有限公司设董事会,其成员为 5 ~ 19 人。董事会人数一般应为单数,避免在表决时形成僵持局面。

董事会成员中可以有公司职工代表。董事会中的职工代表由公司职工通过职工代表大会、职工大会或者其他形式民主选举产生。

挂牌公司董事会的人数及人员构成应当符合法律法规、部门规章、业务规则和公司章程的要求。董事会成员应当具备履行职责所必需的知识、技能和素质。

全国股转系统没有强制要求挂牌公司建立独立董事制度,但鼓励挂牌公司聘请独立董事,建立相应的制度,独立董事的管理及任职资格等事宜应该符合全国股转公司的有关规定。

挂牌公司董事会可以根据需要设立审计、战略、提名、薪酬与考核等相关专门委员会。专门委员会对董事会负责,依照公司章程和董事会授权履行职责。专门委员会的组成、职责等应当在公司章程中规定。

3. 董事会授权

董事会授权董事长在董事会闭会期间行使董事会部分职权的,挂牌公司应当在公司章程中明确规定授权的原则和具体内容。

挂牌公司重大事项应当由董事会集体决策,董事会不得将法定职权授予个别董事或者他人行使。

4. 董事会的召开

挂牌公司应当严格依照法律法规、部门规章、业务规则和公司章程的规定召开董事会,规范董事会议事方式和决策程序。

董事会每年度至少召开两次会议，每次会议应当于会议召开10日前通知全体董事和监事；董事会召开临时会议，应当按照公司章程的规定发出会议通知。董事会会议议题应当事先拟定，并提供足够的决策材料。

代表1/10以上表决权的股东、1/3以上董事或者监事会，可以提议召开董事会临时会议。董事长应当自接到提议后10日内，召集和主持董事会会议。

董事会召开临时会议，可以另定召集董事会的通知方式和通知时限。

董事会会议应有过半数的董事出席方可举行。董事会作出决议，必须经全体董事的过半数通过。

5. 董事会的表决

董事会决议的表决，实行一人一票。

董事与董事会会议决议事项有关联关系的，应当回避表决，不得对该项决议行使表决权，也不得代理其他董事行使表决权。该董事会会议由过半数的无关联关系董事出席即可举行，董事会会议所作决议须经无关联关系董事过半数通过。出席董事会的无关联关系董事人数不足3人的，应将该事项提交挂牌公司股东大会审议。

6. 董事会秘书和信息披露事务负责人

在新三板挂牌的公司，如果已进入创新层，应当设董事会秘书作为信息披露事务负责人，负责信息披露事务、股东大会和董事会会议的筹备、投资者关系管理、股东资料管理等工作。如果还在基础层，相关规则没有要求必须设立董事会秘书，挂牌公司可以视情况确定是否设董事会秘书一职。基础层挂牌公司未设董事会秘书的，应当指定一名高级管理人员作为信息披露事务负责人负责上述事宜，全国股转公司参照董事会秘书的有关规定对其进行管理。信息披露事务负责人应当列席公司的董事会和股东大会。信息披露事务负责人空缺期间，挂牌公司应当指定一名董事或者高级管理人员代行信息披露事务负责人职责，并在3个月内确定信息披露事务负责人的人选。公司指定代行人员之前，由董事长代行信息披露事务负责人职责。

7. 董事会会议记录

董事会会议记录是记录挂牌公司董事履行职责的依据，董事会应当如实记录董事在会议中的发言，会议记录应当真实、准确、完整。出席会议的董事、信息披露事务负责人和记录人应当在会议记录上签名。董事会会议记录应当妥善保存。

董事应当对董事会的决议承担责任。董事会的决议违反法律、行政法规或者公司章程、股东大会决议，致使公司遭受严重损失的，参与决议的董事对公司负赔偿责任。但经证明在表决时曾表明异议并记载于会议记录的，该董事可以免除责任。

（二）经理

经理是公司的高级管理人员，经理对董事会负责，由董事会决定聘任或者解聘。经理行使下列职权：

（1）主持公司的生产经营管理工作，组织实施董事会决议；

（2）组织实施公司年度经营计划和投资方案；

（3）拟订公司内部管理机构设置方案；

（4）拟订公司的基本管理制度；

（5）制定公司的具体规章；

（6）提请聘任或者解聘公司副经理、财务负责人；

（7）决定聘任或者解聘除应由董事会决定聘任或者解聘以外的负责管理人员；

（8）董事会授予的其他职权。

在新三板挂牌公司中，经理的名称会有所差别，有些公司称为总经理，有些公司喜欢用总裁的名称，只要是履行经理职责的人员，无论如何称呼，都是《公司法》规定的经理。经理为公司的高级管理人员，除经理外，公司的高级管理人员一般还包括公司的副总经理、财务总监、董事会秘书（如设置）。

三、监事会

1. 监事会的组成

股份有限公司设监事会，其成员不得少于 3 人。监事会的人员和结构应当确保监事会能够独立有效地履行职责。监事应当具有相应的专业知识或者工作经验，具备有效的履职能力。

监事会中应当有股东代表和适当比例的公司职工代表，其中职工代表的比例不得低于 1/3，具体比例由公司章程规定。监事会中的职工代表由公司职工通过职工代表大会、职工大会或者其他形式民主选举产生。

监事会设主席一人，可以设副主席。监事会主席和副主席由全体监事过半数选举产生。监事会主席召集和主持监事会会议；监事会主席不能履行职务或者不履行职务的，由监事会副主席召集和主持监事会会议；监事会副主席不能履行职务或者不履行职务的，由半数以上监事共同推举一名监事召集和主持监事会会议。

董事、高级管理人员不得兼任监事。

2. 监事会的职权

挂牌公司监事会行使下列职权：

(1)检查公司财务；

(2)对董事、高级管理人员执行公司职务的行为进行监督，对违反法律、行政法规、公司章程或者股东会决议的董事、高级管理人员提出罢免的建议；

(3)当董事、高级管理人员的行为损害公司的利益时，要求董事、高级管理人员予以纠正；

(4)提议召开临时股东会会议，在董事会不履行《公司法》规定的召集和主持股东会会议职责时召集和主持股东会会议；

(5)向股东会会议提出提案；

(6)依照《公司法》第151条的规定，对董事、高级管理人员提起诉讼；

(7)公司章程规定的其他职权。

除上述第1~6项规定的法定职权外，挂牌公司可以在公司章程中增加监事会的其他职权。

监事可以列席董事会会议，并对董事会决议事项提出质询或者建议。

监事会应当了解公司的经营情况，检查公司财务，监督董事、高级管理人员履职的合法合规性，行使公司章程规定的其他职权，维护挂牌公司及股东的合法权益。监事会在发现公司经营情况异常时，可以进行调查；监事会可以独立聘请中介机构提供专业意见，费用由公司承担。挂牌公司应当采取措施保障监事的知情权，为监事正常履行职责提供必要的协助，任何人不得干预、阻挠。监事履行职责所需的有关费用由公司承担。

监事会发现董事、高级管理人员违反法律法规、部门规章、业务规则或者公司章程的，应当履行监督职责，向董事会通报或者向股东大会报告，也可以直接向主办券商或者全国股转公司报告。

监事会行使职权所必需的费用,由公司承担。

3. 监事会的召开及会议程序

挂牌公司应当严格依照法律法规、部门规章、业务规则和公司章程的规定召开监事会,规范监事会的议事方式和决策程序。

监事会每6个月至少召开一次会议,临时会议可以根据监事的提议召开。监事会应当按照公司章程的规定发出会议通知。监事会会议议题应当事先拟定,并提供相应的决策材料。监事会可以要求董事、高级管理人员、内部及外部审计人员等列席监事会会议,回答所关注的问题。

4. 监事会会议记录

监事会会议记录是监事履行职责的依据,记录内容应当真实、准确、完整。出席会议的监事、记录人应当在会议记录上签名。监事会会议记录应当妥善保存。

第二节　董事、监事与高级管理人员

一、董事、监事与高级管理人员的任职管理

《全国中小企业股份转让系统挂牌公司治理规则》规定:挂牌公司应当在公司章程中载明董事、监事、高级管理人员的提名、选聘程序,规范董事、监事、高级管理人员的选聘行为。职工监事依照法律法规、部门规章、业务规则和公司章程选举产生。董事会设有提名委员会的,董事的提名由提名委员会负责。

挂牌公司董事、高级管理人员不得兼任监事。董事、高级管理人员的配偶和直系亲属在公司董事、高级管理人员任职期间不得担任公司监事。

董事、监事、高级管理人员候选人的任职资格应当符合法律法规、部门规章、业务规则和公司章程等规定。挂牌公司应当在公司章程中明确,存在下列情形之一的,不得担任挂牌公司董事、监事或者高级管理人员,挂牌公司现任董事、监事和高级管理人员发生下列情形的,应当及时向公司主动报告并自事实发生之日起1个月内离职:

(1)《公司法》规定不得担任董事、监事和高级管理人员的情形;

(2)被中国证监会采取证券市场禁入措施或者认定为不适当人选,期限尚

未届满;

(3)被全国股转公司或者证券交易所采取认定不适合担任公司董事、监事、高级管理人员的纪律处分,期限尚未届满;

(4)中国证监会和全国股转公司规定的其他情形。

财务负责人作为高级管理人员,除符合前款规定外,还应当具备会计师以上专业技术职务资格,或者具有会计专业知识背景并从事会计工作三年以上。

董事、监事和高级管理人员候选人存在下列情形之一的,挂牌公司应当披露该候选人的具体情形、拟聘请该候选人的原因以及是否影响公司规范运作,并提示相关风险:

(1)最近三年内受到中国证监会及其派出机构行政处罚;

(2)最近三年内受到全国股转公司或者证券交易所公开谴责或者三次以上通报批评;

(3)因涉嫌犯罪被司法机关立案侦查或者涉嫌违法违规被中国证监会立案调查,尚未有明确结论意见。

上述期间,应当以公司董事会、股东大会等有权机构审议董事、监事和高级管理人员候选人聘任议案的日期为截止日。

董事会、监事会应当对候选人的任职资格进行核查,发现候选人不符合任职资格的,应当要求提名人撤销对该候选人的提名,提名人应当撤销。

二、董事、监事与高级管理人员的辞职管理

挂牌公司董事、监事和高级管理人员辞职应当提交书面辞职报告,不得通过辞职等方式规避其应当承担的职责。除下列情形外,董事、监事和高级管理人员的辞职自辞职报告送达董事会或者监事会时生效:

(1)董事、监事辞职导致董事会、监事会成员低于法定最低人数;

(2)职工代表监事辞职导致职工代表监事人数少于监事会成员的1/3;

(3)董事会秘书辞职未完成工作移交或相关公告未披露。

在上述情形下,辞职报告应当在下任董事、监事填补因其辞职产生的空缺,或者董事会秘书完成工作移交且相关公告披露后方能生效。在辞职报告尚未生效之前,拟辞职董事、监事或者董事会秘书仍应当继续履行职责。发生上述情形的,公司应当在2个月内完成董事、监事的补选工作。

三、董事、监事与高级管理人员的行为规范

1. 董事、监事、高级管理人员的义务

董事、监事、高级管理人员应当遵守法律法规、部门规章、业务规则和公司章程，对公司负有忠实义务和勤勉义务，严格履行其作出的公开承诺，不得损害公司利益。

2. 董事的行为规范

（1）审慎履行职责

董事应当充分考虑所审议事项的合法合规性、对公司的影响以及存在的风险，审慎履行职责并对所审议事项表示明确的个人意见。对所审议事项有疑问的，应当主动调查或者要求董事会提供决策所需的进一步信息。

董事应当充分关注董事会审议事项的提议程序、决策权限、表决程序等相关事宜。

（2）出席会议

挂牌公司的董事应当出席董事会会议，因故不能出席的，可以书面形式委托其他董事代为出席。涉及表决事项的，委托人应当在委托书中明确对每一事项发表同意、反对或者弃权的意见。董事不得作出或者接受无表决意向的委托、全权委托或者授权范围不明确的委托。董事对表决事项的责任不因委托其他董事出席而免责。

一名董事不得在一次董事会会议上接受超过两名董事的委托代为出席会议。

（3）审议定期报告

挂牌公司董事在审议定期报告时，应当认真阅读定期报告全文，重点关注定期报告的内容是否真实、准确、完整，是否存在重大编制错误或者遗漏，主要会计数据和财务指标是否发生大幅波动及波动原因的解释是否合理，是否存在异常情况，是否全面分析了公司报告期财务状况与经营成果并且充分披露了可能影响公司未来财务状况与经营成果的重大事项和不确定性因素等。

董事应当依法对定期报告是否真实、准确、完整签署书面确认意见，不得委托他人签署，也不得以任何理由拒绝签署。董事对定期报告内容的真实性、准确性、完整性无法保证或者存在异议的，应当说明具体原因并公告。

3. 董事长的行为规范

董事长应当积极推动公司制定、完善和执行各项内部制度。

董事长不得从事超越其职权范围的行为。董事长在其职权范围(包括授权)内行使权力时,遇到对公司经营可能产生重大影响的事项时,应当审慎决策,必要时应当提交董事会集体决策。对于授权事项的执行情况,董事长应当及时告知全体董事。

董事长应当保证信息披露事务负责人的知情权,不得以任何形式阻挠其依法行使职权。董事长在接到可能对公司股票及其他证券品种交易价格、投资者投资决策产生较大影响的重大事件报告后,应当立即敦促信息披露事务负责人及时履行信息披露义务。

4. 监事的行为规范

监事应当对公司董事、高级管理人员遵守法律法规、部门规章、业务规则和公司章程以及执行公司职务的行为进行监督。

监事在履行监督职责过程中,对违反法律法规、公司章程或者股东大会决议的董事、高级管理人员可以提出罢免的建议。

监事发现董事、高级管理人员及公司存在违反法律法规、部门规章、业务规则、公司章程或者股东大会决议的行为,已经或者可能给公司造成重大损失的,应当及时向董事会、监事会报告,提请董事会及高级管理人员予以纠正。

5. 高级管理人员的行为规范

高级管理人员应当严格执行董事会决议、股东大会决议等,不得擅自变更、拒绝或者消极执行相关决议。

财务负责人应当积极督促公司制定、完善和执行财务管理制度,重点关注资金往来的规范性。

董事会秘书为公司的高级管理人员,应当积极督促公司制定、完善和执行信息披露事务管理制度,做好相关信息披露工作。

第三节 股东、控股股东及实际控制人

一、股东的权利

股东依照法律法规和公司章程享有权利并承担义务。挂牌公司章程、股东大会决议或者董事会决议等不得剥夺或者限制股东的法定权利。挂牌公司应当建立与股东畅通有效的沟通渠道,保障股东对公司重大事项的知情权、参与决策和监督等权利。

挂牌公司申请股票终止挂牌的,应当充分考虑股东的合法权益,并对异议股东作出合理安排。

挂牌公司应当制定利润分配制度,并可以对现金分红的具体条件和比例、未分配利润的使用原则等作出具体规定,保障股东的分红权。

二、控股股东、实际控制人的行为规范

所谓控股股东,是指其出资额占有限责任公司资本总额50%以上或者其持有的股份占股份有限公司股本总额50%以上的股东;出资额或者持有股份的比例虽然不足50%,但依其出资额或者持有的股份所享有的表决权已足以对股东会、股东大会的决议产生重大影响的股东。实际控制人,是指虽不是公司的股东,但通过投资关系、协议或者其他安排,能够实际支配公司行为的人。挂牌公司无控股股东、实际控制人的,公司第一大股东及其实际控制人应当按照控股股东、实际控制人的要求履行相关义务,并承担相应的责任。

1. 不得影响公司的独立性

挂牌公司控股股东、实际控制人应当采取切实措施保证公司资产独立、人员独立、财务独立、机构独立和业务独立,不得通过任何方式影响公司的独立性。

2. 负有诚信义务

控股股东、实际控制人对挂牌公司及其他股东负有诚信义务,应当依法行使股东权利,履行股东义务。控股股东、实际控制人不得利用其控制权损害挂牌公司及其他股东的合法权益,不得利用控制地位谋取非法利益。

控股股东、实际控制人不得违反法律法规、部门规章、业务规则和公司章程干预挂牌公司的正常决策程序，损害挂牌公司及其他股东的合法权益，不得对股东大会人事选举结果和董事会人事聘任决议设置批准程序，不得干预高级管理人员正常选聘程序，不得越过股东大会、董事会直接任免高级管理人员。

3. 不得违法获取挂牌公司信息

挂牌公司控股股东、实际控制人不得通过直接调阅、要求挂牌公司向其报告等方式获取公司未公开的重大信息，法律法规另有规定的除外。

4. 不得占用公司资金

挂牌公司控股股东、实际控制人及其控制的企业不得以下列任何方式占用公司资金：

（1）公司为控股股东、实际控制人及其控制的企业垫付工资、福利、保险、广告等费用和其他支出；

（2）公司代控股股东、实际控制人及其控制的企业偿还债务；

（3）有偿或者无偿、直接或者间接地从公司拆借资金给控股股东、实际控制人及其控制的企业；

（4）不及时偿还公司承担控股股东、实际控制人及其控制的企业的担保责任而形成的债务；

（5）公司在没有商品或者劳务对价的情况下提供给控股股东、实际控制人及其控制的企业使用资金；

（6）中国证监会、全国股转公司认定的其他形式的占用资金情形。

5. 不得参与同业竞争

控股股东、实际控制人及其控制的企业不得在挂牌公司挂牌后新增同业竞争。

6. 配合公司保证信息披露质量

挂牌公司股东、实际控制人、收购人应当严格按照相关规定履行信息披露义务，及时告知挂牌公司控制权变更、权益变动和其他重大事项，并保证披露的信息真实、准确、完整，不得有虚假记载、误导性陈述或者重大遗漏。

挂牌公司股东、实际控制人、收购人应当积极配合公司履行信息披露义务，不得要求或者协助公司隐瞒重要信息。

7. 承担保密义务

挂牌公司股东、实际控制人及其他知情人员在相关信息披露前负有保密义务，不得利用公司未公开的重大信息谋取利益，不得进行内幕交易、操纵市场或者其他欺诈活动。挂牌公司应当做好证券公开发行、重大资产重组、回购股份等重大事项的内幕信息知情人登记管理工作。

8. 不得在敏感期买卖本公司股票

挂牌公司控股股东、实际控制人、董事、监事和高级管理人员在下列期间不得买卖本公司股票：

(1)公司年度报告公告前 30 日内，由于特殊原因推迟年度报告日期的，自原预约公告日前 30 日起算，直至公告日日终；

(2)公司业绩预告、业绩快报公告前 10 日内；

(3)自可能对公司股票及其他证券品种交易价格、投资者投资决策产生较大影响的重大事件发生之日或者进入决策程序之日，至依法披露后 2 个交易日内；

(4)中国证监会、全国股转公司认定的其他期间。

三、控制权转让

挂牌公司控股股东、实际控制人及其一致行动人转让控制权的，应当公平合理，不得损害公司和其他股东的合法权益。

控股股东、实际控制人及其一致行动人转让控制权时存在下列情形的，应当在转让前予以解决：

(1)违规占用公司资金；

(2)未清偿对公司债务或者未解除公司为其提供的担保；

(3)对公司或者其他股东的承诺未履行完毕；

(4)对公司或者中小股东利益存在重大不利影响的其他事项。

第四节　重大交易

一、重大交易的范围

所谓重大交易，是指挂牌公司的交易额达到规定标准的交易活动。挂牌公

司的重大交易涉及股东及公司的重大利益,要按照规则或公司章程的要求提交股东大会或董事会审议。重大交易包括下列事项:

(1)购买或者出售资产,不包括购买原材料、燃料和动力,以及出售产品或者商品等与日常经营相关的交易行为;

(2)对外投资(含委托理财、对子公司投资等);

(3)提供担保;

(4)提供财务资助;

(5)租入或者租出资产;

(6)签订管理方面的合同(含委托经营、受托经营等);

(7)赠与或者受赠资产;

(8)债权或者债务重组;

(9)研究与开发项目的转移;

(10)签订许可协议;

(11)放弃权利;

(12)中国证监会、全国股转公司认定的其他交易。

二、重大交易的审议

(一)应提交股东大会审议的重大交易

挂牌公司应当根据法律法规、部门规章、业务规则在公司章程中规定交易事项提交董事会或股东大会的审议标准,规范履行审议程序。挂牌公司可以根据相关规则,制定更为严格的审议标准。

挂牌公司的交易事项构成重大资产重组的,应当按照《非上市公众公司重大资产重组管理办法》等有关规定履行审议程序。

创新层挂牌公司发生的交易(除提供担保外)达到下列标准之一的,应当提交股东大会审议:

(1)交易涉及的资产总额(同时存在账面值和评估值的,以孰高为准)或成交金额占公司最近一个会计年度经审计总资产的50%以上;

(2)交易涉及的资产净额或成交金额占公司最近一个会计年度经审计净资产绝对值的50%以上,且超过1500万元的。

所谓成交金额,是指支付的交易金额和承担的债务及费用等。交易安排涉及未来可能支付或者收取对价的、未涉及具体金额或者根据设定条件确定金额的，预计最高金额为成交金额。挂牌公司与同一交易方同时发生同一类别且方向相反的交易时，应当按照其中的单向金额适用上述标准。

基础层挂牌公司的审议标准由公司决定，并在公司章程中明确，应当按照公司章程的规定对发生的交易事项履行审议程序。

挂牌公司单方面获得利益的交易，包括受赠现金资产、获得债务减免、接受担保和资助等，或者挂牌公司与其合并报表范围内的控股子公司发生的或者上述控股子公司之间发生的交易，除另有规定或者损害股东合法权益的以外，免于按照上述规定履行股东大会审议程序。

（二）应提交董事会审议的重大交易

1. 对外提供担保。挂牌公司对外提供担保的，应当提交公司董事会审议。符合以下情形之一的，还应当提交公司股东大会审议：

（1）单笔担保额超过公司最近一期经审计净资产 10% 的担保；

（2）公司及其控股子公司的对外担保总额，超过公司最近一期经审计净资产 50% 以后提供的任何担保；

（3）为资产负债率超过 70% 的担保对象提供的担保；

（4）按照担保金额连续 12 个月累计计算原则，超过公司最近一期经审计总资产 30% 的担保；

（5）中国证监会、全国股转公司或者公司章程规定的其他担保。

挂牌公司为全资子公司提供担保，或者为控股子公司提供担保且控股子公司其他股东按所享有的权益提供同等比例担保，不损害公司利益的，可以豁免适用上述第 1 ~ 3 项的规定，但是公司章程另有规定的除外。

2. 对外提供财务资助事项。挂牌公司对外提供财务资助事项属于下列情形之一的，经董事会审议通过后还应当提交公司股东大会审议：

（1）被资助对象最近一期的资产负债率超过 70%；

（2）单次财务资助金额或者连续 12 个月内累计提供财务资助金额超过公司最近一期经审计净资产的 10%；

（3）中国证监会、全国股转公司或者公司章程规定的其他情形。

挂牌公司不得为董事、监事、高级管理人员、控股股东、实际控制人及其控制的企业等关联方提供资金等财务资助。对外财务资助款项逾期未收回的，挂牌公司不得对同一对象继续提供财务资助或者追加财务资助。

所称提供财务资助,是指挂牌公司及其控股子公司有偿或无偿对外提供资金、委托贷款等行为。挂牌公司以对外提供借款、贷款等融资业务为主营业务,或者资助对象为合并报表范围内的控股子公司不适用上述关于财务资助的规定。

第五节 关联交易

一、关联交易的有关要求

关联交易是指,挂牌公司或者其合并报表范围内的子公司等其他主体与公司关联方发生重大交易和日常经营范围内发生的可能引致资源或者义务转移的事项。关联交易有可能导致挂牌公司和关联方进行利益输送或通过关联交易调节利润,损害中小投资者的利益。因此,法律法规对关联交易规定了较为严格的审议及交易标准。

挂牌公司应当采取有效措施防止关联方以垄断采购或者销售渠道等方式干预公司的经营,损害公司利益。关联交易应当具有商业实质,价格应当公允,原则上不偏离市场独立第三方的价格或者收费标准等交易条件。挂牌公司及其关联方不得利用关联交易输送利益或者调节利润,不得以任何方式隐瞒关联关系。

二、关联交易的审议

1. 表决回避

挂牌公司应当根据法律法规、部门规章、业务规则在公司章程中规定关联交易的回避表决要求,规范履行审议程序。

2. 提交董事会审议标准

挂牌公司发生符合以下标准的关联交易(除提供担保外),应当经董事会审议:

(1)公司与关联自然人发生的成交金额在50万元以上的关联交易;

(2)与关联法人发生的成交金额占公司最近一期经审计总资产0.5%以上

的交易，且超过300万元。

3. 提交股东大会审议标准

挂牌公司与关联方发生的成交金额（除提供担保外）占公司最近一期经审计总资产5%以上且超过3000万元的交易，或者占公司最近一期经审计总资产30%以上的交易，应当提交股东大会审议。

4. 为关联方提供担保的审议

挂牌公司为关联方提供担保的，应当具备合理的商业逻辑，在董事会审议通过后提交股东大会审议。挂牌公司为股东、实际控制人及其关联方提供担保的，应当提交股东大会审议。挂牌公司为控股股东、实际控制人及其关联方提供担保的，控股股东、实际控制人及其关联方应当提供反担保。

5. 日常性关联交易的审议

对于每年与关联方发生的日常性关联交易，挂牌公司可以在披露上一年度报告之前，对本年度将发生的关联交易总金额进行合理预计，根据预计金额分别提交董事会或者股东大会审议；实际执行超出预计金额的，公司应当就超出金额所涉及事项履行相应的审议程序。

挂牌公司应当对与同一关联方进行的交易以及与不同关联方进行交易标的类别相关的交易，按照连续12个月内累计计算的原则，分别适用前述关于关联交易的审议标准提交股东大会或董事会审议。同一关联方，包括与该关联方受同一实际控制人控制，或者存在股权控制关系，或者由同一自然人担任董事或高级管理人员的法人或非法人组织。

6. 免于审议的关联交易

挂牌公司与关联方进行下列关联交易时，可以免予按照关联交易的方式进行审议：

（1）一方以现金方式认购另一方公开发行的股票、公司债券或者企业债券、可转换公司债券或者其他证券品种；

（2）一方作为承销团成员承销另一方公开发行股票、公司债券或者企业债券、可转换公司债券或者其他证券品种；

（3）一方依据另一方股东大会决议领取股息、红利或者报酬；

（4）一方参与另一方公开招标或者拍卖，但是招标或者拍卖难以形成公允价格的除外；

(5)公司单方面获得利益的交易,包括受赠现金资产、获得债务减免、接受担保和资助等;

(6)关联交易定价为国家规定的;

(7)关联方向公司提供资金,利率水平不高于中国人民银行规定的同期贷款基准利率,且公司对该项财务资助无相应担保的;

(8)公司按与非关联方同等交易条件,向董事、监事、高级管理人员提供产品和服务的;

(9)中国证监会、全国股转公司认定的其他交易。

在新三板挂牌的公司,拟到北京证券交易所申请股票发行并上市,尤其是已经具备北京证券交易所上市条件的挂牌公司,在挂牌期间要严格按照《公司法》《全国中小企业股份转让系统挂牌公司治理规则》等法律法规及规章关于公司治理的要求规范运作,避免受到全国股转系统和中国证监会的行政处罚。《北京证券交易所向不特定合格投资者公开发行股票注册管理办法(试行)》第10条第1款第1项和第11条第1款第3项规定,发行人申请公开发行股票,应当符合“(一)具备健全且运行良好的组织机构”;“发行人及其控股股东、实际控制人存在下列情形之一的,发行人不得公开发行股票……(三)最近一年内受到中国证监会行政处罚。”挂牌公司如果在挂牌期间严重违反公司治理规则,会直接影响到公司申请到北京证券交易所发行股票并上市的条件,轻则延误上市时间,重则形成实质性障碍。

完成在北京证券交易所上市的公司,应按照北京证券交易所发布的公司治理的要求,进一步健全公司治理结构,为企业的长远健康发展提供支撑,这是保护中小股东,维护社会公众利益的重要环节。在北京证券交易所上市公司的公司治理的有关规则,与全国股转系统挂牌时的公司治理要求在大部分规定上是一致的,具体可见《北京证券交易所股票上市规则(试行)》,但在严格程度上和相关标准上有一定的差异。由于本书是介绍“专精特新”等企业到北京证券交易所上市的指导书,对于在北京证券交易所已经完成上市的上市公司的公司治理,不再作详细讲述。

第七章　北京证券交易所上市

《北京证券交易所股票上市规则(试行)》第2.1.2条规定,发行人申请公开发行并上市,应当符合"发行人为在全国股转系统连续挂牌满12个月的创新层挂牌公司"。在北京证券交易所的上市公司全部来源于在全国股转系统的挂牌公司,挂牌时间须满12个月,且进入创新层。在北京证券交易所设立后,原来已经在新三板精选层挂牌的公司,直接平移至北京证券交易所成为北京证券交易所的上市公司。

北京证券交易所的规则沿袭了全国股转系统精选层上市的标准和规则,其定位是充分发挥对全国股转系统的示范引领作用,深入贯彻创新驱动发展战略,聚焦实体经济,主要服务创新型中小企业,重点支持先进制造业和现代服务业等领域的企业,推动传统产业转型升级,培育经济发展新动能,促进经济高质量发展。

北京证券交易所设立后,和科创板、创业板一样实行注册制,由北京证券交易所履行发行上市审核职责,审核的核心是公开发行股票并在北京证券交易所上市的企业是否符合发行条件、上市条件以及符合相关信息披露要求,北京证券交易所审核通过后,报中国证监会注册。实行注册制以后,证券服务机构承担了更大的尽职调查责任,压实证券服务机构的责任是注册制改革的一个重要目的。《证券法》修改后,也大幅度提高了对证券服务机构不勤勉尽责的处罚力度,中国证监会、证券交易所、证券服务机构与拟上市公司的权利和义务较审核制下发生了巨大的变化。

第一节　北京证券交易所的上市条件

在全国股转系统连续挂牌满12个月的创新层挂牌公司,拟在北京证券交易所申请公开发行并上市的公司，需符合北京证券交易所规定的条件。

一、基础条件

《北京证券交易所向不特定合格投资者公开发行股票注册管理办法（试行）》第二章第9～11条规定了在北京证券交易所公开发行股票的基础条件：

1. 发行人应当为在全国股转系统连续挂牌满12个月的创新层挂牌公司。

2. 发行人申请公开发行股票，应当符合下列规定：(1)具备健全且运行良好的组织机构；(2)具有持续经营能力，财务状况良好；(3)最近三年财务会计报告无虚假记载，被出具无保留意见审计报告；(4)依法规范经营。

3. 发行人及其控股股东、实际控制人存在下列情形之一的，发行人不得公开发行股票：(1)最近三年内存在贪污、贿赂、侵占财产、挪用财产或者破坏社会主义市场经济秩序的刑事犯罪；(2)最近三年内存在欺诈发行、重大信息披露违法或者其他涉及国家安全、公共安全、生态安全、生产安全、公众健康安全等领域的重大违法行为；(3)最近一年内受到中国证监会行政处罚。

《北京证券交易所股票上市规则（试行）》第2.1.2条规定，发行人申请公开发行并上市，应当符合下列条件：

(1)发行人为在全国股转系统连续挂牌满12个月的创新层挂牌公司；

(2)符合中国证券监督管理委员会规定的发行条件；

(3)最近一年期末净资产不低于5000万元；

(4)向不特定合格投资者公开发行的股份不少于100万股，发行对象不少于100人；

(5)公开发行后，公司股本总额不少于3000万元；

(6)公开发行后，公司股东人数不少于200人，公众股东持股比例不低于公司股本总额的25%；公司股本总额超过4亿元的，公众股东持股比例不低于公司股本总额的10%；

(7)市值及财务指标符合《北京证券交易所股票上市规则（试行）》规定的标准；

(8)北京证券交易所规定的其他上市条件。

二、市值与财务指标要求

《北京证券交易所股票上市规则(试行)》第2.1.3条、第2.1.4条规定,发行人申请公开发行并上市,市值及财务指标应当至少符合下列标准中的一项:

(1)预计市值不低于2亿元,最近两年净利润均不低于1500万元且加权平均净资产收益率平均不低于8%,或者最近一年净利润不低于2500万元且加权平均净资产收益率不低于8%;

(2)预计市值不低于4亿元,最近两年营业收入平均不低于1亿元,且最近一年营业收入增长率不低于30%,最近一年经营活动产生的现金流量净额为正;

(3)预计市值不低于8亿元,最近一年营业收入不低于2亿元,最近两年研发投入合计占最近两年营业收入合计比例不低于8%;

(4)预计市值不低于15亿元,最近两年研发投入合计不低于5000万元。

发行人申请公开发行并上市,不得存在下列情形:

(1)最近36个月内,发行人及其控股股东、实际控制人,存在贪污、贿赂、侵占财产、挪用财产或者破坏社会主义市场经济秩序的刑事犯罪,存在欺诈发行、重大信息披露违法或者其他涉及国家安全、公共安全、生态安全、生产安全、公众健康安全等领域的重大违法行为;

(2)最近12个月内,发行人及其控股股东、实际控制人、董事、监事、高级管理人员受到中国证监会及其派出机构的行政处罚,或因证券市场违法违规行为受到全国股转公司、证券交易所等自律监管机构的公开谴责;

(3)发行人及其控股股东、实际控制人、董事、监事、高级管理人员因涉嫌犯罪正被司法机关立案侦查或涉嫌违法违规正被中国证监会及其派出机构立案调查,尚未有明确结论意见;

(4)发行人及其控股股东、实际控制人被列入失信被执行人名单且情形尚未消除;

(5)最近36个月内,未按照《证券法》和中国证监会的相关规定在每个会计年度结束之日起4个月内编制并披露年度报告,或者未在每个会计年度的上半年结束之日起2个月内编制并披露中期报告;

(6)中国证监会和北京证券交易所规定的,对发行人经营稳定性、直接面向市场独立持续经营的能力具有重大不利影响,或者存在发行人利益受到损害等其他情形。

在北京证券交易所申请公开发行股票并上市,要符合上面的基础条件及市值和财务指标。

第二节　北京证券交易所上市常见法律问题

合法性是在证券交易所公开发行并上市的实质性要求。目前在北京证券交易所申请公开发行股票并上市的公司,面向的重点对象是“专精特新”中小企业,这些企业普遍规模较小,在经营中因资金实力有限,在法律规范方面可能存在较多的问题。在北京证券交易所的拟上市公司,全部来源于新三板挂牌公司,其在挂牌前后已经进行过规范,因此存在的法律问题与科创板、创业板拟申请上市公司的表现不完全一样。本节就北京证券交易所列示的常见法律问题进行讲述,供申请公开发行股票并上市公司参考。

一、董事会、高级管理人员的重大变化

申请在北京证券交易所公开发行股票并上市的公司,一般规模偏小,公司的董事会、监事会和高级管理人员会存在稳定性问题,如果最近 24 个月发行人的董事、高级管理人员发生重大不利变化,则会对发行上市产生重大影响。拟上市公司应尽量避免公司董事会成员、高级管理人员发生重大变化,但如果确因管理需要董事会成员、高级管理人员发生变化的,在变化前要评估:一是最近 24 个月内变动人数及比例,在计算人数的比例时,以上述人员合计总数作为基数,人数变化不宜超过 1/3。公司增加董事会成员、高级管理人员一般不会构成重大不利变化。二是上述人员离职或无法正常参与发行人的生产经营是否对发行人的生产经营产生重大不利影响。变动后新增的上述人员由原股东委派或发行人内部培养产生的,发行人管理层由于退休、调任、亲属间继承等原因发生岗位变化的,原则上不构成重大不利变化,但发行人应当披露相关人员变动对公司生产经营的影响。如果最近 24 个月内发行人的上述人员变动人数比例较大或上述人员中的核心人员发生变化,进而对发行人的生产经营产生重大不利影响的,应视

为发生重大不利变化。

企业股改时组建的第一届董事会及聘任的高级管理人员，除要考虑人员的岗位及能力外，还要重视董事会成员的稳定性，公司可以通过员工持股或股权激励等方式，最大限度地稳定公司的董事和高级管理人员，避免频繁变动，影响公司的战略规划及管理的执行。证券交易所之所以重视公司董事、高级管理人员的变化情况，也是因为其稳定性是一个上市公司健康发展的基础。

二、三类股东问题

三类股东指的是契约型私募基金、资产管理计划和信托计划的管理人、受托人以其名义登记为公司股东。其中，资产管理计划主要指的是基金子公司和券商的资管计划，其管理人均为受证监会监管的持牌金融机构。三类股东属于典型的代持情形，他们需以管理人的身份对外开展业务。三类股东是在全国股转系统挂牌公司出现的特殊情况，在全国股转系统委托人以受托人名义进行投资，以基金合同、信托合同、资金管理计划合同等为载体的金融产品，产品本身不具有民事主体资格，无法登记为公司股东，通常由作为受托人的基金管理人、信托受托人和资管计划管理人登记为公司股东，从而形成代持关系。公开发行股票并上市的审核一般要求对代持股份进行还原，而实务中，由于信托计划、资管计划不具有法人资格，通常难以还原。三类股东产品的投资人结构复杂，或存在多层嵌套问题，对该等产品的实际利益主体穿透核查难度较大，而且产品的投资决策、收益分配等均由管理人按照合同约定操作，难以如实披露。此外，三类股东产品出现到期兑付、份额或收益权转让等情形时，也可能影响产品的存续，对被投资企业的股权稳定性产生影响。

存在三类股东的挂牌公司形成了代持问题，导致股权不清晰的法律问题。在北京证券交易所上市的新三板挂牌企业股东中存在信托计划、契约型基金和资产管理计划等股东类型的，在上市审核过程中，可能会因不符合股权稳定性和股权清晰的要求进而影响企业的上市进程。如果存在这样的情况，公司可根据实际情况选择对三类股东进行清理，若不适合清理的，公司可对三类股东进行核查，确保符合以下条件，就不会构成上市的实质性障碍：

（1）公司控股股东、实际控制人、第一大股东不属于三类股东；

（2）经穿透计算的三类股东的持股比例处于较低水平；

(3)三类股东依法设立并有效存续,已纳入国家金融监管部门的有效监管,并已按照规定履行审批、备案或报告程序,其管理人也已依法注册登记;

(4)三类股东不存在杠杆、分级、嵌套等不符合《关于规范金融机构资产管理业务导意见》规定的情形,不涉及相关过渡期安排,对拟上市公司持续经营不存在不利影响;

(5)三类股东对存续期已作出合理安排,可确保符合现行锁定期和减持规则要求。

三、同业竞争和关联交易

《北京证券交易所向不特定合格投资者公开发行股票并上市业务规则适用指引第1号》规定:“发行人业务、资产、人员、财务、机构独立,与控股股东、实际控制人及其控制的其他企业间不存在对发行人构成重大不利影响的同业竞争,不存在严重影响发行人独立性或者显失公平的关联交易。”

同业竞争一般是指发行人所从事的业务与其控股股东、实际控制人及其控制的其他企业所从事的业务相同或近似,双方构成或可能构成直接或间接的竞争关系。同业竞争因竞争方与发行人从事相同或相似业务,可能存在利益冲突,影响发行人的独立性,同时容易出现竞争方利用其与发行人之间的关联关系,损害其他中小股东的利益的情形。所以北京证券交易所和中国证监会均会对同业竞争问题重点关注,但发行人的同业竞争只要不会对发行人构成重大不利影响,就不会成为企业上市的实质性障碍。如果发行人存在同业竞争的问题,发行人应对同业竞争不会对发行人构成重大不利影响作出合理解释,并披露发行人防范利益输送、利益冲突及保持独立性的具体安排。发行人控股股东、实际控制人作出规范或避免同业竞争承诺的,发行人应披露承诺的履行情况。

关联交易指公司控股股东、实际控制人、董事、监事、高级管理人员与其直接或者间接控制的关联方之间,以及可能导致公司利益转移的其他关联方之间的交易。关联交易关系到发行人独立性和持续经营能力,是判断发行人是否满足进入北京证券交易所发行上市条件的重要核查内容之一。发行人的关联交易只要不严重影响发行人的独立性或者显失公平,就不会对发行人的上市进程造成实质性障碍。发行人存在关联交易的,发行人应如实向券商、律师和会计师提供关联方的材料,完整披露关联方及关联方关系。发行人要对关联交易的必要性、合理性进行评价,如果关联交易没有存在的必要性和合理性,发行人应停止关联方交易,如果关联交易存在必要性和合理性,则发行人要注意关联交易价格的公允性,不能与市场价格有重大差异,避免被认定为利益输送。发行人应如实向券商、律师、会计师披露关联交易信息。关联交易是否影响发行人的独立性、是否可能对发行人产生重大不利影响、是否已履行关联交易决策程序是上市前核查关联交易的重点。在审议关联交易的股东大会和董事会上,发行人要严格按照规则履行关联方的回避义务。

四、共同投资

一些拟上市公司会存在与其控股股东、实际控制人、董事、监事、高级管理人员及其亲属直接或者间接共同设立公司的情形。拟上市公司应尽量避免与公司的控股股东、实际控制人、董事、监事、高级管理人员及其亲属之间进行共同的投资行为,这很容易导致公司的上述共同投资人利用自己特殊身份的职务便利为自己或者他人谋取属于公司的商业机会,损害其他股东的利益,这在上市中很容易产生法律障碍。

拟上市公司如果存在上述共同设立公司情形,在申请上市前应如实向证券服务机构提供发行人与上述主体共同设立公司的背景、原因和必要性,拟上市公司的出资应合法合规,出资价格应公允合理。在发行人的《招股说明书》中应当披露相关公司的基本情况,包括但不限于公司名称、成立时间、注册资本、住所、经营范围、股权结构、最近一年及一期主要财务数据及简要历史沿革。

拟上市公司与共同设立的公司存在业务或资金往来的,公司应注意在发行交易前保证相关交易的真实性、合法性、必要性、合理性及公允性,不存在损害发行人利益的行为。拟上市公司应当在招股说明书中披露相关交易的交易内容、交易金额、交易背景以及相关交易与发行人主营业务之间的关系。

拟上市公司共同投资方为董事、高级管理人员及其近亲属的,在共同投资设立公司时一定要评估公司董事、高级管理人员是否存在未经股东会或者股东大会同意,利用职务便利为自己或者他人谋取属于公司的商业机会,自营或者为他人经营与所任职公司同类的业务。如存在此种情形,则会给公司的上市形成重大障碍,企业在上市前要采取收购或注销的方式解决此类问题。

五、对赌协议

一些拟上市公司在引入投资机构的投资时,会与部分投资机构作出对赌协议等类似安排。对赌协议产生的原因是企业融资时采用了较高市盈率,投资机构为了控制投资风险的需要,一般会要求企业以回购、现金补偿等方式对没有完成业绩或没有完成上市所给予的经济补偿。

按照现有审核规则,投资机构在与投资发行人约定对赌协议等类似安排的,原则上要求拟上市公司在申报前予以清理,但同时满足以下要求的可以不清理:一是发行人不作为对赌协议当事人;二是对赌协议不存在可能导致公司控制权变化的约定;三是对赌协议不与市值挂钩;四是对赌协议不存在严重影响发行人持续经营能力或者其他严重影响投资者权益的情形。企业在引入投资机构时,要评估对赌协议会产生的影响,对相关条款尤其是可以形成上市障碍的协议条款进行重点谈判,避免因此影响上市进程。

发行人应当在招股说明书中披露对赌协议的具体内容、对发行人可能存在的影响等,并进行风险提示。

六、劳动人事

根据《社会保险法》的相关规定,职工应当参加基本养老保险、基本医疗保险、工伤保险、失业保险和生育保险。《住房公积金管理条例》(2019 年修订)第 15 条第 1 款规定:“单位录用职工的,应当自录用之日起 30 日内向住房公积金管理中心办理缴存登记,并办理职工住房公积金账户的设立或者转移手续。”因此,为在职员工缴纳社保、住房公积金是用人单位的法定义务,但实际情况是,大多数拟上市公司特别是生产型企业由于员工已在户籍所在地缴纳新农合、新农保及有宅基地、住所等原因,社保、公积金缴费意愿较低,导致公司缴纳社保、公积金的人数占用工总数比例较低,不符合现行相关劳动法律法规的规定。在公司发行上市审核中,未为全员缴纳社保、公积金并不意味着一定成为上市的重大障碍,但可能会构成上市障碍的风险,公司要重视劳动用工政策,社会、公积金的缴纳要符合法律法规规定,避免因此产生劳动争议或违反社保政策。公司要积极为员工宣传社保、公积金缴纳政策,鼓励员工积极参保,尽量提高缴纳社保、公积金的员工比例,根据员工的不同需求采取如委托人力资源服务机构代为缴纳社保、公积金、对于已参与新农合、新农保不同意缴纳社保、公积金的员工按月发放补贴、购买商业保险等替代性保障措施降低用工风险，避免因劳动人事问题阻碍上市进程。

七、劳务外包

部分企业采用劳务外包的方式将部分劳务活动交给第三方实施。很多公司会把公司的临时任务如保安、保洁等工作外包给其他公司，劳务外包可以有效降低用工风险，避免劳动争议，因此有些公司会把劳务外包扩大化，甚至把公司的一些生产环节进行劳务外包，就会违反相关政策的规定。公司拟采用劳务外包形式的，在实施前要评估以下问题。

(1)劳务公司的经营合法合规性等情况，如是否为独立经营的实体，是否具备必要的专业资质，业务开展及人员管理是否符合相关法律法规的规定，公司与其发生业务交易的背景及是否存在重大风险。

(2)劳务公司是否专门或主要为公司服务，如存在主要为公司服务的情形的，应考虑这样做的合理性及必要性，如劳务公司与公司存在关联关系的，应评估关联交易的必要性、合理性和公允性，在上市时关联关系的认定及披露是否真实、准确、完整，考虑其按规范运行的经营成果对发行人财务数据的影响，以及对发行人是否符合发行条件的影响。

(3)劳务公司的构成及变动情况，劳务外包合同的主要内容，劳务数量及费用变动是否与发行人的经营业绩相匹配，劳务费用的定价是否公允，是否存在跨期核算情形。

(4)劳务外包工作的性质。公司重要的生产制造等环节原则上不能采用劳务外包方式，劳务外包一般仅限于公司的次要性岗位或工作内容。

公司要在进行评估的基础上，确定劳务外包的形式、工作性质，避免以劳务外包的形式逃避公司的用工责任，影响到公司业务的独立性，进而给上市工作造成障碍。

八、公司租赁控股股东、实际控制人的房产

公司租赁控股股东、实际控制人的房产，或者商标、专利、主要技术来自控股股东、实际控制人的授权使用，公司首先要考虑是否对公司的经营独立性产生

影响。

关于公司独立性的要求，前面章节已经详细讲述，此处不再重复。公司租赁控股股东、实际控制人的房产，或者商标、专利、主要技术来自控股股东、实际控制人的授权使用，如果不影响公司的独立性，则不会给公司上市造成影响。但如果影响到公司经营的独立性，会形成上市的重大障碍。企业应配合证券服务机构，结合相关资产的具体用途、对发行人的重要程度、未投入发行人的原因、租赁或授权使用费用的公允性、是否能确保发行人长期使用、今后的处置方案等，充分论证该等情况是否对发行人资产的完整和独立性构成重大不利影响，做好信息披露和风险揭示。

如果公司租赁控股股东、实际控制人的房产，或者商标、专利、主要技术来自控股股东、实际控制人的授权使用，影响到上市的独立性问题，公司可以通过收购方式解决上述租赁或授权使用问题。公司在租赁房产或使用控股股东、实际控制人商标、专利、主要技术时，要关注关联交易的公允性，在股东大会和董事会审议时，关联股东要回避表决，相关程序要符合《公司法》及全国股转系统和证券交易所相关规则的规定。

第三节　北京证券交易所上市常见财务问题

一、现金交易

《北京证券交易所向不特定合格投资者公开发行股票并上市业务规则适用指引第 1 号》规定，发行人存在销售或采购环节现金交易金额较大或占比较高情形的，应在招股说明书中披露以下信息：

1. 现金交易的必要性与合理性，是否与发行人业务情况或行业惯例相符，现金交易比例及其变动情况与同行业可比公众公司是否存在重大差异，现金使用是否依法合规；

2. 现金交易的客户或供应商的基本情况，是否为自然人或发行人的关联方，现金交易对象含自然人的，还应披露向自然人客户（或供应商）销售（或采购）的金额及占比；

3. 现金交易相关收入确认及成本核算的原则与依据，是否存在体外循环或虚构业务情形；

4. 现金交易是否具有可验证性，与现金交易相关的内部控制制度的完备性、合理性与执行有效性；

5. 现金交易流水的发生与相关业务的发生是否真实一致，是否存在异常分布；

6. 实际控制人及发行人董事、监事、高级管理人员等关联方是否与相关客户或供应商存在资金往来；

7. 发行人为减少现金交易所采取的改进措施及进展情况。

北京证券交易所对上市前发行人存在现金交易的问题较为宽容和开放，不限定行业范围和业务模式，允许企业在合理的范围内存在现金交易的情形，只是需要详细说明相关的原因并解释内控的有效性，但对允许存在的现金交易比例没有明确规定，从实践情况来看，成功上市案例中也有申报期最后一年现金销售占比 5% 左右，现金采购占比 10% 左右的企业。现金交易问题不仅需要关注现金交易所占比例，还需综合考虑现金交易的合理性、必要性、现金交易对象性质（国企还是民企、自然人还是法人）、行业属性、规范运作情况（含内部控制情况、中介机构工作底稿资料支撑、是否存在违法违规）等情况来确认是否造成上市的实质性障碍。

现金交易是国内外洗钱活动的主要方式。随着我国金融制度的完善，对现金交易的监控越来越严格，现金交易的范围受到了极大的限制，企业进行现金交易不仅可能构成违法，也会造成中介机构核查的困难，导致一些交易的真实性无法核查，给上市产生重大障碍。拟上市公司应避免采用现金交易的方式与供应商和客户进行结算。若拟上市公司存在现金交易情况，需注意评估现金交易的合理性与必要性，说明现金交易是否符合行业特性，是否在一些特定行业存在，并完善内控制度，做到相关凭证留痕和可核查，尽可能在报告期内逐步降低现金交易所占比例，尽量在报告期的最后一年进行彻底的规范。

二、第三方回款

企业经营中，会出现交易对手委托第三方付款的情况，或由于其他原因由第三方垫付的情况。《北京证券交易所向不特定合格投资者公开发行股票并上市业务规则适用指引第 1 号》规定，如发行人报告期存在第三方回款，对第三方回款重点核查以下问题：

1. 第三方回款的真实性，是否存在虚构交易或调节账龄的情形；

2. 第三方回款形成收入占营业收入的比例；

3. 第三方回款的原因、必要性及商业合理性；

4. 发行人及其实际控制人、董事、监事、高级管理人员或其他关联方与第三方回款的支付方是否存在关联关系或其他利益安排；

5. 境外销售涉及境外第三方的，其代付行为的商业合理性或合法合规性；

6. 报告期内是否存在因第三方回款导致的货款归属纠纷；

7. 如签订合同时已明确约定由其他第三方代购买方付款，该交易安排是否具有合理原因；

8. 资金流、实物流与合同约定及商业实质是否一致。

由于第三方回款会导致审计的困难，也需要大量的访谈调查工作，企业在报告期内要尽量避免这种回款方式。上市申报时，保荐机构及会计师要详细说明对实际付款人和合同签订方不一致情形的核查情况，包括但不限于：抽样选取不一致业务的明细样本和银行对账单回款记录，追查至相关业务合同、业务执行记录及资金流水凭证，获取相关客户代付款确认依据，以核实和确认委托付款的真实性、代付金额的准确性及付款方和委托方之间的关系，说明合同签约方和付款方存在不一致情形的合理原因及第三方回款统计明细记录的完整性，并对第三方回款所对应营业收入的真实性发表明确意见。

挂牌企业在生产经营过程中，基于各种原因可能存在第三方回款的情形，存在这种情形不一定阻碍上市，还是要结合企业的真实情况做充分的尽职调查。北京证券交易所现有规定未明确监管机构对第三方回款的接受比例，第三方回款所占比例固然重要，但从《北京证券交易所向不特定合格投资者公开发行股票并上市业务规则适用指引第1号》可以看出，核查的最终目的是解释第三方回款发生的必要性、合理性，验证销售的真实性，因此，实务中，第三方回款发生的原因与合理性、第三方性质与关联关系、内控有效性等同样重要。但考虑到第三方回款核查的复杂性和困难，企业日常交易中应尽可能注意第三方回款带来的影响，除非特别必要，尽量避免出现第三方回款的情况。

拟上市公司存在第三方回款情形时，需注意：(1)第三方回款的真实性，以及是否和发行人有关联。具体分析时应当遵循实质重于形式原则，注意关注商业实质,判断是否会对销售实质和商业模式产生重大不利影响。(2)第三方回款所占比例。若第三方回款所占比例较大,尽可能在报告期内逐步降低,可以形成总额和比例均趋于下降的态势,如果彻底清除第三方回款不会对企业经营造成重大影响的,尽量避免产生第三方回款。同时还应注意,若第三方回款总体所占比例不大,但都发生在拟上市公司新培育的业务或者今后的募投项目的业务中(它们在总体销售中占比并不高),且在该等业务中占比较高,那也可能会对企业上市造成重大影响,应当重点关注,尽可能寻找整改方案降低第三方回款所占比例。(3)加强企业内控措施。存在第三方回款的企业需加强企业内控制度建设并落实内控制度,注意收集并留存业务合同、业务执行记录及资金流水凭证,获取第三方代付款确认依据,严格核实回款第三方的相关信息,加强对账制度,以核实和确认委托付款的真实性、代付金额的准确性及付款方和委托方之间的关系,为第三方回款核查尽可能地提供充足的底稿依据,避免第三方回款问题成为企业上市的实质性障碍。

三、客户集中度较高

部分企业由于行业垄断或特殊的客户原因,存在客户集中度较高情形的,是否会影响申请上市。从北京证券交易所的规定来看,企业客户集中度较高的情形,对一般的企业都会形成上市障碍,但是如果客户集中度高是由于特殊的市场环境造成的,这种情况的出现具有合理性,且客户稳定性和业务的持续性不存在问题,就不会构成上市的不利影响。

对于非因行业特殊性、行业普遍性导致客户集中度偏高的,要求保荐机构在核查时充分考虑相关大客户是否为关联方或者存在重大不确定性客户;客户集中度较高是否可能导致发行人未来持续经营能力存在重大不确定性。

对于发行人由于下游客户的行业分布集中而导致的客户集中具备合理性的特殊行业(如电力、电网、电信、石油、银行、军工等行业),发行人应通过与同行业可比公众公司进行比较,充分说明客户集中是否符合行业特性,发行人与客户的合作关系是否具有一定的历史基础,是否有充分的证据表明发行人采用公开、公平的手段或方式独立获取业务,相关的业务是否具有稳定性以及可持续性,并予以充分的信息披露。

针对因上述特殊行业分布或行业产业链关系导致发行人客户集中情况,保荐机构应当综合分析并考量以下因素的影响:一是发行人客户集中的原因,与行业经营特点是否一致,是否存在下游行业较为分散而发行人自身客户较为集中的情况及其合理性。二是发行人客户在其行业中的地位、透明度与经营状况,是否存在重大不确定性风险。三是发行人与客户合作的历史、业务稳定性及可持续性,相关交易的定价原则及公允性。四是发行人与重大客户是否存在关联关系,发行人的业务获取方式是否影响独立性,发行人是否具备独立面向市场获取业务的能力。

如认为发行人客户集中不对持续经营能力构成重大不利影响的,保荐机构应当提供充分的依据说明上述客户本身不存在重大不确定性,发行人已与其建立长期稳定的合作关系,客户集中具有行业普遍性,发行人在客户稳定性与业务持续性方面没有重大风险。发行人应在招股说明书中披露上述情况,充分揭示客户集中度较高可能带来的风险。

如果企业不是由于上述原因导致的客户集中,或者无法说明客户集中对持续经营能力构不成重大不利影响,则需要通过进一步扩大销售,增加其他客户的销售量,减少对单一客户或少数客户的重大依赖,才能符合上市要求。

四、报告期内经营业绩大幅下滑

报告期内公司的经营业绩大幅下滑,是审核制下被中国证监会否决的重要原因之一。很多企业由于行业周期性原因或企业经营管理原因,在提交申报材料后出现业绩大幅下滑,很容易被中国证监会审核时予以否决。近年来,随着市场经济形势的变化以及资本市场审核理念的变化,对报告期内公司经营业绩下滑的宽容度有所变化。如果是由于企业的经营能力或经营环境发生变化导致的,且直接影响到公司的持续经营能力问题,则会形成上市的重大障碍;但如果公司的经营业绩下滑是由于因不可抗力或偶发性特殊业务事项造成的,只要不导致公司的持续经营能力出现问题,且发行的市值符合上市规定,则不会对上市构成实质性障碍。发行人在报告期内出现营业收入、净利润等经营业绩指标大幅下滑情形的,保荐机构及申报会计师应当从以下方面充分核查经营业绩下滑的程度、性质、持续时间等:(1)经营能力或经营环境是否发生变化,如发生变化应关注具体原因,变化的时间节点、趋势方向及具体影响程度;(2)发行人正在采取或拟采取的改善措施及预计效果,结合前瞻性信息或经审核的盈利预测

(如有)情况,判断经营业绩下滑趋势是否已经扭转,是否仍存在对经营业绩产生重大不利影响的事项;(3)发行人所处行业是否具备强周期特征、是否存在严重产能过剩、是否呈现整体持续衰退,发行人收入、利润变动情况与同行业可比公众公司情况是否基本一致;(4)因不可抗力或偶发性特殊业务事项导致经营业绩下滑的,相关事项对经营业绩的不利影响是否已完全消化或基本消除。

按照证券交易所的规则,发行人最近一年(期)经营业绩指标较上一年(期)下滑幅度超过50%,如无充分相反证据或其他特殊原因,一般应认定对发行人持续经营能力构成重大不利影响。

五、税收优惠

“专精特新”企业和一些高新技术企业申请上市,一般都会享受较多的税收优惠。公司在上市前,要慎重对待税收优惠问题,如果存在虚假申报享受税收优惠的情况,很容易受到税务机关的处罚,给上市形成重大障碍。对于税收优惠,公司应遵循如下原则进行处理:

1. 对需要批复才能享受的税收优惠政策,如果享受的税收优惠还没有得到批复,但很可能获得相关税收优惠批复,按优惠税率预提预缴经税务部门同意,可暂按优惠税率预提并做风险提示,并说明如果未来被追缴税款的处理安排;同时,发行人应在招股说明书中披露税收优惠不确定性风险。

2. 如果获得相关税收优惠批复的可能性较小,需按照谨慎性原则按正常税率预提,未来根据实际的税收优惠批复情况进行相应调整。

3. 发行人依法取得的税收优惠,在《公开发行证券的公司信息披露解释性公告第1号——非经常性损益》规定项目之外的,可以计入经常性损益。

4. 对于不需要批复即可享受的税收优惠,公司应注意税收优惠条件,并保存享受税收优惠的各类证据材料,以备税务机关核查。

公司申请上市时,要求保荐机构、发行人律师及申报会计师对照税收优惠的相关条件和履行程序的相关规定,对发行人税收优惠相关事项的处理及披露是否合规,发行人对税收优惠是否存在较大依赖,税收优惠政策到期后是否能够继续享受优惠进行专业判断并发表明确意见。

六、转贷行为

转贷行为通常是指发行人为满足贷款银行受托支付要求,在无真实业务支持的情况下,通过供应商等取得银行贷款或为客户提供银行贷款资金走账通道。上市申报审计截止日后,发行人原则上不能再发生转贷情形。对于转贷行为,中介机构需要关注发行人连续 12 个月内银行贷款受托支付累计金额与相关采购或销售(同一交易对手或同一业务)累计金额是否基本一致或匹配,是否属于转贷行为。

如果发行人存在转贷行为,很容易成为上市的重大障碍。如果企业存在转贷行为,一定要评估是否存在重大违法违规,是否存在被处罚的风险。中介机构会重点关注下列事项:

(1)关注转贷行为的合法合规性,由中介机构对公司前述行为违反法律法规(如《贷款通则》等)的事实情况进行说明认定,是否存在被处罚情形或风险,是否构成重大违法违规,是否满足相关发行上市条件的要求。

(2)发行人对前述行为的财务核算是否真实、准确,与相关方资金往来的实际流向和使用情况,是否通过体外资金循环粉饰业绩。

(3)发行人是否已通过收回资金、完善制度、加强内控等方式积极整改,是否已建立针对性的内控制度并有效执行,且申报后未发生新的不合规资金往来等行为。

(4)相关行为不存在后续影响,已排除或不存在重大风险隐患。

(5)发行人前述行为信息披露充分性,如相关交易形成原因、资金流向和使用用途、利息、违反有关法律法规具体情况及后果、后续潜在影响的承担机制、整改措施、相关内控建立及运行情况等。

公司发生转贷行为,可能会给上市造成重大不利影响,公司要按照中介机构的要求积极进行整改,在报告期内避免发生转贷行为,并建立针对性的内控制度予以规范。

七、财务信息披露质量

注册制下,上市审核的一个核心是信息披露质量,包括财务信息的披露质量问题。申请上市的公司的申请文件中提交的财务报告应当已在法定期限内披露,且符合企业会计准则和相关信息披露规则的规定,在所有重大方面公允地反映了发行人的财务状况、经营成果和现金流量,由注册会计师出具无保留意见的审计报告。

报告期内发行人会计政策和会计估计应保持一致性,不得随意变更,若有变更应符合企业会计准则的规定。变更时,要有充分、合理的证据表明变更的合理性,并说明变更会计政策或会计估计后,能够提供更可靠、更相关的会计信息的理由;对会计政策、会计估计的变更,应履行必要的审批程序,并依据《企业会计准则第28号——会计政策、会计估计变更和差错更正》的规定披露相关信息。相关变更事项应符合专业审慎原则,与同行业公众公司不存在重大差异,不存在对发行人会计基础工作规范及内控有效性产生重大影响的情形。保荐机构及申报会计师应当充分说明专业判断的依据,对相关调整变更事项的合规性发表明确意见。如无充分、合理的证据表明会计政策或会计估计变更的合理性,或者未经批准擅自变更会计政策或会计估计的,视为滥用会计政策或会计估计。

报告期内发行人如出现会计差错更正事项,保荐机构及申报会计师要重点核查以下方面并发表明确意见:会计差错更正的时间和范围,会计差错更正是否反映发行人存在故意遗漏或虚构交易、事项或者其他重要信息,滥用会计政策或者会计估计,操纵、伪造或篡改编制财务报表所依据的会计记录等情形;差错更正对发行人的影响程度,是否符合《企业会计准则第28号——会计政策、会计估计变更和差错更正》的规定。发行人是否存在会计基础工作薄弱和内控缺失,是否按照《公开发行证券的公司信息披露编报规则第19号——财务信息的更正及相关披露》及相关日常监管要求进行了信息披露。

申报前后,发行人因会计基础薄弱、内控不完善、未及时进行审计调整的重大会计核算疏漏、滥用会计政策或者会计估计以及恶意隐瞒或舞弊行为,导致重大会计差错更正的,将依据相关制度采取自律监管措施或纪律处分,进行严肃处理;涉及财务会计文件虚假记载的,还会依法移送中国证监会查处。

第四节 北京证券交易所公开发行股票并上市的注册程序

在全国股转系统挂牌的创新层挂牌公司,挂牌满12个月且符合北京证券交易所的上市条件后,可以启动公开发行及上市的各项工作。

在北京证券交易所申请公开发行股票并上市的流程一般要经过组建上市领

导小组、聘请中介机构尽职调查、辅导、制作申请文件、提交申请文件、受理、上海证券交易所审核、中国证监会注册、发行与上市等几个阶段。本节分两个阶段进行讲解,第一个阶段讲解提交申报材料前的各项工作,第二个阶段讲解提交申报材料后的各个程序。

一、提交申报材料前的工作程序

(一)注册制下上市的准备

上市准备的第一步工作是成立上市领导小组,企业的控股股东、实际控制人或主要负责人要担任上市领导小组的组长,负责上市的协调统筹工作,也可由董事会秘书担任组长,但要有必要的授权。工作小组的其他成员应包括财务负责人和行政负责人,上市工作涉及企业的历史沿革、股权变动、资产权属、主营业务、关联方、子公司的架构、内部控制等诸多方面的事务,上市领导小组要具备较强的协调能力和统筹能力,对企业的各方面情况有全面的了解,并熟悉企业的运营机制,有效地调动公司的各种资源及人员配合上市的各项工作。

(二)聘请中介机构

企业发行上市需要聘请的中介机构有证券公司、律师事务所、会计师事务所、承销商等,公司也可以提前两年聘请律师事务所、会计师事务所,由它们对企业进行上市调查,提前做好法律和财务方面的规范工作。证券公司在不同阶段扮演的角色不同,在尽职调查和辅导阶段,证券公司担任财务顾问,与律师事务所和会计师事务所协作对企业进行尽职调查,并制订整改方案,指导企业进行整改,结合企业的情况制订上市时间表并协调各项上市工作;上市辅导阶段,证券公司担任公司的辅导机构;在申报材料阶段,担任公司的保荐人,撰写招股说明书及其他上市文件,并协助企业完成上市申报、受理、审核的各项工作;在证券发行与承销阶段,证券公司担任承销商,负责发行人的股票承销工作,国内承销商一般由保荐人担任,或由保荐人担任主承销商。国内财务顾问、保荐人、承销商在大多数情况下由一家具备保荐资格的证券公司担任,这种情况下,一家为发行人服务的证券公司只是在不同阶段的称呼有所差别而已。但也有财务顾问、保荐人、承销商不是由一家证券公司担任的情况,这种情况下财务顾问、保荐人、承销商承担的工作是不同的。律师事务所主要负责法律尽职调查、整改及出具法律意见书、律师工作报告,为申报材料提供鉴证等;会计师事务所主要负责财务尽职调查、整改及出具审计报告、内部控制鉴证报告等。

(三)尽职调查及整改

聘请中介机构后,即可在保荐人的统一组织下,对企业进行尽职调查工作。尽职调查的目的一是对企业进行调查,了解企业有无影响发行上市的障碍;二是要梳理出企业存在的影响上市的问题,包括法律、财务、业务等各个方面的问题,评估各项问题对上市的影响,制订整改方案;三是要根据尽职调查的结果评估企业是否符合发行上市条件,制订上市计划。

聘请中介机构的时间与尽职调查的范围有直接关系。如果企业还不具备上市条件,这时尽职调查的重点在于是否存在各种法律问题和财务问题,可以通过中介机构的尽职调查先梳理出企业存在的问题,提前进行整改和规范。在企业还不具备上市条件时,聘请证券公司作为财务顾问可能有困难,这时可以考虑聘请律师事务所和会计师事务所先行进入,由律师对企业存在的法律问题进行梳理,并制订整改方案,此时一定要注意聘请具有上市法律服务经验的律师承担这项工作。会计师事务所主要是对企业在会计基础规范、内部控制等方面存在的缺陷进行规范,也需要具有上市经验的会计师参与尽职调查工作。提前聘请律师和会计师对企业进行尽职调查,并根据尽职调查情况制订整改方案进行整改,不仅可以使企业有更充足的时间处理各种影响上市的问题,也可以节省很多整改成本。如果企业在具备发行上市的条件后再启动,会更受中介机构的青睐,这时聘请财务顾问、律师和会计师也具备吸引力,此种情况下中介机构的尽职调查不仅要关注已经存在的法律和会计基础规范问题,更要对照发行上市的条件逐项核查,以确定企业是否存在影响上市的法律、会计基础规范等方面的重大障碍。

中介机构尽职调查结束后,会共同或单独确定企业存在的问题,并制订相应的整改方案,然后指导企业实施整改。整改的目标是要使企业符合发行上市的条件,不存在影响上市的法律、财务、业务等方面的重大障碍。北京证券交易所实施注册制,审核的重心在于是否符合发行上市条件以及信息披露质量,不允许企业带“病”进入资本市场,因此企业要积极配合中介机构完成尽职调查工作,并在中介机构指导下完成整改。

(四)上市辅导

《证券发行上市保荐业务管理办法》对保荐机构开展辅导工作、派出机构进行辅导验收作了原则性规定。对拟上市公司开展辅导工作对于提高其规范运作水平,促进拟上市公司及其董事、监事、高级管理人员等全面掌握发行上市、规范运作等方面的法律法规和规则、知悉信息披露和履行承诺等方面的责任和义务,树立进入证券市场的诚信意识、自律意识和法治意识等具有重要作用。2021 年 9 月,中国证监会在认真总结实践经验和听取各方意见的基础上,研究制定了《首次公开发行股票并上市辅导监管规定》,对上市辅导及辅导监管工作进一步予以规范。

1. 辅导目的

对拟上市公司进行辅导的目的主要是促使辅导对象具备上市公司的公司治理结构、会计基础工作、内部控制制度,充分了解多层次资本市场各板块的特点和属性,树立进入证券市场的诚信意识、自律意识和法治意识。拟上市公司所在地的证监局作为辅导的验收机构负责辅导验收,辅导验收机构应当对辅导机构辅导工作的开展情况及成效作出评价,但不对辅导对象是否符合发行上市条件作出实质性判断。

2. 辅导人员构成

辅导机构指定参与辅导工作的人员中,保荐代表人不得少于 2 人。辅导过程中,也可以安排律师和会计师参与对辅导对象的辅导工作。

3. 辅导对象的相关参与人

辅导对象包括拟上市公司的董事、监事、高级管理人员及持有 5% 以上股份的股东和实际控制人(或其法定代表人)以及持有 5% 以上股份的股东为法人或其他形式的机构的法定代表人、基金管理人的法定代表人、执行事务合伙人等。

4. 辅导备案

辅导机构和辅导对象应当签订书面辅导协议,明确约定协议双方的权利义务。辅导机构和辅导对象签订辅导协议后 5 个工作日内,辅导机构应当向验收机构进行辅导备案。

验收机构应当在收到齐备的辅导备案材料后 5 个工作日内完成备案,并在完成备案后及时披露辅导机构、辅导对象、辅导备案时间、辅导状态。

辅导机构办理辅导备案时,应当向监管机构提交下列材料:

(1)辅导协议;

(2)辅导机构辅导立项完成情况说明;

(3)辅导备案报告;

(4)辅导机构及辅导人员的资格证明文件;

(5)辅导对象全体董事、监事、高级管理人员、持股5%以上股东和实际控制人(或其法定代表人)名单;

(6)中国证监会要求的其他材料。

5. 辅导工作时点及时限

辅导期自完成辅导备案之日起算,至辅导机构向验收机构提交齐备的辅导验收材料之日截止。辅导期原则上不少于3个月。

辅导期内,辅导机构应在每季度结束后15日内更新辅导工作进展情况报告,辅导备案日距最近一季末不足30日的,可以将有关情况并入次季度辅导工作进展情况报告。

辅导期内,增加、减少或更换辅导机构的,变更后的辅导机构书面认可原辅导机构的辅导工作,并重新进行辅导备案后,辅导期可以连续计算。

6. 辅导验收

辅导机构完成辅导工作,且已通过首次公开发行股票并上市的内核程序的,向验收机构提交下列辅导验收材料,申请辅导验收:

(1)辅导情况报告,包括重点辅导工作开展情况、辅导过程中发现的问题及改进情况等;

(2)辅导机构内核会议记录(或会议决议)及关注事项说明;

(3)辅导对象近三年及一期财务报表及审计报告、经内核会议审定的招股说明书;

(4)辅导工作相关底稿;

(5)辅导对象的律师、会计师向辅导机构就辅导工作中遇到的问题出具的初步意见;

(6)中国证监会要求的其他材料。

验收机构主要验收下列事项:

(1)辅导机构辅导计划和实施方案的执行情况;

(2)辅导机构督促辅导对象规范公司治理结构、会计基础工作、内部控制制

度的情况,指导辅导对象对存在问题进行规范的情况;

(3)辅导机构督促辅导对象及其相关人员掌握发行上市、规范运作等方面的法律法规和规则、知悉信息披露和履行承诺等方面的责任、义务以及法律后果的情况;

(4)辅导机构引导辅导对象及其相关人员充分了解多层次资本市场各板块的特点和属性,掌握拟上市板块的定位和相关监管要求情况。

验收机构进行辅导验收,采取下列方式进行:

(1)审阅辅导验收材料;

(2)现场走访辅导对象、查阅公司资料、约谈有关人员等;

(3)检查或抽查保荐业务工作底稿;

(4)其他必要方式。

验收机构约谈人员的范围包括辅导对象的实际控制人、董事、监事、高级管理人员、核心技术人员和其他关键人员。

验收机构可以合理安排现场工作时间,并结合辅导验收过程中发现的问题,检查或抽查证券服务机构工作底稿。

验收机构进行辅导验收,可以组织辅导对象的相关参与人参加证券市场知识测试。辅导对象的相关人员已经取得独立董事、董事会秘书资格,可以申请豁免参加证券市场知识测试。

辅导验收材料符合齐备性标准的,验收机构应当自收到齐备的辅导验收材料之日起 20 个工作日内出具验收工作完成函,辅导机构根据要求补充、修改材料及进行规范工作的时间不计算在内。

7. 验收工作完成函的有效期

验收工作完成函的有效期为 12 个月,超期未提交首次公开发行并上市申请的,应当重新履行辅导及辅导验收程序。辅导对象在验收工作完成函的有效期内变更拟上市板块的,辅导机构在对辅导对象就更换板块进行差异化辅导后,应当重新提交辅导验收材料,履行辅导验收程序。在验收工作完成函的有效期内,辅导对象提交首次公开发行股票并上市申请前,辅导对象、辅导机构发生可能影响辅导验收结论情况的,应当及时向验收机构报告。

保荐机构辅导工作完成并取得验收工作完成函,在有效期内可以向北京证券交易所提交申报材料,正式启动上市的申报工作。

二、提交申报材料后的注册程序

公司申请在北京证券交易所上市的，应当履行发行人内部审议程序、北京证券交易所审核并提出审议意见、中国证监会履行发行注册程序、发行人与北京证券交易所签订上市协议等程序，具体程序及工作如下。

(一)发行人内部审议

1.发行人董事会、监事会审议，独立董事发表专项意见

《北京证券交易所向不特定合格投资者公开发行股票注册管理办法(试行)》第12条规定："发行人董事会应当依法就本次股票发行的具体方案、本次募集资金使用的可行性及其他必须明确的事项作出决议，并提请股东大会批准。发行人监事会应当对董事会编制的招股说明书等文件进行审核并提出书面审核意见。"

发行人董事会首先要对公司拟公开发行股票的具体方案、本次募集资金使用的可行性及其他必须明确的事项作出决议，并提请股东大会批准。发行人独立董事应当就证券发行事项的必要性、合理性、可行性、公平性发表专项意见。发行人监事会应当对董事会编制的招股说明书等文件进行审核并提出书面审核意见。

发行人筹划公开发行股票并上市事项的，应当按照挂牌公司的相关监管规定做好内幕信息知情人登记管理工作。发行人应当在审议通过公开发行股票并上市具体方案的董事会决议披露之日起10个交易日内，通过内幕信息知情人报备系统或北京证券交易所规定的其他方式，向北京证券交易所提交下列内幕信息知情人报备文件：

(1)内幕信息知情人登记表；

(2)相关人员买卖发行人股票的自查报告，自查期间为首次披露公开发行股票并上市事项的前6个月至董事会决议披露之日；

(3)进程备忘录；

(4)发行人全体董事对内幕信息知情人报备文件真实性、准确性和完整性的承诺书；

(5)北京证券交易所要求的其他文件。

发行人应当按照挂牌公司的相关监管规定，于董事会审议后两个交易日内，披露董事会决议、股东大会通知、关于董事会审议通过或审议未通过公开发行股

票并上市事项的临时公告等。

2. 发行人股东大会审议

《北京证券交易所向不特定合格投资者公开发行股票注册管理办法(试行)》第13条规定,发行人股东大会就公开发行股票并上市事宜作出决议,至少应当包括下列事项:

(1)本次公开发行股票的种类和数量;

(2)发行对象的范围;

(3)定价方式、发行价格(区间)或发行底价;

(4)募集资金用途;

(5)决议的有效期;

(6)对董事会办理本次发行具体事宜的授权;

(7)发行前滚存利润的分配方案;

(8)其他必须明确的事项。

发行人需对本次股票发行的上述事项作出决议,且必须经出席会议的股东所持表决权的2/3以上通过。发行人应当对出席会议的持股比例在5%以下的中小股东(不包括发行人董事、监事、高级管理人员及其关联方,也不包括单独或者合计持有发行人5%以上股份的股东的关联方)表决情况单独计票并予以披露。发行人就本次股票发行事项召开股东大会,应当提供网络投票的方式,发行人还可以通过其他方式为股东参加股东大会提供便利。

发行人应当按照挂牌公司的相关监管规定,于股东大会审议后两个交易日内,披露股东大会决议等临时公告。股东大会通知公告中应当载明该次股东大会决议将作为公开发行股票并上市的申请文件。

(二)申报

保荐机构通过北京证券交易所上市审核系统提交发行上市申请文件。保荐机构提交申请文件前,应对项目信息和项目申请文件进行核查,确保符合公开发行股票并上市相关规则的要求。

北京证券交易所收到申请文件后5个工作日内,通过上市审核系统发送受理或不予受理的通知。北京证券交易所受理注册申请文件后,发行人应当按规定将招股说明书、发行保荐书、上市保荐书、审计报告和法律意见书等文件在北京证券交易所网站预先披露。预先披露的招股说明书及其他注册申请文件不能含有价格信息，发行人不得据此发行股票。

北京证券交易所作出受理或不予受理的决定前，发行人要求撤回申请的，应当提交撤回申请并说明撤回理由。发行人应当按照挂牌公司的相关监管规定及时披露相关决议公告、撤回申请文件的公告等临时公告。

北京证券交易所受理申请文件之日起10个工作日内，保荐机构应当通过上市审核系统报送验证版招股说明书。

（三）问询和回复

北京证券交易所设立独立的审核部门，负责审核发行人公开发行并上市申请；设立行业咨询委员会，负责为发行上市审核提供专业咨询和政策建议。北京证券交易所主要通过向发行人提出审核问询、发行人回答问题方式开展审核工作。

北京证券交易所在发行条件、上市条件的审核中重点关注下列事项：

（1）发行人是否符合《北京证券交易所向不特定合格投资者公开发行股票注册管理办法（试行）》及中国证监会规定的发行条件；

（2）发行人是否符合《北京证券交易所股票上市规则（试行）》及交易所规定的上市条件；

（3）保荐机构、证券服务机构出具的文件是否就发行人符合发行条件、上市条件逐项发表明确意见，且具备充分的理由和依据。

北京证券交易所自受理之日起20个工作日内，审核机构通过上市审核系统发出首轮审核问询，审核问询在北京证券交易所网站同步披露。保荐机构应当组织发行人、证券服务机构等对审核问询事项进行核查、落实，并自收到审核问询之日起20个工作日内，通过上市审核系统提交回复文件。问询回复涉及对申请文件进行更新修改的，应当在问询回复中专门说明，并在申请文件中使用楷体加粗方式对修改的内容予以凸显标注。

发行人、保荐机构预计难以在规定时间内回复的，保荐机构应当在回复截止日前通过上市审核系统提交延期回复申请（加盖发行人或保荐机构公章），说明延期理由及预计回复日期，延期一般不超过20个工作日。发行人、保荐机构及相关证券服务机构的问询回复将在北京证券交易所网站披露。

发行人或保荐机构认为拟披露的回复信息属于国家秘密、商业秘密，披露后可能导致其违反国家有关保密的法律法规或者严重损害公司利益的，须提交脱密处理后的问询回复,并将信息披露豁免的申请文件通过上市审核系统上传。北京证券交易所经审核认为豁免理由不成立的,发行人应当按照规定予以披露。

首轮审核问询后,存在下列情形之一的,北京证券交易所审核机构收到回复后10个工作日内可以继续提出审核问询:

(1)首轮审核问询后,发现新的需要问询事项;

(2)发行人及其保荐机构、证券服务机构的回复未能有针对性地回答北京证券交易所审核机构提出的审核问询,或者北京证券交易所就其回复需要继续审核问询;

(3)发行人的信息披露仍未满足中国证监会和北京证券交易所规定的要求;

(4)北京证券交易所认为需要继续审核问询的其他情形。

北京证券交易所根据审核需要,要求发行人的控股股东、实际控制人、董事、监事、高级管理人员,保荐机构、证券服务机构及其相关人员当面问询的,发行人的相关人员应当在约定时间和地点接受问询。

北京证券交易所根据审核需要,要求调阅相关资料的,发行人及其保荐机构、证券服务机构应当按照要求及时提交,确保相关资料真实、准确、完整。

(四)上市委员会审议

北京证券交易所设立上市委员会,负责对审核部门出具的审核报告和发行人的申请文件提出审议意见。上市委员会委员主要由北京证券交易所的专业人员和北京证券交易所外的不超过60名专业人士组成。发行人向不特定合格投资者公开发行股票并在北京证券交易所上市由上市委员会审议。

上市委员会通过召开会议的方式履行职责,依照法律法规、部门规章和北京证券交易所业务规则开展审议工作,每次会议由5名委员参加,会计、法律专家应当至少各一名参会,通过集体讨论,形成合议意见。审议会议可以采用现场会议、视频会议等形式,一般采用现场会议形式,近两年新冠疫情期间,审议会议都采用视频会议方式举行,审议会议全程录音录像。

审核问询结束后,北京证券交易所网站公告上市委员会审议会议通知,同时披露招股说明书等文件。

保荐机构应当最晚于上市委员会审议会议召开前两个工作日,通过上市审核系统查询现场问询问题清单,收到问题清单的,应当按照要求安排上会人员,并做好上会准备。

保荐机构可以在上市审核系统查询审议会议结果,会议结果公告在北京证券交易所网站同步披露。

上市委员会审议会议结束后10个工作日内,保荐机构应当通过上市审核系统报送更新后的验证版招股说明书。

北京证券交易所结合上市委员会审议意见分别作出处理:

(1)审议意见为符合发行条件、上市条件和信息披露要求的,北京证券交易所结合审议意见出具审核意见;

(2)审议意见为符合发行条件、上市条件和信息披露要求,但要求发行人补充披露有关信息的,待相关事项完善并通报委员后,北京证券交易所结合审议意见出具审核意见;

(3)审议意见为不符合发行条件、上市条件或信息披露要求的,北京证券交易所结合审议意见作出终止审核的决定。

保荐机构可以在上市审核系统查询审议意见。上市委员会认为发行人符合发行条件、上市条件和信息披露要求,但要求发行人补充披露有关信息的,北京证券交易所向保荐机构通过上市审核系统发送关于落实上市委员会审议意见的函。保荐机构组织发行人、证券服务机构对相关事项进行落实后,通过上市审核系统提交回复文件,并更新相应申请文件,回复文件将在北京证券交易所网站披露。

(五)中国证监会注册

北京证券交易所审核通过的,出具审核意见,由北京证券交易所向中国证监会报送发行人符合发行条件、上市条件和信息披露要求的审核意见、发行人注册申请文件及相关审核资料。北京证券交易所向中国证监会报送审核意见时,招股说明书、发行保荐书、上市保荐书、审计报告和法律意见书等文件应当同步在北京证券交易所网站和中国证监会网站公开。

中国证监会收到北京证券交易所报送的审核意见、发行人注册申请文件及相关审核资料后,履行发行注册程序。发行注册主要关注北京证券交易所发行上市审核内容有无遗漏,审核程序是否符合规定,以及发行人在发行条件和信息披露要求的重大方面是否符合相关规定。中国证监会认为存在需要进一步说明或者落实事项的,可以要求北京证券交易所进一步问询。中国证监会认为北京证券交易所对影响发行条件的重大事项未予关注或者北京证券交易所的审核意见依据明显不充分的,可以退回北京证券交易所补充审核。北京证券交易所补充审核后,认为发行人符合发行条件和信息披露要求的,重新向中国证监会报送审核意见及相关资料。

中国证监会在20个工作日内对发行人的注册申请作出同意注册或不予注册的决定,通过要求北京证券交易所进一步问询、要求保荐人和证券服务机构等对有关事项进行核查、对发行人现场检查等方式要求发行人补充、修改申请文件的时间不计算在内。中国证监会的予以注册决定,自作出之日起一年内有效,发行人应当在注册决定有效期内发行股票,发行时点由发行人自主选择。

中国证监会在注册过程中,如要求北京证券交易所进一步问询的,北京证券交易所将通过上市审核系统发出问询。保荐机构应当组织发行人、证券服务机构等对反馈问题进行核查、落实,并在反馈意见要求的期限内,通过上市审核系统提交回复文件。

发行人、保荐机构及相关证券服务机构的回复文件、更新后的招股说明书等披露文件将在北京证券交易所网站披露。

中国证监会作出注册决定文件后,北京证券交易所将通过上市审核系统向保荐机构转发中国证监会的注册决定文件。保荐机构可以通过上市审核系统下载注册决定文件。

第五节　公开发行股票并上市的申报文件

北京证券交易所对公开发行股票并上市的审核采用电子化审核方式,不需要公司报送纸质材料,发行人的申报材料由保荐机构通过北京证券交易所发行上市的上市审核系统进行相关业务操作。申请公开发行并在北京证券交易所上市的公司应按照《公开发行证券的公司信息披露内容与格式准则第47号——向不特定合格投资者公开发行股票并在北京证券交易所上市申请文件》的规定制作和报送申请文件,并通过北京证券交易所发行上市审核业务系统报送电子文件。报送的电子文件应和预留原件一致。发行人律师应对所报送电子文件与预留原件的一致性出具鉴证意见。报送的电子文件和预留原件具有同等的法律效力。

根据《公开发行证券的公司信息披露内容与格式准则第47号——向不特定合格投资者公开发行股票并在北京证券交易所上市申请文件》的规定，企业拟申请首次公开发行股票并在北京证券交易所上市的，需提交以下上市申请文件。

一、发行文件

发行人申请首次公开发行股票并在北京证券交易所上市的，需提交招股说明书申报稿作为发行文件。招股说明书的有效期为6个月，自公开发行前最后一次签署之日起计算。招股说明书引用的财务报告在其最近一期截止日后6个月内有效，特殊情况下发行人可申请适当延长，但最多不超过3个月。

二、发行人关于本次发行上市的申请与授权文件

发行人需提供发行人关于本次公开发行股票并在北京证券交易所上市的申请报告；发行人董事会有关本次公开发行并在北京证券交易所上市的决议；发行人股东大会有关本次公开发行并在北京证券交易所上市的决议；发行人监事会对招股说明书真实性、准确性、完整性的书面审核意见等发行人关于本次发行上市的申请与授权文件。

三、保荐人关于本次发行的文件

发行人聘请的保荐人应当提交发行保荐书、上市保荐书、保荐工作报告等保荐人关于本次发行的文件。

四、会计师关于本次发行的文件

发行人聘请的会计师事务所应当提交发行人最近3年及一期的财务报告和审计报告；盈利预测报告及审核报告(如有)；内部控制鉴证报告；经注册会计师鉴证的非经常性损益明细表；会计师事务所关于发行人前次募集资金使用情况的报告(如有)等会计师关于本次发行的文件。

五、律师关于本次发行的文件

发行人聘请的律师应当提交关于发行人首次公开发行股票并在北京证券交易所上市的法律意见书；律师工作报告；发行人董事、监事、高级管理人员、发行

人控股股东和实际控制人在相关文件上签名盖章的真实性的鉴证意见;关于发行人申请电子文件与预留原件一致的鉴证意见等律师关于本次发行的文件。

六、关于本次发行募集资金运用的文件

发行人还需提供募集资金投资项目的审批、核准或备案文件(如有);发行人拟收购资产(包括权益)的有关财务报告、审计报告、资产评估报告(如有);发行人拟收购资产(包括权益)的合同或其草案(如有)等关于本次发行募集资金运用的文件。

七、其他文件

除上述文件外,发行人还需提交营业执照及公司章程(上市后适用);发行人控股股东、实际控制人最近一年及一期的财务报告及审计报告(如有);承诺事项;发行人及其控股股东、实际控制人、持股5%以上股东以及发行人董事、监事、高级管理人员等责任主体的重要承诺及未履行承诺的约束措施;发行人及其控股股东、实际控制人、全体董事、监事、高级管理人员、保荐人(主承销商)、律师事务所、会计师事务所及其他证券服务机构对发行申请文件真实性、准确性、完整性的承诺书;发行人、保荐人关于申请电子文件与预留原件一致的承诺函;信息披露豁免申请及保荐人核查意见(如有)特定行业(或企业)管理部门出具的相关意见(如有);保荐协议等其他文件。

第六节　北京证券交易所股票发行承销和上市

根据《北京证券交易所向不特定合格投资者公开发行股票并上市业务办理指南第2号——发行与上市》的相关规定,发行人公开发行股票经中国证监会同意注册后,即由发行人与承销商协商确定进入股票发行和上市流程。发行人公开发行股票,应当聘请具有证券承销业务资格的证券公司承销,证券公司在发行过程中担任承销商,按照《证券法》有关规定签订承销协议,确定采取代销或包销方式。发行人在承销商的协助下确定发行时间,并制作股票发行与承销方案。

发行人股票公开发行并上市业务实行电子化办理方式。发行人、主承销商

通过北京证券交易所业务支持平台(BPM 系统)报送股票发行申请、定价与配售结果等文件,上传信息披露文件并接收申购数据等。

一、定价方式

公开发行并上市可以通过发行人和主承销商自主协商直接定价、合格投资者网上竞价或网下询价等方式确定发行价格。发行人和主承销商应当在发行方案中说明本次发行采用的定价方式,并在招股文件和发行公告中披露。公开发行并上市采用询价方式的,承销商应当向网下投资者提供投资价值研究报告;采用竞价方式的,承销商应当提供投资价值研究报告并公开披露。投资价值研究报告应当符合中国证券业协会的相关规定,说明估值区间与历史交易价格和历史发行价格的偏离情况及原因。所称历史交易价格,是指本次申请公开发行前6个月内最近20个有成交的交易日的平均收盘价;历史发行价格,是指本次申请公开发行前一年内在全国股转系统历次股票发行的价格。

公开发行并上市采用直接定价或询价方式,发行人和主承销商确定的发行价格存在下列情形之一的,应当至少在申购日一周前发布投资风险特别公告:

(1)超过历史交易价格或历史发行价格1倍;

(2)超过网下投资者有效报价剔除最高报价部分后的中位数或加权平均数。

公开发行并上市采用直接定价或竞价方式的,全部向网上投资者发行,不进行网下询价和配售。

二、战略配售

战略配售是发行人向战略投资者定向配售股票的简称。公开发行并上市的,可以向战略投资者配售股票,战略投资者不得超过10名。公开发行股票数量在5000万股以上的,战略投资者获得配售的股票总量原则上不得超过本次公开发行股票数量的30%,超过的应当在发行方案中充分说明理由。公开发行股票数量不足5000万股的,战略投资者获得配售的股票总量不得超过本次公开发行股票数量的20%。

1. 战略配售投资者资格

参与战略配售的投资者,应当具备良好的市场声誉和影响力,具有较强的资金实力,认可发行人的长期投资价值,并按照最终确定的发行价格认购其承诺认购的发行人股票。

2. 签订配售协议

发行人应当与战略投资者事先签署配售协议。发行人与主承销商应向北京证券交易所报备战略配售方案,包括战略投资者名称、承诺认购金额或者股票数量、持有期限等情况。

战略投资者参与股票配售,应当使用自有资金,不得接受他人委托或者委托他人参与,但以公开方式募集设立、主要投资策略包括投资战略配售股票且以封闭方式运作的证券投资基金等主体除外。

经发行人董事会审议通过,发行人高级管理人员与核心员工可以通过专项资产管理计划、员工持股计划等参与战略配售,获配的股票数量不得超过本次公开发行股票数量的10%,且股票持有期限不得少于12个月。

参与本次战略配售的投资者不得参与网上发行与网下发行,但证券投资基金管理人管理的未参与战略配售的证券投资基金除外。

3. 战略配售股票的持有期限

战略投资者本次获得配售的股票持有期限应当不少于6个月,持有期自本次发行的股票从上市之日起计算。

4. 战略配售的禁止行为

发行人和主承销商向战略投资者配售股票的,不得存在以下情形:

(1)发行人和主承销商向战略投资者承诺股票在上市后股价将上涨,或者股价如未上涨将由发行人购回股票或者给予任何形式的经济补偿;

(2)主承销商以承诺对承销费用分成、介绍参与其他发行人战略配售等作为条件引入战略投资者;

(3)股票在上市后发行人认购发行人战略投资者及其控股子公司管理的证券投资基金;

(4)发行人承诺在战略投资者获配股份的限售期内,任命与该战略投资者存在关联关系的人员担任发行人的董事、监事及高级管理人员,但发行人高级管理人员与核心员工设立专项资产管理计划、员工持股计划等参与战略配售的除外;

(5)除以公开方式募集设立、主要投资策略包括投资战略配售股票且以封闭方式运作的证券投资基金等主体外,战略投资者使用非自有资金认购发行人

股票,或者存在接受其他投资者委托或委托其他投资者参与本次战略配售的情形;

(6)其他直接或间接进行利益输送的行为。

5. 战略配售的信息披露

发行人和主承销商应当在招股文件和发行公告中披露是否采用战略配售方式、战略投资者的选择标准、战略配售股票总量上限、战略投资者名称、承诺认购金额或者股票数量、占本次发行股票数量的比例以及限售期安排等。

在发行结果公告中披露最终获配的战略投资者名称、股票数量以及限售期安排等。

发行人的高级管理人员与核心员工通过专项资产管理计划、员工持股计划等参与本次发行战略配售的,应当在招股文件和发行公告中披露专项资产管理计划、员工持股计划的具体名称、设立时间、募集资金规模、管理人、实际支配主体以及参与人姓名、职务与持有份额等。

三、超额配售选择权

北京证券交易所股票发行可以使用超额配售选择权。超额配售选择权,是指发行人授予主承销商的一项选择权,比如获此授权的主承销商按同一发行价格超额发售不超过包销数额10%的股份,即主承销商按不超过包销数额110%的股份向投资者发售。在本次增发包销部分的股票上市之日的规定期限内,主承销商有权根据市场情况选择从集中竞价交易市场购买发行人股票,或者要求发行人增发股票,分配给对此超额发售部分提出认购申请的投资者。北京证券交易所股票发行采用超额配售选择权的,发行人应当授予主承销商超额配售股票并使用超额配售股票募集的资金从二级市场竞价交易购买发行人股票的权利。通过联合主承销商发行股票的,发行人应当授予其中1家主承销商前述权利。主承销商与发行人签订的承销协议中,应当明确发行人对主承销商采用超额配售选择权的授权,以及获授权的主承销商的相应责任。

1. 超额配售选择权的股票发行数量

采用超额配售选择权发行的股票数量不得超过本次公开发行股票数量的15%。主承销商以竞价交易方式购买的发行人股票与要求发行人增发的股票之和,不得超过发行公告中披露的全额行使超额配售选择权拟发行股票数量。主承销商行使超额配售选择权买入的股票不得卖出。

2. 签订协议

采用超额配售选择权的主承销商,可以在征集投资者认购意向时,与投资者达成预售拟行使超额配售选择权所对应股份的协议,明确投资者同意预先付款并向其延期交付股票。主承销商应当将延期交付股票的协议报北京证券交易所和中国结算北京分公司备案。

3. 超额配售选择权的行使

发行人股票在上市之日起30日内,获授权的主承销商有权使用超额配售股票募集的资金,以竞价交易方式从二级市场购买发行人股票,申报买入价格不得高于本次发行的发行价格,获授权的主承销商未购买发行人股票或者购买发行人股票的数量未达到全额行使超额配售选择权拟发行股票数量的,可以要求发行人按照超额配售选择权方案以发行价格增发相应数量股票。

采用超额配售选择权的,获授权的主承销商使用超额配售募集的资金从二级市场购入股票,应当在超额配售选择权行使期届满或者累计购回股票数量达到采用超额配售选择权发行股票数量限额的5个交易日内,向发行人支付超额配售股票募集的资金,向同意延期交付股票的投资者交付股票。除购回股票使用的资金及划转给发行人增发股票的资金外的剩余资金,纳入北京证券交易所设立的风险基金。

4. 超额配售选择权的备案

超额配售选择权行使期届满或者累计购回数量达到采用超额配售选择权发行股票数量限额的10个交易日内,获授权的主承销商应当将超额配售选择权的实施情况和使用超额配售股票募集资金买入股票的完整记录报北京证券交易所备案,记录应当包括以下信息:

(1)每次申报买入股票的时间、价格与数量;

(2)每次申报买入股票的价格确定情况;

(3)买入股票的每笔成交信息,包括成交时间、成交价格、成交数量等。

5. 超额配售选择权的信息披露

发行人和主承销商应当于提交发行申请时,在招股说明书或募集说明书中明确是否采用超额配售选择权以及采用超额配售选择权发行股票的数量上限。

发行人和主承销商应当在发行方案中明确并在招股文件中披露超额配售选

择权实施方案，包括实施目标、操作策略、可能发生的情形以及预期达到的效果等；在发行公告中披露全额行使超额配售选择权拟发行股票的具体数量。

在超额配售选择权行使期届满或者累计购回股票数量达到采用超额配售选择权发行股票数量限额的2个交易日内，发行人与获授权的主承销商应当披露以下情况：

(1)超额配售选择权行使期届满或者累计购回股票数量达到采用超额配售选择权发行股票数量限额的日期。

(2)超额配售选择权实施情况是否合法、合规，是否符合所披露的有关超额配售选择权的实施方案要求，是否实现预期的效果。

(3)因行使超额配售选择权而发行的新股数量；如未行使或部分行使，应当说明买入发行人股票的数量及所支付的总金额、平均价格、最高与最低价格。

(4)发行人本次筹资总金额。

(5)北京证券交易所要求披露的其他信息。

四、股票发行承销与上市的程序

(一)发行前准备

1.提交发行与承销方案

发行人公开发行股票经中国证监会同意注册后，与主承销商确定发行时间，并制作发行与承销方案。主承销商通过BPM系统提交发行与承销方案等相关文件。发行与承销方案需明确本次发行股票的数量、战略投资者的名单及认购配售安排(如有)、超额配售选择权的设置(如有)、发行阶段的时间安排等内容。应提交的发行与承销有关的文件如表7-1所示。

表7-1 应提交的发行与承销方案等相关文件

序号	文件名称	披露要求	报送方式	报送时间
1	发行与承销方案	无须披露	BPM提交	当日10:00前
2	关于通过北京证券交易所交易系统发行股票的申请	无须披露	BPM提交	当日10:00前
3	投资价值研究报告(如有)	无须披露	BPM提交	当日10:00前
4	重大事项确认函	无须披露	BPM提交	当日10:00前

续表

序号	文件名称	披露要求	报送方式	报送时间
5	文件一致承诺函	无须披露	BPM 提交	当日 10:00 前
6	主承销商经办人员的身份证明文件及授权书	无须披露	BPM 提交	当日 10:00 前
7	发行人经办人员的身份证明文件及授权书	无须披露	BPM 提交	当日 10:00 前
8	战略配售方案(如有)	无须披露	BPM 提交	当日 10:00 前
9	主承销商关于战略投资者的专项核查报告及发行人承诺函(如有)	无须披露	BPM 提交	当日 10:00 前
10	高管和核心员工参与战略配售的合同及备案证明文件(如有)	无须披露	BPM 提交	当日 10:00 前
11	战略投资者配售协议(如有)	无须披露	BPM 提交	当日 10:00 前
12	超额配售选择权方案(如有)	无须披露	BPM 提交	当日 10:00 前
13	承销协议及补充协议	无须披露	BPM 提交	当日 10:00 前
14	承销团协议(如有)	无须披露	BPM 提交	当日 10:00 前
15	其他文件(如有)	无须披露	BPM 提交	当日 10:00 前

2. 与中国结算北京分公司有关的准备事宜

主承销商应当协助发行人向中国结算北京分公司了解办理股份登记及资金结算等事宜。

提交发行与承销方案后,发行人与保荐机构应当及时核查停牌前一个交易日的在册股东情况,相关股东属于《北京证券交易所股票上市规则(试行)》第2.4.1~2.4.6条规定的限售主体情形的,发行人应当最迟于申购前一日向中国结算北京分公司报送经保荐机构确认的限售申请文件,具体要求按中国结算北京分公司的相关规定办理。

3. 网上路演有关的准备事宜

发行人和主承销商确定网上路演日后,应及时与北京证券交易所联系,安排网上路演事宜。路演就是向投资者推介股票的活动。

（二）发行

主承销商提交发行与承销方案后，北京证券交易所两日内无异议的，主承销商可在 BPM 系统中选择发行代码，启动发行工作。发行代码一经选择，不可更改。

发行人和主承销商应当按照发行与承销方案中列明的发行承销相关工作安排及发行时间安排中填写的时间表推进发行工作。启动发行工作后，发行人和主承销商不得再对发行与承销方案进行修改。如因特殊情况需要对发行与承销方案作出重大调整的，应当及时通知北京证券交易所。

向不特定合格投资者公开发行股票，根据《北京证券交易所发行与承销管理细则》的规定，发行人和主承销商可以通过自主协商直接定价、合格投资者网上竞价或网下询价等方式确定发行价格。发行人应在主承销商的协助下，确定定价方式，开展发行工作。

1. 直接定价发行

（1）确定发行价格

股票公开发行采用直接定价方式的，发行人与主承销商应当结合发行人所属行业、市场情况、同行业公司估值水平等因素审慎确定发行价格，并在招股文件和发行公告中披露。

（2）直接定价的发行程序

直接定价发行的程序如图 7－1 所示（T 日指申购日，下同）。①

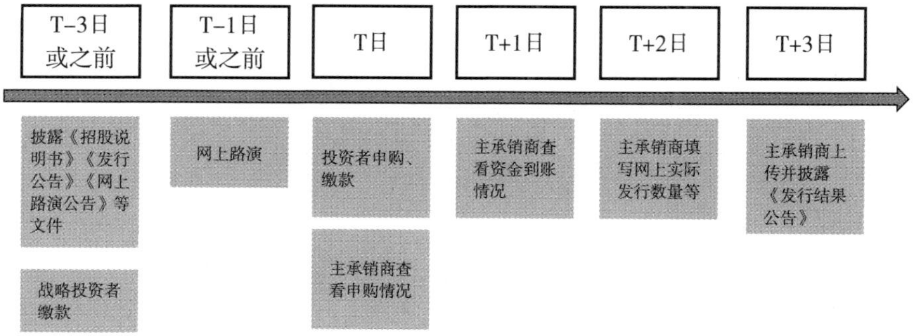

图 7－1 直接定价发行程序

① 图 7－1 和表 7－2 参考北京证券交易所发布的《北京证券交易所向不特定合格投资者公开发行股票并上市业务办理指南第 2 号》的内容，稍有改动。

直接定价发行各时间节点及主要任务如表7－2所示。

表7－2 直接定价发行各时间节点及主要任务

时间节点	角色	主要任务
提交发行与承销方案	主承销商	发行人向不特定合格投资者公开发行股票经中国证监会同意注册后，应当在BPM系统提交发行与承销方案及相关材料，同时填写申请项目的信息表单
启动发行	主承销商	北京证券交易所对发行与承销方案无异议的，应当在BPM系统选择发行代码，填写发行时间安排
T－3日	主承销商	①获得发行代码后，T－3日10:00前，在BPM系统提交网上路演公告、招股说明书、发行公告、风险特别公告、专项核查报告（如有）等文件，同时填写申购信息单 ②相关文件上传当日15:30后公告披露，可登录北京证券交易所网站查看
T日	主承销商	16:00后，在BPM系统查看定价申购结果
T＋1日	主承销商	20:00后，在BPM系统查看投资者缴款资金到账情况
T＋2日	主承销商	①10:00前，在BPM系统填写网上实际发行数量（含超额配售选择权）、最终战略投资者配售数量（非延期交付）、延期交付总量、拟包销数量，并上传主要股东明细表、拟包销明细表（如有），存在战略投资者的，需上传战略投资者配售明细表（非延期交付），设置超额配售选择权的，还需上传战略投资者配售明细表（延期交付） ②14:00后，在BPM系统查看配售结果相关数据
T＋3日	主承销商	①12:00前，在BPM系统上传发行结果公告 ②15:30后公告披露，可登录北京证券交易所网站查看 ③收到中国结算北京分公司划转的认购资金后，扣除承销费用后划转发行人指定的银行账户
	发行人	①聘请会计师事务所验资并出具验资报告 ②向中国结算北京分公司申报余股登记（如有）、战略投资者登记明细数据（如有）

2. 竞价发行

（1）申购对象

股票公开发行采用竞价方式的，除下列投资者外，均可参与申购：

①发行人及其股东、实际控制人、董事、监事、高级管理人员和其他员工；发

行人及其股东、实际控制人、董事、监事、高级管理人员能够直接或间接实施控制、共同控制或施加重大影响的公司，以及该公司控股股东、控股子公司和控股股东控制的其他子公司。

②主承销商及其持股比例5%以上的股东，主承销商的董事、监事、高级管理人员和其他员工；主承销商及其持股5%以上的股东、董事、监事、高级管理人员能够直接或间接实施控制、共同控制或施加重大影响的公司，以及该公司控股股东、控股子公司和控股股东控制的其他子公司。

③承销商及其控股股东、董事、监事、高级管理人员和其他员工。

④上述第①～③项所述主体的关系密切的家庭成员，包括配偶、子女及其配偶、父母及配偶的父母、兄弟姐妹及其配偶、配偶的兄弟姐妹、子女配偶的父母。

⑤过去6个月内与主承销商存在保荐、承销业务关系的公司及其持股5%以上的股东、实际控制人、董事、监事、高级管理人员，或已与主承销商签署保荐、承销业务合同或达成相关意向的公司及其持股5%以上的股东、实际控制人、董事、监事、高级管理人员。

⑥其他参与配售可能导致不当行为或不正当利益的自然人、法人和组织。

每个投资者只能申报一次。申购信息应当包括每股价格和对应的拟申购股数。

(2)最低申购价格

发行人和主承销商可以设置最低申购价格并在发行公告中予以披露，投资者申报的每股价格不得低于最低申购价格。

(3)发行价格的确定

发行人和主承销商应当在发行公告中披露价格确定机制。

投资者有效申购总量小于或等于网上发行数量且已设置最低申购价格的，发行价格为最低申购价格；未设置最低申购价格的，发行价格为投资者的最低报价。

投资者有效申购总量大于网上发行数量的，发行人和主承销商可以选择下列方式之一确定发行价格：

①剔除最高报价部分后，将投资者申购报单按照价格从高到低排序计算累计申购数量，在累计申购数量达到网上发行数量或其一定倍数时，对应的最低申购价格为发行价格。

剔除部分不得低于拟申购总量的5%,因剔除导致拟申购总量不足的,相应部分可不剔除。拟申购总量超过网上发行数量15倍的,剔除部分不得低于拟申购总量的10%。报价大于或等于发行价格且未被剔除的投资者为有效报价投资者。

②按照事先确定并公告的方法(加权平均价格或算数平均价格)计算申购报单的基准价格,以0.01元为一个价格变动单位向基准价格上下扩大价格区间,直至累计申购数量达到网上发行股票数量或其一定倍数,较低的临界价格为发行价格。报价在上下两个临界价格以内(含临界价格)的投资者为有效报价投资者。

发行人和主承销商可以在竞价申购结束后根据申购情况协商确定剔除比例和累计申购倍数。

(4)配售股票

投资者有效申购总量小于或等于网上发行数量的,向投资者按有效申购数量配售股票。投资者有效申购总量大于网上发行数量的,向有效报价投资者按比例配售股票。

(5)竞价发行的程序①

竞价发行的程序如图7-2所示。

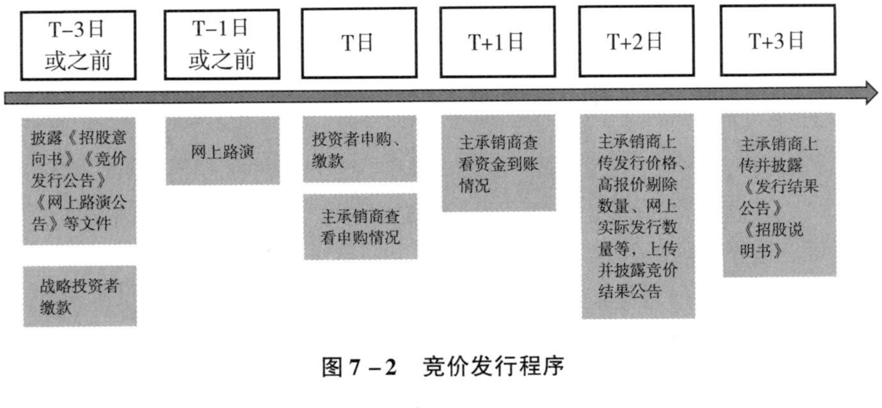

图7-2 竞价发行程序

竞价发行各时间节点及任务如表7-3所示。

① 图7-2和表7-3参考北京证券交易所发布的《北京证券交易所向不特定合格投资者公开发行股票并上市业务办理指南第2号》的内容,稍有改动。

表 7－3　竞价发行时间节点及主要任务

时间节点	角色	主要任务
提交发行与承销方案	主承销商	发行人向不特定合格投资者公开发行股票经中国证监会同意注册后,应当在 BPM 系统提交发行与承销方案及相关材料,同时填写申请项目的信息表单
启动发行	主承销商	北京证券交易所对发行与承销方案无异议的,应当在 BPM 系统选择发行代码,填写发行时间安排
T－3 日	主承销商	①获得发行代码后,T－3 日 10:00 前,在 BPM 系统提交网上路演公告、招股意向书、竞价发行公告、关联方明细表、专项核查报告(如有)等文件,同时填写申购信息单 ②相关文件上传当日 15:30 后公告披露,可登录北京证券交易所网站查看
T 日	主承销商	16:00 后,在 BPM 系统查看竞价申购明细
T＋1 日	主承销商	20:00 后,在 BPM 系统查看投资者缴款资金到账情况
T＋2 日	主承销商	①10:00 前,在 BPM 系统上传公开发行股票并上传竞价结果公告、主要股东明细表、拟包销明细表(如有),并填写发行价格、发行市盈率、高报价剔除数量、网上实际发行数量(含超额配售选择权)、最终战略投资者配售数量(非延期交付)、延期交付总量、拟包销数量。存在战略投资者的,需上传战略投资者配售明细表(非延期交付),设置超额配售选择权的,还需上传战略投资者配售明细表(延期交付) ②14:00 后,主承销商在 BPM 系统查看配售结果
T＋3 日	主承销商	①12:00 前,在 BPM 系统上传发行结果公告、招股说明书 ②15:30 后公告披露,可登录北京证券交易所网站查看 ③收到中国结算北京分公司划转的认购资金后,扣除承销费用后划转发行人指定的银行账户
	发行人	①聘请会计师事务所验资并出具验资报告 ②向中国结算北京分公司申报余股登记(如有)、战略投资者登记明细数据(如有)

3. 询价发行

(1)询价对象

股票公开发行采用询价方式的,应当通过初步询价确定发行价格。在中国证券业协会注册、符合中国证券业协会规定条件并已开通北京证券交易所交易权限的网下投资者可以参与询价。

(2)网下投资者的条件

发行人和主承销商可以自主协商设置网下投资者的具体条件,并预先披露。主承销商应当对网下投资者是否符合预先披露的条件进行核查,对不符合条件的投资者,应当拒绝或剔除其报价。

网下投资者可以自主决定是否报价,主承销商无正当理由不得拒绝。每个配售对象只能申报一个报价,同一网下投资者全部报价中的不同拟申购价格不得超过三个。

(3)报价剔除

发行人和主承销商应当剔除拟申购总量中报价最高的部分,并根据剩余报价及拟申购数量协商确定发行价格。剔除部分不得低于所有网下投资者拟申购总量的5%,因剔除导致拟申购总量不足的,相应部分可不剔除。网下投资者拟申购总量超过网下初始发行量15倍的,剔除部分不得低于所有网下投资者拟申购总量的10%。

(4)申购

股票发行价格确定后,提供有效报价的网下投资者方可参与申购,网下投资者应当以配售对象为单位进行申购。有效报价是指网下投资者申报的不低于发行人和主承销商确定的发行价格,且未作为最高报价部分被剔除,同时符合发行人和主承销商事先确定并公告的其他条件的报价。

(5)配售

配售是指新股发行时上市公司拿出总发行量中一定比例的股份在网下配售给一些机构投资者。按规定配售部分不能与网上发行的部分一同上市交易。

发行人和主承销商可以自主协商确定有效报价条件、配售原则和配售方式,并按照事先确定的配售原则在有效申购的网下投资者中确定配售对象。

公开发行并上市对网下投资者进行分类配售的,同类投资者获得配售的比例应当相同。公开募集方式设立的证券投资基金和其他偏股型资产管理产品、全国社会保障基金、基本养老保险基金、企业年金基金和保险资金的配售比例应当不低于其他投资者。

网下投资者可与发行人和主承销商自主约定网下配售股票的持有期限并公开披露。

公开发行并上市的，网下配售时，发行人和主承销商不得向下列投资者配售股票：

①发行人及其股东、实际控制人、董事、监事、高级管理人员和其他员工；发行人及其股东、实际控制人、董事、监事、高级管理人员能够直接或间接实施控制、共同控制或施加重大影响的公司，以及该公司控股股东、控股子公司和控股股东控制的其他子公司。

②主承销商及其持股比例 5% 以上的股东，主承销商的董事、监事、高级管理人员和其他员工；主承销商及其持股比例 5% 以上的股东、董事、监事、高级管理人员能够直接或间接实施控制、共同控制或施加重大影响的公司，以及该公司控股股东、控股子公司和控股股东控制的其他子公司。

③承销商及其控股股东、董事、监事、高级管理人员和其他员工。

④上述第 1 ~ 3 项所述主体的关系密切的家庭成员，包括配偶、子女及其配偶、父母及配偶的父母、兄弟姐妹及其配偶、配偶的兄弟姐妹、子女配偶的父母。

⑤过去 6 个月内与主承销商存在保荐、承销业务关系的公司及其持股 5% 以上的股东、实际控制人、董事、监事、高级管理人员，或已与主承销商签署保荐、承销业务合同或达成相关意向的公司及其持股 5% 以上的股东、实际控制人、董事、监事、高级管理人员。

⑥其他参与配售可能导致不当行为或不正当利益的自然人、法人和组织。

上述第 2 ~ 3 项规定的禁止对象所管理的公募基金不受前款规定的限制，但是应符合中国证监会的有关规定。

(6)网下初始发行比例

公开发行并上市的，网下初始发行比例应当不低于 60% 且不高于 80%。有战略投资者配售股票安排的，应当扣除向战略投资者配售部分后确定网上网下的发行比例。

(7)回拨

公开发行并上市的，网下投资者有效申购数量低于网下初始发行量的，发行人和主承销商不得将网下发行部分向网上回拨，应当中止发行。网上投资者有效申购数量不足网上初始发行量的，不足部分可以向网下投资者回拨。

网上投资者有效申购倍数超过 15 倍，不超过 50 倍的，应当从网下向网上回拨，回拨比例为本次公开发行数量的 5%；网上投资者有效申购倍数超过 50 倍的,回拨比例为本次公开发行数量的 10%。

(8)询价发行的程序①

询价发行的程序如图 7-3 所示。

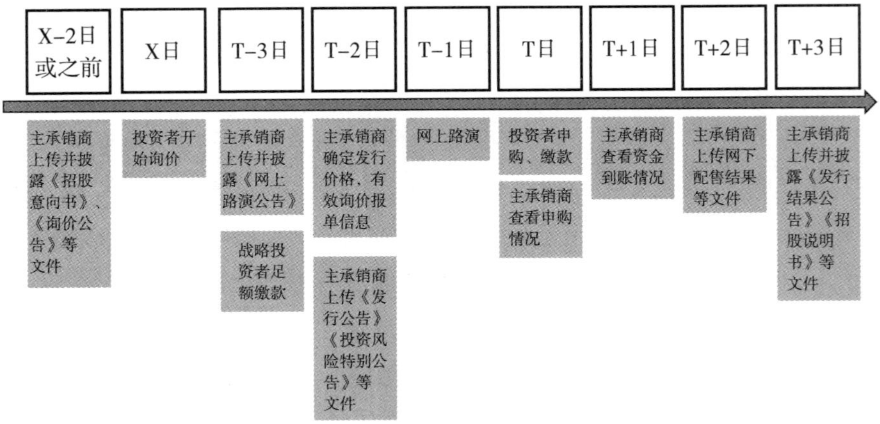

图 7-3 询价发行的发行程序

询价发行各时间节点及主要任务如表 7-4 所示。

表 7-4 询价发行各时间节点及主要任务

时间节点	角色	主要任务
提交发行与承销方案	主承销商	发行人向不特定合格投资者公开发行股票经中国证监会同意注册后,应当在 BPM 系统提交发行与承销方案及相关材料,同时填写申请项目的信息表单
启动发行	主承销商	北京证券交易所对发行与承销方案无异议的,在 BPM 系统选择发行代码,填写发行时间安排
X-2 日或之前	主承销商	①获得发行代码后,X-2 日 10 点前,在 BPM 系统提交发行安排及询价公告、招股意向书等文件,同时填写询价信息单 ②相关文件于上传当日 15:30 后披露,可登录北京证券交易所网站查看
X 日	主承销商	每个询价日 16:00 后,在 BPM 系统下载询价申报明细

① 图 7-3 和表 7-4 参考北京证券交易所发布的《北京证券交易所向不特定合格投资者公开发行股票并上市业务办理指南第 2 号》的内容,稍有改动。

续表

时间节点	角色	主要任务
T－3 日	主承销商	①15:00 前,在 BPM 系统上传网上路演公告 ②15:30 后公告披露,可登录北京证券交易所网站查看
T－2 日	主承销商	①10:00 前,在 BPM 系统提交有效询价申报明细表、发行公告、投资风险特别公告、专项核查报告(如有)等文件,同时填写申购信息单 ②15:30 后公告披露,可登录北京证券交易所网站查看
T 日	主承销商	16:00 后,在 BPM 系统查看并下载网下投资者申购明细、网上投资者申购结果
T＋1 日	主承销商	20:00 后,在 BPM 系统查看投资者缴款资金到账情况
T＋2 日	主承销商	10:00 前,在 BPM 系统上传网下配售情况表、主要股东明细表、拟包销明细表(如有),填写是否回拨、网上向网下回拨数量、网下向网上回拨数

(三)在北京证券交易所上市

1. 取得同意发行人股票在北京证券交易所上市的函

T＋3 日及以后,主承销商需在 BPM 系统提交上市申请书、更新后的上市保荐书、验资报告、重大事项专项报告(如有)、法律意见书等文件。北京证券交易所对上述文件进行审查确认后,向发行人出具同意其股票在北京证券交易所上市的函。

发行人挂牌期间已发行优先股、可转换为股票的公司债券或其他证券并在全国股转系统挂牌转让的,发行人应在上市申请书中一并申请其发行的优先股、可转换为股票的公司债券或其他证券在北京证券交易所挂牌转让。

2. 股票在北京证券交易所的上市程序①

股票在北京证券交易所上市的程序如图 7－4 所示。

① 注:股票在北京证券交易所上市程序参考北京证券交易所发布的《北京证券交易所向不特定合格投资者公开发行股票并上市业务办理指南第 2 号》的内容,稍有改动。

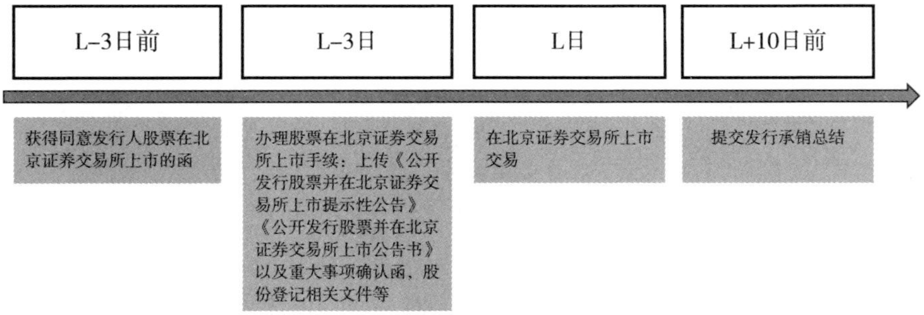

图 7－4　股票在北京证券交易所上市程序

(1)L－3 日

发行人取得同意其股票在北京证券交易所上市的函后，于 L－3 日 10:00 前，在 BPM 系统上传《向不特定合格投资者公开发行股票并在北京证券交易所上市提示性公告》《向不特定合格投资者公开发行股票并在北京证券交易所上市公告书》以及重大事项确认函，中国结算北京分公司出具的股份登记相关文件。

对于发行人为全国股转公司挂牌公司且采取做市交易方式的股票，全国股转公司进行做市商退出做市操作，同时将做市商股票划转信息发送中国结算公司办理股票划转。

(2)L 日

①中国结算北京分公司向发行人出具登记证明材料；

②发行人股票在北京证券交易所上市交易。

(3)L＋10 日内

股票上市交易后 10 日内，主承销商应当在 BPM 系统上传承销总结报告、专项法律意见书、承销补充协议(如有)、承销团补充协议(如有)、其他文件(如有)等文件，经北京证券交易所确认，点击完成归档。

如存在超额配售选择权的情形，主承销商在超额配售选择权行使期届满或者累计购回股票数量达到超额配售选择权发行股票数量限额的 10 日内，应当上传上述文件以及超额配售选择权的实施情况报告、超额配售股票募集资金买入股票完整记录，经北京证券交易所确认，完成归档工作。

第八章　北京证券交易所上市公司的转板

第一节　我国证券交易所的转板制度

目前国内所说的转板是指北京证券交易所的上市公司进入境内其他证券交易所上市交易。我国的转板制度，自全国股转系统设立伊始，就不断传出建立转板机制的消息，挂牌公司可以直接转板到证券交易所上市交易。2013 年 11 月，《国务院关于全国中小企业股份转让系统有关问题的决定》(国发〔2013〕49 号)发布，明确“建立不同层次市场间的有机联系，在全国股份转让系统挂牌的公司，达到股票上市条件的，可以直接向证券交易所申请上市交易”。但初期全国股转系统似乎更期望在内部做好分层，让挂牌公司在不同层级之间转换，对转板上市并不积极，加上对股东不超过 200 人的挂牌公司的挂牌转让与定向发行，中国证监会豁免核准，不需要取得中国证监会的发行审核，只有那些股东人数超过 200 人或发行后超过 200 人的挂牌公司的定向发行才需要中国证监会审批，与主板、中小板和创业板的股票发行审核制存在冲突，如果由全国股转系统直接转板至证券交易所上市交易，会实际架空当时的股票发行审核制，因此新三板挂牌公司的转板制度迟迟无法落地。一些符合创业板发行条件或中小板发行条件的公司，在当时的情况下要申请上市，必须先从全国股转系统摘牌，然后再向中国证监会提交申请材料，按照证券交易所的发行上市流程申请股票发行和上市。科创板推出后，我国注册制改革顺利落地，全国股转系统与证券交易所在审核制度上的政策障碍减少；另外，由于挂牌公司的股票交易的流动性出现问题，大批投资者离开新三板市场，进一步加剧了新三板的流动性问题，很多挂牌公司因此申请摘牌离开新三板市场，挂牌公司从最高时接近 1.2 万家降至 2019 年年底的不足9000家(当然也包括一些被新三板摘牌的公司)。新三板出现的问题倒逼新一轮改革的启动。

在科创板推出,注册制顺利落地后,2019年12月27日《全国中小企业股份转让系统分层管理办法》进行第二次修订,在全国股转系统中增加了精选层,精选层初期的设计就是为挂牌公司转板到创业板或科创板上市做前期准备,精选层在符合创业板、科创板上市条件后可以转板上市。为此,中国证监会发布《关于全国中小企业股份转让系统挂牌公司转板上市的指导意见》(证监会公告〔2020〕29号),就全国股转系统挂牌公司转板上市的基本原则、主要制度安排和监管安排作出了规定。上海证券交易所和深圳证券交易所分别制定了《全国中小企业股份转让系统挂牌公司向上海证券交易所科创板转板上市办法(试行)》《深圳证券交易所关于全国中小企业股份转让系统挂牌公司向创业板转板上市办法(试行)》及配套文件,做好了挂牌公司直接申请转板上市的各项准备。

2021年9月2日,习近平总书记在2021年中国国际服务贸易交易会全球服务贸易峰会上的致辞中宣布,将继续支持中小企业创新发展,深化新三板改革,设立北京证券交易所,打造服务创新型中小企业主阵地,由此拉开了北京证券交易所的序幕。北京证券交易所设立后,全国股转系统的挂牌公司转板上市的目的地由科创板、创业板变为北京证券交易所。根据党中央、国务院关于深化新三板改革、设立北京证券交易所的统一部署,为进一步明确转板相关安排,证监会对《中国证监会关于全国中小企业股转让系统挂牌公司转板上市的指导意见》进行修订,形成了《中国证监会关于北京证券交易所上市公司转板的指导意见》(证监会公告〔2022〕25号)。2022年3月4日,上海证券交易所和深圳证券交易所分别发布《上海证券交易所关于北京证券交易所上市公司向科创板转板办法(试行)》《深圳证券交易所关于北京证券交易所上市公司向创业板转板办法(试行)》,由北京证券交易所上市公司向上海证券交易所科创板、深圳证券交易所创业板转板试点正式落地。试点期间,符合条件的北京证券交易所上市公司可以申请转板至上海证券交易所科创板或深圳证券交易所创业板,主板还不能接受转板上市事宜。

证券交易所转板制度建立后,我国已有三家公司从北京证券交易所转板到科创板或创业板上市,这三家公司分别为观典防务技术股份有限公司(证券简称观典防备)、翰博高新材料(合肥)股份有限公司(证券简称翰博高新)、十堰市泰祥实业股份有限公司(证券简称泰祥股份),其中观典防备转板至上海证券交易所科创板,翰博高新和泰祥股份转板至深圳证券交易所创业板。

第二节　转板条件

《中国证监会关于北京证券交易所上市公司转板的指导意见》规定了北京证券交易所上市公司的转板条件,北京证券交易所上市公司申请转板,应当已在北京证券交易所连续上市满一年,且符合转入板块的上市条件。公司在北京证券交易所上市前,曾在全国中小企业股份转让系统原精选层挂牌的,精选层挂牌时间与北京证券交易所上市时间合并计算。转板条件应当与首次公开发行并在上海证券交易所、深圳证券交易所上市的条件保持基本一致,上海证券交易所、深圳证券交易所可以根据监管需要提出差异化要求。

一、科创板的转板条件

上海证券交易所制定的《北京证券交易所上市公司向上海证券交易所科创板转板办法(试行)》,依照《中国证监会关于北京证券交易所上市公司转板的指导意见》,规定了北京证券交易所转板公司申请转板至科创板上市的条件。

(一)上市时间

转板公司申请转板至科创板上市,应当在北京证券交易所连续上市一年以上,转板公司在北京证券交易所上市前,已在全国股转系统原精选层挂牌的,原精选层挂牌时间与北京证券交易所上市时间合并计算。

(二)发行条件

《科创板首次公开发行股票注册管理办法(试行)》第 10 ~ 13 条规定了发行条件。

(1)发行人是依法设立且持续经营 3 年以上的股份有限公司,具备健全且运行良好的组织机构,相关机构和人员能够依法履行职责。

有限责任公司按原账面净资产值折股整体变更为股份有限公司的,持续经营时间可以从有限责任公司成立之日起计算。

(2)发行人会计基础工作规范，财务报表的编制和披露符合企业会计准则和相关信息披露规则的规定，在所有重大方面公允地反映了发行人的财务状况、经营成果和现金流量，并由注册会计师出具标准无保留意见的审计报告。

发行人内部控制制度健全且被有效执行，能够合理保证公司的运行效率、合法合规和财务报告的可靠性，并由注册会计师出具无保留结论的内部控制鉴证报告。

(3)发行人业务完整，具有直接面向市场独立持续经营的能力：

①资产完整，业务及人员、财务、机构独立，与控股股东、实际控制人及其控制的其他企业间不存在对发行人构成重大不利影响的同业竞争，不存在严重影响独立性或者显失公平的关联交易。

②发行人主营业务、控制权、管理团队和核心技术人员稳定，最近2年内主营业务和董事、高级管理人员及核心技术人员均没有发生重大不利变化；控股股东和受控股股东、实际控制人支配的股东所持发行人的股份权属清晰，最近2年实际控制人没有发生变更，不存在导致控制权可能变更的重大权属纠纷。

③发行人不存在主要资产、核心技术、商标等的重大权属纠纷，重大偿债风险，重大担保、诉讼、仲裁等或有事项，经营环境已经或者将要发生重大变化等对持续经营有重大不利影响的事项。

(4)发行人生产经营符合法律、行政法规的规定，符合国家产业政策。

最近3年内，发行人及其控股股东、实际控制人不存在贪污、贿赂、侵占财产、挪用财产或者破坏社会主义市场经济秩序的刑事犯罪，不存在欺诈发行、重大信息披露违法或者其他涉及国家安全、公共安全、生态安全、生产安全、公众健康安全等领域的重大违法行为。

董事、监事和高级管理人员不存在最近3年内受到中国证监会行政处罚，或者因涉嫌犯罪被司法机关立案侦查或者涉嫌违法违规被中国证监会立案调查，尚未有明确结论意见等情形。

(三)市值和财务指标

不具有表决权差异安排的转板公司申请转板至科创板上市，市值及财务指标应当至少符合《科创板上市规则》第2.1.2条规定的5项标准中的一项，具体内容如下。

(1)预计市值不低于人民币10亿元，最近两年净利润均为正且累计净利润不低于人民币5000万元，或者预计市值不低于人民币10亿元，最近一年净利润

为正且营业收入不低于人民币1亿元;

(2)预计市值不低于人民币15亿元,最近一年营业收入不低于人民币2亿元,且最近3年累计研发投入占最近3年累计营业收入的比例不低于15%;

(3)预计市值不低于人民币20亿元,最近一年营业收入不低于人民币3亿元,且最近3年经营活动产生的现金流量净额累计不低于人民币1亿元;

(4)预计市值不低于人民币30亿元,且最近一年营业收入不低于人民币3亿元;

(5)预计市值不低于人民币40亿元,主要业务或产品需经国家有关部门批准,市场空间大,目前已取得阶段性成果。医药行业企业需至少有一项核心产品获准开展二期临床试验,其他符合科创板定位的企业需具备明显的技术优势并满足相应条件。

具有表决权差异安排的转板公司申请转板至科创板上市,市值及财务指标应当至少符合《上海证券交易所科创板股票上市规则》第2.1.4条规定的两项标准中的一项,表决权差异安排应当符合《上海证券交易所科创板股票上市规则》第4章第5节的规定。第2.1.4条规定的两项标准如下。

(1)预计市值不低于人民币100亿元;

(2)预计市值不低于人民币50亿元,且最近一年营业收入不低于人民币5亿元。

转板公司的转板报告书和保荐人的上市保荐书应当明确说明所选择的具体上市标准。相关市值指标中的预计市值,按照转板公司向上海证券交易所提交转板申请日前20个交易日、60个交易日、120个交易日(不包括股票停牌日)收盘市值算术平均值的孰低值为准。

(四)其他条件

(1)转板公司及其控股股东、实际控制人不存在最近3年受到中国证监会行政处罚,因涉嫌违法违规被中国证监会立案调查,尚未有明确结论意见,或者最近12个月受到北京证券交易所、全国股转公司公开谴责等情形;

(2)股本总额不低于人民币3000万元;

(3)股东人数不少于1000人;

(4)公众股东持股比例达到转板公司股份总数的25%以上;转板公司股本总额超过人民币4亿元的,公众股东持股的比例为10%以上;

(5)董事会审议通过转板相关事宜决议公告日前连续60个交易日(不包括股票停牌日)通过竞价交易方式实现的股票累计成交量不低于1000万股;

(6)上海证券交易所规定的其他转板条件。

(五)符合科创板定位

转板公司应当符合《科创板首次公开发行股票并注册管理办法(试行)》第3条规定的科创板定位。

转板公司应当结合《科创属性评价指引(试行)》《上海证券交易所科创板企业发行上市申报及推荐暂行规定》等相关规定,对其是否符合科创板定位进行自我评估,提交专项说明。

科创板定位于坚持面向世界科技前沿、面向经济主战场、面向国家重大需求,主要服务于符合国家战略、突破关键核心技术、市场认可度高的科技创新企业。重点支持新一代信息技术、高端装备、新材料、新能源、节能环保以及生物医药等高新技术产业和战略性新兴产业,推动互联网、大数据、云计算、人工智能和制造业深度融合,引领中高端消费,推动质量变革、效率变革、动力变革。转板公司应符合上述定位。

保荐人推荐转板公司转板的,应当对转板公司是否符合科创板定位、科创属性要求进行核查把关,出具专项意见。

二、创业板的转板条件

深圳证券交易所创业板规定的转板公司的转板条件与上海证券交易所在市值和财务指标、企业定位等方面存在较大不同,其他条件基本相同。为了大家查阅方便,本部分对创业板的转板条件作一全面列举。

《深圳证券交易所关于北京证券交易所上市公司向创业板转板办法(试行)》规定了以下转板条件。

(一)上市时间

转板公司申请转板,应当在北京证券交易所连续上市一年以上。转板公司在北京证券交易所上市前,已在全国股转系统原精选层挂牌的,原精选层挂牌时间与北京证券交易所上市时间合并计算。

(二)发行条件

转板公司申请转板,应当符合《创业板首次公开发行股票注册管理办法(试行)》第10~13条规定的发行条件。这些发行条件与上述科创板的发行条件相同。

(三)市值及财务指标

转板公司不存在表决权差异安排的,市值及财务指标应当至少符合下列标准中的一项:

(1)最近两年净利润均为正,且累计净利润不低于5000万元;

(2)预计市值不低于10亿元,最近一年净利润为正且营业收入不低于1亿元;

(3)预计市值不低于50亿元,且最近一年营业收入不低于3亿元。

转板公司具有表决权差异安排的,市值及财务指标应当至少符合下列标准中的一项:

(1)预计市值不低于100亿元,且最近一年净利润为正;

(2)预计市值不低于50亿元,最近一年净利润为正且营业收入不低于5亿元。

(四)其他条件

(1)公司及其控股股东、实际控制人不存在最近三年受到中国证监会行政处罚,因涉嫌违法违规被中国证监会立案调查且尚未有明确结论意见,或者最近12个月受到全国股转公司、北京证券交易所公开谴责等情形。

(2)股本总额不低于3000万元。

(3)股东人数不少于1000人。

(4)社会公众持有的公司股份达到公司股份总数的25%以上;公司股本总额超过4亿元的,社会公众持股的比例达到10%以上。

(5)董事会审议通过转板相关事宜决议公告日前60个交易日(不包括股票停牌日)通过竞价交易方式实现的股票累计成交量不低于1000万股。

(6)市值及财务指标符合《深圳证券交易所创业板股票上市规则》规定的上市标准,具有表决权差异安排的转板公司申请转板,表决权差异安排应当符合《深圳证券交易所创业板股票上市规则》的规定。

(7)深圳证券交易所规定的其他上市条件。

转板公司所选的上市标准涉及市值指标的,以向深圳证券交易所提交转板申请日前20个交易日、60个交易日和120个交易日(不包括股票停牌日)收盘市值算术平均值的孰低值为准。

(五)符合创业板定位

转板公司应当符合创业板的定位。创业板定位于深入贯彻创新驱动发展战略,适应发展更多依靠创新、创造、创意的大趋势,主要服务成长型创新创业企业,支持传统产业与新技术、新产业、新业态、新模式深度融合。

在北京证券交易所上市的“专精特新”企业,更容易符合科创板、创业板的定位,未来会成为转板公司的主要源泉。

第三节 转板程序

转板公司向科创板和创业板转板的程序如下。

一、董事会、股东大会审议

转板公司申请转板,董事会应当依法就转板事宜作出决议,并提请股东大会批准。股东大会应当就转板作出决议,决议应当至少包括下列事项:

(1)转入的交易所及板块;

(2)转板的证券种类和数量;

(3)以取得北京证券交易所作出同意上市决定为生效条件的股票在北京证券交易所终止上市事项;

(4)决议的有效期;

(5)对董事会办理本次转板具体事宜的授权;

(6)其他必须明确的事项。

二、提交申请材料

两大证券交易所的转板审核均实行电子化审核,申请、受理、问询、回复等事项通过证券交易所发行上市审核业务系统办理。转板公司申请转板至科创板上市的,应当按照规定聘请保荐人进行保荐,并委托保荐人通过拟转入的证券交易所发行上市审核业务系统报送下列转板申请文件:

(1)转板报告书;

(2)股东大会决议及公司章程;

(3)上市保荐书及相关文件;

(4)法律意见书、审计报告等证券服务机构出具的文件;

(5)证券交易所要求的其他文件。

转板申请文件的内容应当真实、准确、完整。转板申请文件的内容与格式应当符合中国证监会与上海证券交易所或深圳证券交易所的相关规定。转板申请文件中提交的财务报告应当已在法定期限内披露。

转板公司申请转板的,应当聘请同时具有保荐业务资格和本所会员资格的证券公司作为上市保荐人,并与保荐人签订保荐协议,明确双方的权利和义务。

申请文件中与转板公司公开发行并进入原精选层申请报告期间或公开发行并在北京证券交易所上市申请报告期间重合事项,保荐人可依据时任保荐人意见等尽职调查证据发表专业意见。转板公司在进入原精选层后或在北京证券交易所上市后已公开披露的信息,保荐人可依据公开披露信息等尽职调查证据发表专业意见。保荐人在引用相关意见和公开披露信息时,应对所引用的内容负责。

三、受理

上海证券交易所或深圳证券交易所收到申请文件后,在 5 个工作日内对申请文件的齐备性进行审查,作出是否受理的决定。

转板公司的申请文件存在下列情形之一的,证券交易所不予受理转板公司的转板申请文件:

(1)转板申请文件不齐备且未按要求补正;

(2)转板公司存在尚未实施完毕的股票发行、重大资产重组、股票回购等事项;

(3)上市保荐人、证券服务机构及其相关人员因证券违法违规被采取认定为不适当人选、限制业务活动、一定期限内不接受其出具的相关文件等相关措施,尚未解除;或者因首次公开发行并上市、上市公司发行证券、并购重组业务涉嫌违法违规,或者其他业务涉嫌违法违规且对市场有重大影响被立案调查、侦查,尚未结案。

上海证券交易所或深圳证券交易所受理转板申请文件当日,转板公司应当通过证券交易所网站披露转板报告书、上市保荐书、审计报告、法律意见书等文件。

证券交易所受理转板申请后至北京证券交易所作出同意上市的决定前，发生重大事项的，转板公司及其保荐人应当及时向交易所报告并作出公告，并按要求更新转板申请文件。转板公司的保荐人、证券服务机构应当持续履行尽职调查职责，并向交易所提交专项核查意见。转板公司应当按照相关规定，对上述申请文件予以更新并披露。

转板申请文件一经受理，转板公司及其控股股东、实际控制人、董事、监事和高级管理人员，以及与本次转板相关的保荐人、证券服务机构及其相关人员即须承担相应的法律责任。

四、审核

上海证券交易所或深圳证券交易所对转板申请文件进行审核，通过提出问题、回答问题等多种方式，督促转板公司及其保荐人、证券服务机构完善信息披露制度，真实、准确、完整地披露信息，提高信息披露质量。

上海证券交易所或深圳证券交易所对转板条件的审核，重点关注下列事项：

(1)转板公司是否符合转板办法规定的转板条件；

(2)保荐人和律师事务所等证券服务机构出具的上市保荐书、法律意见书等文件中是否就转板公司符合转板条件逐项发表明确意见，且具备充分的理由和依据。

证券交易所在信息披露审核中，重点关注转板公司的信息披露是否达到真实、准确、完整的要求，是否符合转板报告书内容与格式的要求；转板申请文件及信息披露内容是否包含对投资者作出投资决策有重大影响的信息，达到投资者作出投资决策所必需的水平，是否一致、合理和具有内在逻辑性；转板申请文件披露的内容是否简明易懂，便于一般投资者阅读和理解。

上海证券交易所或深圳证券交易所在转板审核中，发现转板申请文件存在重大疑问且转板公司及其保荐人、证券服务机构回复中无法作出合理解释的，可以对转板公司及其保荐人、证券服务机构进行现场检查，对保荐人开展现场督导。

转板公司及其保荐人、证券服务机构回复本所审核问询的时间总计不超过3个月。

五、提交上市委员会审议

上海证券交易所或深圳证券交易所审核机构收到转板公司及其保荐人、证券服务机构对交易所审核问询的回复后,认为不需要进一步审核问询的,将出具审核报告并提交科创板或创业板上市委员会。

上市委员会召开审议会议,对交易所审核机构出具的审核报告及转板公司转板申请文件进行审议,通过合议形成符合或不符合转板条件和信息披露要求的审议意见。

六、作出是否同意上市的决定

上海证券交易所或深圳证券交易所结合上市委员会的审议意见,作出是否同意上市的决定。交易所在作出同意或者不同意上市决定后,及时通知转板公司,通报北京证券交易所,并报中国证监会备案。

上海证券交易所或深圳证券交易所自受理申请文件之日起2个月内作出是否同意上市的决定,但转板公司及其保荐人、证券服务机构回复本所审核问询的时间不计算在内。

七、会后事项

上海证券交易所或深圳证券交易所作出同意上市决定后至股票上市交易前,发生重大事项,对转板公司是否符合转板条件或信息披露要求产生重大影响的,转板公司应当暂缓上市;交易所发现转板公司存在上述情形的,有权要求转板公司暂缓上市。交易所发行上市审核机构可对转板申请重新进行审核,并视情况提交上市委员会审议,相关时间不计入前条规定的时限。转板公司及其保荐人应当将重大事项及时报告交易所并发布公告,说明重大事项相关情况及转板公司将暂缓上市。交易所经审核认为相关重大事项导致转板公司不符合转板条件或者信息披露要求的,将撤销同意上市的决定。

第四节　转板的上市安排

上海证券交易所或深圳证券交易所作出同意上市决定后,发行人即可与证券交易所沟通上市安排事宜。转板公司的上市安排内容如下。

一、申请上市交易

上海证券交易所科创板和深圳证券交易所创业板同意上市的决定自作出之日起6个月有效，转板公司应当在决定有效期内完成上市的所有准备工作并向证券交易所申请股票在上市交易。暂缓上市不计算在决定有效期内。

转板公司应当在科创板或创业板上市前，按照中国结算公司的相关规定，办理转板证券登记的相关业务。

转板公司应当在其股票在证券交易所上市交易前与上海证券交易所或深圳证券交易所签订上市协议，明确双方的权利、义务和其他有关事项。

二、上市程序

此处以深圳证券交易所为例，介绍转板上市的上市安排。深圳证券交易所上市流程如图8－1所示。①

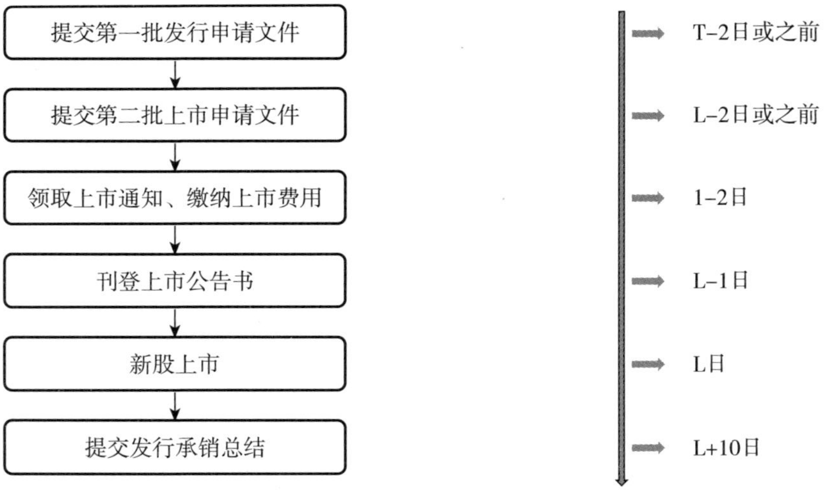

图8－1 深圳证券交易所上市流程

① 深圳证券交易所上市流程参考《深圳证券交易所股票发行与承销业务指南第4号——创业板首发并上市业务办理》的内容，有改动。

1. T－2 日或之前(T 日为新股申购日，下同)

保荐机构在刊登招股意向书(或招股说明书)后按照发行上市申请文件清单的要求通过保荐业务专区向本所报送发行申请文件以及第一批上市申请文件。

2. L－2 日或之前(L 日为新股上市日，下同)

(1)L－2 日 8:30 前保荐机构在保荐业务专区填写和提交上市数据，并于 10:00 前提交股本结构表。发行人可于股份到账日次一交易日起，通过中国结算深圳分公司网上业务平台下载股本结构表等登记结果文件。

(2)保荐机构按照上市文件清单通过保荐业务专区报送第二批上市申请文件。

3. L－2 日

(1)保荐机构通过保荐业务专区领取上市通知书电子版(纸质版通知书将在新股上市后邮寄)。

(2)保荐机构联系符合条件的媒体披露《上市公告书》《上市公告书提示性公告》等相关文件。其中《上市公告书》只需在相关信息披露网站披露，《上市公告书提示性公告》的显著位置需包含《上市公告书》全文的网络链接、所属网页二维码等，方便投资者通过网络快速查阅。

(3)发行人接收短信，在上市公司业务专区接收诚信与规范第一讲通知、股票上市费用缴款通知，并及时缴纳上市费用。

4. L－1 日

(1)披露《上市公告书》及《上市公告书提示性公告》等相关文件。

(2)发行人在上市公司业务专区完成发票信息填报，并联系深圳证券交易所财务部领取发票。

(3)发行人做好上市准备。

5. L 日

(1)上市时间由深圳证券交易所统一安排，一般在 T＋7 日至 T＋11 日之间。

(2)按时参加上市仪式(如有)。

6. L＋10 日内

发行人上市后的 10 个工作日内，主承销商通过保荐业务专区上传承销总结相关文件。

7. 如行使超额配售选择权

在超额配售选择权行使期届满或者累计购回股票数量达到采用超额配售选择权发行股票数量限额的5个工作日内，获授权的主承销商应将超额配售选择权的实施情况以及使用超额配售股票募集资金买入股票的完整记录通过保荐业务专区一并上传。

三、股票限售

1. 控股股东、实际控制人及其一致行动人的股份

转板公司控股股东、实际控制人及其一致行动人自公司在科创板或创业板上市之日起12个月内，不得转让或者委托他人管理其直接和间接持有的本公司在科创板或创业板上市前已经发行股份，也不得提议由转板公司回购该部分股份；限售期届满后6个月内减持股份的，不得导致公司控制权发生变更。

在科创板或创业板上市时未盈利的，转板公司在实现盈利前，控股股东、实际控制人及其一致行动人自在科创板或创业板上市之日起3个完整会计年度内，不得减持本公司转板前股份；自公司在科创板或创业板上市之日起第4个会计年度和第5个会计年度内，每年减持的本公司转板前股份不得超过公司股份总数的2%，并应当符合上海证券交易所或深圳证券交易所关于股份减持与限售的相关规定。

公司实现盈利后，公司控股股东、实际控制人及其一致行动人可以自当年年度报告披露后次日起减持转板前股份，但应当遵守上海证券交易所或深圳证券交易所其他有关股份减持与限售的规定。

2. 董事、监事、高级管理人员的股份

转板公司董事、监事、高级管理人员所持本公司转板前股份，自公司在科创板或创业板上市之日起12个月内不得转让。

公司在科创板或创业板上市时未盈利的，在实现盈利前，董事、监事、高级管理人员及核心技术人员自在科创板或创业板上市之日起3个完整会计年度内，不得减持本公司转板前股份；在前述期间内离职的，应当继续遵守该规定。

公司实现盈利后，公司董事、监事、高级管理人员可以自当年年度报告披露后次日起减持转板前股份，但应当遵守上海证券交易所或深圳证券交易所其他

有关股份减持与限售的规定。

3. 核心技术人员的股份

转板公司核心技术人员自公司在科创板或创业板上市之日起 4 年内，每年转让的本公司转板前股份不得超过上市时所持公司转板前股份总数的 25%，减持比例可以累积使用。

4. 有限售条件的股份

转板公司股东所持股份在转板公司申请转板时有限售条件且在科创板或创业板上市时限售期尚未届满的，该部分股份的剩余限售期自转板公司在科创板或创业板上市之日起连续计算直至限售期届满。

四、保荐人持续督导

转板上市公司由保荐人持续督导，持续督导期间为公司股票在科创板上市当年剩余时间及其后两个完整会计年度；转板公司提交转板申请时已在北京证券交易所连续上市满两年的，持续督导期间为公司股票在科创板或创业板上市当年剩余时间以及其后一个完整会计年度。转板公司在北京证券交易所上市前，已在全国股转系统原精选层挂牌的，原精选层挂牌时间和北京证券交易所上市时间合并计算。持续督导期届满，如有尚未完结的保荐工作，保荐人应当继续完成。

李　华

盈科律师事务所创始合伙人、盈科全国业务指导委员会主任。

李华律师作为盈科全国业务指导委员会主任，负责盈科体系内的专业化建设，带领盈科律师，构建出完整的专业化法律服务体系，包括研究院、专业委员会及综合性法律中心，推动盈科律师专业化的法律服务，以适应法律服务市场不断细分的需要。在此基础上，通过集成各专业委员会纵深化的法律服务能力为客户提供综合性的法律服务。

曾荣获全国律师行业优秀党员律师、北京市优秀律师、朝阳区优秀律师、朝阳区首届优秀女律师、朝阳区优秀党员的荣誉称号。

李曙衢

律师、注册会计师、税务师。盈科律师事务所全球总部合伙人，盈科郑州管委会主任，中华全国律师协会财税法专业委员会副主任，河南省法学会常务理事，河南省法学会证券法学研究会常务副会长，河南省法学会律师学研究会副会长，河南省律师协会财政税收法律专业委员会主任。

毕业于郑州大学经济学（辅修房地产经营管理）及浙江大学民商法研究生专业，曾在会计师事务所、金融机构、大型民营企业从事十余年财税、审计、投资银行工作多年，参与二十余家企业的首发上市（IPO）及多个并购、新三板挂牌业务以及百余家企业的税务筹划、税务风险防控及争议解决事务。曾获河南省法学会2020年度先进个人，河南省律师协会2020年度行业管理工作先进个人、2021年度工作先进个人荣誉。曾兼任新天科技、濮阳惠成、天迈科技独立董事，现兼任郑州煤电、健民集团、明泰铝业等上市公司独立董事。编著《创业板上市法律操作实务》《透视新三板－全国中小企业股份转让系统挂牌操作实务》《科创板上市指引》《企业上市知识全程解答》等书籍。

钟燕杰

上市、并购律师，现为盈科郑州执业律师、税务与上市法律事务部执行主任，兼河南省法学会证券法学研究会秘书长，被评为河南省法学会2020年度优秀秘书长、2021年度先进个人、河南省非公有制经济组织和社会组织优秀党务工作者等称号，曾获2018年河南省公诉人与律师辩论赛最佳辩手，并多次获得盈科郑州优秀律师荣誉。先后参加天海电子、凯雪冷链、光力科技等多家公司的上市及改制法律服务，中赟国际、设研院的并购重组法律服务，郑设股份、未来能源、郑州安然的新三板挂牌专项法律服务，也参与了众多重大民商事案件的诉讼代理业务，具有丰富的上市、并购和诉讼法律服务经验。编著《科创板上市指引》《企业上市知识全程解答》等书籍。